Los Patrones
de la Mente Occidental

Los Patrones
de la Mente Occidental

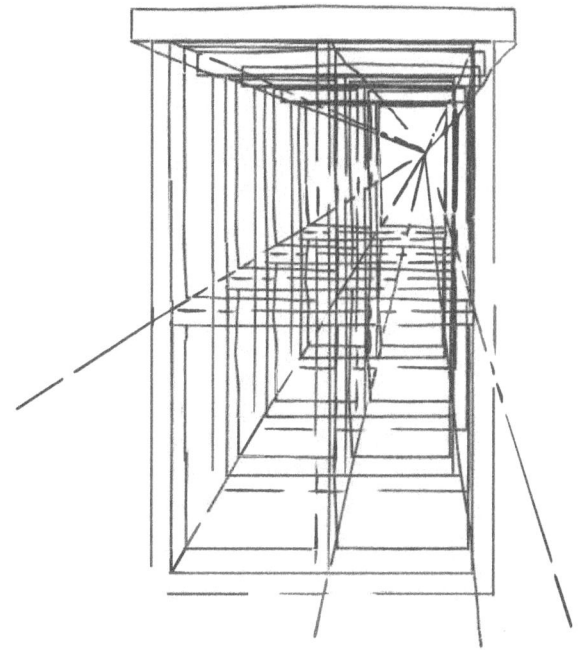

Una perspectiva Cristiana Reformada

John H. Kok

DORDT COLLEGE PRESS

© Copyright Darío Hilbrands

LOS PATRONES DE LA MENTE OCCIDENTAL:
UNA PERSPECTIVA CRISTIANA REFORMADA
JOHN H. KOK

ISBN 978-1-940567-22-8

Traducción: Darrel (Darío) Hilbrands
Preparado en colaboración con

Instituto Libre de México de Estudios Superiores, A.C. Calle Saldiveña 23 Col. Pueblito Colonial, Corregidora, Querétaro, 76908 México
Tel/fax (442)225-6227, 225-6082

www.ilmes.org; ilmesqroyahoo.com

Diseño Editorial:
Aridai Cortés Ramírez
Francisco Mondragón Peñate

Dordt College Press
498 Fourth Ave NE
Sioux Center, Iowa 51258
Estades Unides de America

Prohibida su reproducción total o parcial
sin permiso por escrito del autor.

Library of Congress Control Number: 2019902505

Contenido

Nota del Traductor — 5

Prefacio — 7

I. Introducción al pensamiento occidental — 11

II. Reseña histórica del pensamiento occidental — 39
    A. Introducción — 41
    B. Antes de la venida de la síntesis — 51
    C. Durante el periodo de la síntesis — 106
    D. El pensamiento occidental que rechaza la síntesis — 162
    E. Conclusión — 238

III. Contornos de los patrones de pensamiento conformes a la Escritura — 245
    A. Trasfondo — 247
    B. Pensar y saber en el cosmos y su función — 254
    C. Lo que está sujeto a Dios en una manera celestial — 272
    D. Lo que está sujeto a Dios en una manera terrenal — 275
    E. La conexión entre el cielo y la tierra — 346

Obras citadas — 349

Nota del Traductor

El presente libro es el resultado de un esfuerzo de muchas personas a través de muchos años, como señala el autor en su prefacio. Como profesor y exponente de la filosofía reformacional he sentido la necesidad de pasar esta excelente exposición de esta filosofía al lector hispanoparlante. Por fin se ha hecho realidad. Espero que el estudiante, el laico, el profesor y los pastores puedan gozarse con este tomo.

Hemos seguido el formato del autor en cuanto a las notas del texto; donde hay citas de otras fuentes se nota el número de página dentro del texto mismo que, a su vez, se refiere a la lista de libros al final del texto. Además, hemos eliminado las preguntas de estudio en cada sección por cuestiones de espacio. Animamos al lector interesado en estas preguntas que consulte la obra en inglés.

También hemos dejado fuera varias citas extensas de diferentes filósofos debido a cuestiones de espacio, porque estos textos fácilmente pueden ser consultados en el internet.

Aunque la traducción ha sido revisada por varias personas, los errores corren por mi cuenta.

Darrel (Darío) Hilbrands
Querétaro, México
Septiembre 2018

Prefacio

Para poder poner en perspectiva la realidad del tiempo, a veces tengo que recordarme que pasan siglos sin ocurrir mucho, hablando relativamente. Por ejemplo, los hijos de Jacob en Egipto no escucharon mucho de su Dios que valiera la pena registrar en forma escrita por un periodo de cuatro siglos. Antes del nacimiento de Cristo, las cosas también fueron "más o menos normales" por cientos de años. Por lo tanto, cuando Dios finalmente habló y se movió poderosamente, era obvio que era hora de escuchar: de escuchar y hacer la voluntad de Dios. Pero lo mismo, es cierto hoy en día; aunque muchas cosas pasan muy rápido, el tiempo sigue su marcha. Este pequeño libro trata de mirar el cuadro entero, mientras toma a Dios por lo que dice, enfocándose en las respuestas profundas de personas desde Tales el griego a Rorty el americano, en cuestiones fundamentales.

Cuando reflexiono sobre "la mente occidental" me acuerdo de las gotas en una cubeta. Mis pensamientos acerca de esa realidad obviamente no son mucho más que una de estas gotas. Algunos, hoy día, quieren comprobar que todas las gotas fueron creadas iguales, pero definitivamente eso no es el caso cuando se trata de reflexionar sobre la mente occidental y lo qué significa. En las páginas que siguen primero articulo un acercamiento general a la naturaleza de las cosas a la luz de la palabra de Dios y de sus hechos poderosos en la historia. Luego esbozo unas respuestas sinceras, históricas y teóricamente cargadas de la

Palabra y los hechos de Dios en el occidente a la a través del tiempo. Y, finalmente, parándome en los hombros de algunos que me han precedido en el nombre de Cristo, explico el sentido de ciertos patrones de pensamiento básico que van conformes a la Escritura y sólo en ese sentido merecen el nombre de "cristiano". Invito al lector que descubra lo que quiere decir el nombre "reformado" en este contexto.

La Escritura es útil para refutar el error, para guiar a las vidas de las personas y para enseñarles a ser correctos—porque el Camino, la Verdad y la Vida que ella revela es la única manera de llegar al Padre. Pero la Escritura no es filosófica. No provee un acceso instantáneo a la verdad filosófica ni suple al lector con respuestas filosóficas a preguntas filosóficas. A la vez, la verdad que revela y registra es más allá y mejor que cualquier otro tipo de "revelación", que tiene la última palabra en las vidas de las personas, y que define e informa la estructura de las creencias básicas acerca de las cosas que han llegado a ser como una segunda naturaleza a esas personas. Las filosofías son filosóficas y expresan lo que es la cosmovisión de una persona, su *Weltanschauung*, muchas de las cuales no están de acuerdo con la Escritura. Las convicciones basadas en error normalmente definirán un camino destinado al error; no obstante, muchas vueltas correctas y perspectivas respetables se logran en el camino. Cuando las ideas y creencias que son inconsistentes con el testimonio bíblico se incorporan a la vida de la comunidad cristiana, los problemas son inevitables, igualmente cuando se trata de hacer filosofía.

Pero no asumamos que las perspectivas bíblicas acerca del mundo, automáticamente van a hacer mella y coherencia a través de la estructura del pensamiento de uno. Para los que conocen al Dios de la Escritura, no hay ningún atajo acerca del trabajo que se requiere para llevar la perspectiva bíblica simple y profundamente a los problemas e intuiciones más básicos. Las soluciones teóricas y las alternativas consistentes con el pacto que resultan de este esfuerzo pueden ser diferentes de las que salen de un corazón no regenerado, pero el filosofar de cada persona, si va a ser eso, será una investigación y explicación de la diversidad, las dimensiones y lo interrelacionado del cosmos; una respuesta a las preguntas más fundamentales que surgen en el proceso del vivir. Las deducciones y derivaciones de la Escritura simplemente no van a ser suficientes.

Este libro se dio inicio en varias ocasiones. Últimamente fue escrito y revisado para servir de texto en clases de la licenciatura en pedagogía sobre las perspectivas fundamentales que he estado enseñando desde 1983 en la Universidad Dordt. Esta última edición incluye varias revisiones, especialmente una sección ampliada sobre el desarrollo del "posmodernismo". Una lectura crítica de parte del filósofo Lee Hardy de la Universidad Calvin me ayudó y me retó a afinar varios pasajes. Algunos alumnos, a través de los años, no se han detenido en indicar ciertas áreas no tan entendibles que tenían que ser modificadas, y he intentado hacerlo. No obstante, en cuanto al texto, es mío y tomo completa responsabilidad por él. A la vez, los lectores deben saber que la segunda unidad es una revisión de un plan de estudios preparado en la última parte de los años 60 por John Van Dyk, también de la Universidad Dordt, quien muy amablemente me permitió editar, revisar o ampliarlo con libertad. A la vez, su trabajo se basaba en un manuscrito en holandés de un profesor de filosofía, Dirk Vollenhoven, de un plan de estudios revisado en 1956 de la Universidad Libre de los Países Bajos, y un libro publicado en ese entonces en holandés por J.M. Spier, *Van Thales tot Sartre*. Mencionaré el nombre de Vollenhoven otra vez porque mucho de lo que estoy explicando en la primera y tercera unidades depende mucho sobre otro plan de estudios escrito por él, las primeras copias remontan hasta los años 20. En otras palabras, entre estas pastas hay algunas reflexiones reformadas excelentes del pasado pero en una presentación renovada.

Sioux Center, Iowa EE.UU.
Navidad 1997

I
Introducción a la filosofía occidental

El pensamiento occidental: ¿Qué es eso?

Para un estudiante principiante hay algo abundantemente vago al reflexionar sobre el pensamiento, sobre todo acerca del pensamiento occidental. ¿Qué estudias cuando estudias los pensamientos? ¿Qué es la mente occidental? Otros temas como la gramática o la biología, parecen señalar un área de investigación clara y distinta. Después de todo, todos saben que los idiomas tienen reglas para una gramática correcta o que hay tales cosas como plantas y animales. Pero ¿de qué se trata "el pensamiento occidental"?, o ¿De qué historia se trata la historia del pensamiento occidental?

Si hiciéramos una encuesta al azar de un grupo de eruditos, de los que se nombran "filósofos", encontraremos que las opiniones varían mucho. Curiosamente, también tendrían diferentes ideas sobre lo que es la filosofía y quiénes son ellos como filósofos. Pienso que no sería ninguna sorpresa, a los que no son filósofos, saber que los filósofos están en desacuerdo sobre lo que se trata. Después de todo, ¿cuál es el beneficio de todos los argumentos enrevesados y híper-abstracciones de los filósofos? No obstante, los comentarios de muchos filósofos y la mayoría de "pensadores" muestran algo y a veces tienen mucho sentido.

Para algunos la principal preocupación de la filosofía es "preguntar y comprender ideas comunes que todos nosotros utilizamos todos los días sin pensar mucho acerca de ellos" (Thomas Nagel); para otros, el problema principal de la filosofía es "dar una descripción general del universo entero" (G.E. Moore). Para el famoso filósofo británico Bertrand Russell, la filosofía es "tierra de nadie" en algún lugar entre la teología y la ciencia. Russell explica:

> "Al igual que la teología, se basa de especulaciones sobre asuntos, a los cuales el conocimiento definitivo hasta ahora ha sido inalcanzable; pero como la ciencia, es atractiva a la razón humana más que a la autoridad, sea de tradición o revelación. Todo el conocimiento *definitivo*—diría yo—pertenece a la ciencia; todo el *dogma* en cuanto sobrepasa el conocimiento definitivo, pertenece a la teología. Pero entre la teología y la ciencia hay una Tierra de Nadie, expuesta al ataque de ambos lados; esa Tierra de Nadie es la filosofía". (xiii)

Y para el católico romano Jacques Maritain, la filosofía es "esencialmente una actividad desinteresada, dirigida hacia la verdad [es decir] amada por sí misma, no es una actividad utilitaria con el fin de tener poder sobre las cosas." No es de extrañar que un curso introductorio de filosofía en una universidad pueda ser radicalmente diferente de un curso del mismo nombre en otra institución. Mientras que puede haber una opinión mayoritaria en ciertos lugares y tiempos, no hay un acuerdo entre filósofos acerca del lugar de la filosofía y su propósito. El espectro abarca desde los que creen que es poco más que resolver rompecabezas lógicos a los que intentan construir grandes sistemas de pensamiento que pueden explicar todo lo que se tiene que explicar.

De que hay diferentes opiniones acerca de lo que es la filosofía y lo que los filósofos deben hacer no debe desanimarnos. El laberinto de definiciones refleja un problema aún más profundo. A cierta medida estas diferencias se inician en las tradiciones y los avances históricos. Por lo tanto, una respuesta a la pregunta ¿qué hacen los historiadores del pensamiento? es ésta: tratan de trazar los avances históricos para descubrir por qué la gente tiene diferentes opiniones acerca de muchas cosas, incluso la naturaleza del pensamiento o filosofía. Por supuesto, esta es una tarea que esta obra intenta esclarecer (ver la Unidad II). Pero esta falta de consenso se debe a más que la influencia de filósofos anteriores. Las creencias básicas de las personas influyen al mismo nivel. El lugar y la tarea que se dice que la filosofía tiene son determinados en muchos aspectos por las creencias que ni son filosóficas ni aun científicas.

La definición de Bertrand Russell de la filosofía ejemplifica el punto. Inherente a su circunscripción de la filosofía es la creencia polémica que la teología consiste en especulaciones y carece de un conocimiento de lo cierto. También, él presupone que la única autoridad que la ciencia escucha es la razón humana—una presuposición que pocos, cristianos y no cristianos, podrían aceptar hoy día. Y, por supuesto, algunos cristianos quisieran diferir con su postura de descartar lo que se sabe por medio de la Escritura cuando se da inicio a una actividad científica. Russell también dice que todo el conocimiento definitivo pertenece a la ciencia. Si eso fuera el caso, entonces al saber que tenemos la vida y la muerte en Jesucristo y que nos pertenecemos a él es un conocimiento científico—lo que no es—porque algunas cosas que sabemos son definitivamente asuntos de fe; Russell está confundido sobre este punto. El hecho que Jesucristo ha pagado por completo nuestros pecados y nos ha liberado de la tiranía del diablo es definitivo para los cristianos, pero no es algo que tienes que asistir al seminario para saber. Entonces, ¿qué nos queda si no estamos de acuerdo con el entendimiento de Russell acerca de la teología, la ciencia, el conocimiento definitivo y el lugar de la razón humana?

Una perspectiva cristiana reformada

Alguien con una cosmovisión marxista, va a definir con qué filosofía debería preocuparse de una manera que sea diferente de alguien cuyas creencias básicas sobre las cosas están enraizadas en la religión capitalista de la supervivencia del más apto. Las cosmovisiones contribuyen a diferentes perspectivas acerca de los hechos, los valores y los eventos. Ésa es una razón por la cual hablaremos brevemente acerca de la naturaleza de las cosmovisiones y el contenido de una cosmovisión bíblica en particular. Sin embargo, el último criterio será si la gente, a través de su proceso de pensar y en sus actividades teóricas, considera y está conforme con lo que Dios ha revelado en la Escritura (ver Unidad III).

Las páginas que siguen se construyen sobre las perspectivas y contornos de la tradición escritural de la vida cotidiana y de la teoría que ha sido articulada durante los últimos cien años más o menos, y en la cosmovisión bíblica en la cual está fundamentada. Así, este libro también toma una postura, con respeto a la historia del pensamiento occidental, que es diferente de la mayoría. Utilizaré los términos "pensamiento" y "filosofía" occidentales como sinónimos. Tentativamente definiremos la realidad, a la cual ellos se refieren, como la investigación teórica y la explicación de la diversidad, las dimensiones y la interrelación del cosmos. Para mostrar por qué y cómo esta definición es adecuada también a la tarea de esta obra.

Ontología, antropología y epistemología: ¿de qué se trata?

Aunque la definición y la tarea declaradas del pensamiento teórico en general, y la filosofía en particular, llegarán a ser más entendibles en este proceso, se volverán más comprensibles a medida que procedamos, algunas observaciones generales al principio no estarán fuera de lugar. Comencemos con una analogía.

Los eruditos, pensadores y científicos tales como teólogos, filósofos, estéticos, economistas, lingüísticos, sociólogos, psicólogos, físicos, matemáticos, y así sucesivamente, pueden ser comparados a un grupo de geógrafos. Por ejemplo, diremos que los teólogos son geógrafos estudiando el estado de Michigan, los lingüísticos son los geógrafos estudiando Nueva York, los físicos son los geógrafos estudiando el estado de Wyoming, y la lista sigue. Cada una de estas ciencias se concentra en un área en particular. Ahora, preguntamos, ¿qué clase de geógrafo sería el filósofo? La respuesta es que los filósofos difieren de otros en que su campo de investigación no sería en un área en particular sino en un cuadro total de cómo están posicionados relacionalmente todos los estados. El filósofo tiene la tarea de dibujar un mapa del país entero. El enfoque no es tanto ese o aquel detalle, sino cómo los detalles constituyen un entero interrelacionado e interconectado. También las realidades globales y recurrentes pertenecen al campo del filósofo. Podemos empezar a comprender este interés en la totalidad, el contexto y las relaciones por medio de contemplar tres áreas básicas problemáticas: la ontología, la antropología y la epistemología.

El término "ontología" viene de palabras griegas que significan "el estudio de ser" o "el estudio de lo que hay." La ontología investiga la estructura de la realidad como un entero. Por ejemplo, si preguntamos a un filósofo, "¿qué es la realidad?" y nos contesta, "es un compuesto de la mente y la materia," entonces hemos preguntado acerca de un asunto ontológico y hemos recibido una respuesta ontológica. Hay otros tipos de preguntas ontológicas: ¿El cosmos, el mundo llegó a ser como un entero o siempre ha existido? ¿Es la realidad esencialmente ordenada o caótica? ¿Es fundamentalmente un elemento o es una colección de partes pequeñas? ¿Hay un elemento fundamental en el universo del cual todos los demás son manifestaciones? ¿O hay dos? ¿Qué se cuenta como real? ¿Son reales los números y los conceptos, o sólo las cosas físicas? ¿Qué es la diferencia entre la apariencia y la realidad? ¿Qué es la realidad en última instancia?

Las preguntas ontológicas comúnmente son llamadas preguntas metafísicas. Preferimos el término "ontología" más que el término "metafísica" en gran parte porque la metafísica, como se usa hoy día, todavía está sumergida en una tradición aristotélica que en sí requiere examen crítico. Aristóteles, uno de los más grandes filósofos de la Grecia antigua, escribió un libro sin título sobre "ser," "substancia" y otros conceptos de un mérito cuestionable. Después de su muerte, los escritos de Aristóteles fueron coleccionados en un libro. Sus escritos sobre la realidad tangible fueron ubicados en un capítulo titulado *La física*, y el capítulo sobre "ser" y "sustancia" fue ubicado *después* del capítulo de física. Por lo tanto, el nombre "*meta*física" que significa "lo que viene después de la física" (*ta meta ta physica*). Después de esto la palabra "metafísica" llegó a referirse al estudio del componente básico de la realidad.

El término "antropología" también se deriva del idioma griego. Literalmente se refiere al "estudio del hombre." Por supuesto, hay muchas ramas de investigación que estudian al ser humano. Por ejemplo, la psicología que conoce sus limitantes, estudia los aspectos sensitivos y emocionales del ser humano. La medicina trata con la salud y la estructura biótica y física del ser humano. La estética trata otros aspectos cruciales al ser humano como el juego y la imaginación. Sin embargo, la antropología filosófica como la ontología, se interesa por la totalidad e integridad, y, por lo tanto, examina al ser humano como un entero. Varias preguntas antropológicas serían estas: ¿Cuál es la relación entre el cuerpo y el alma? ¿Es la persona básicamente una composición de mente y materia, o podemos describirla mejor como una combinación de elementos y propiedades físicos y químicos? ¿Cuál es la relación entre las dimensiones artísticas y emocionales del ser humano? A fin de cuentas ¿son los seres humanos simplemente unos animales altamente desarrollados?

Tenemos que distinguir cuidadosamente entre la antropología filosófica de la antropología cultural, que por lo regular se incluye como una rama de la sociología e investiga el desarrollo cultural del ser humano. La ya difunta Margaret Mead, por ejemplo, era una antropóloga americana famosa que hizo mucho para popularizar la antropología cultural por medio de sus estudios sobre la gente de Polinesia.

El tercero de nuestros tres términos, la "epistemología," es derivado de las palabras griegas que significan "el estudio del conocimiento." La epistemología examina la naturaleza del conocimiento y las maneras en como lo adquirimos. Simplemente traducida, la epistemología de Platón es su teoría del conocimiento, su perspectiva sobre la naturaleza de conocer. Algunos ejemplos de preguntas epistemológicas serían éstas: ¿Cómo llegamos a conocer o saber? ¿Qué es el conocer? ¿Hay una diferencia entre conocer y creer? Y si hay, ¿qué es? ¿Es el conocer científico un conocimiento especial o un tipo de conocimiento mejor? ¿Qué es la estructura de la razón lógica en comparación a la intuición? ¿Cómo podemos asegurarnos de nuestro conocimiento? ¿Qué determina la verdad y la falsedad? Y otras más.

Estos tres problemas están interrelacionados. La perspectiva de Platón en cuanto a lo real influye a su perspectiva sobre lo que significa ser un humano. Lo que a ti te significa ser un humano va a afectar tu comprensión de lo que significa el saber y el creer. Similarmente, lo que uno sabe y cree, además de su concepción de conocimiento y creencia, va a influir las convicciones que uno tiene acerca de lo que es existir o ser. En otras palabras, estos problemas pueden ser distinguidos, pero nunca operan por separados. La vida permanece como una sola pieza aunque no podemos comprender su totalidad en una mirada.

Para los cristianos esta interrelación no es tan espantosa como pueda aparecer. Los cristianos tienen un punto de inicio en el cual pueden contar—a *pou sto*, un "Aquí estoy parado, no puedo hacer otra cosa"—un lugar firme de dónde empezar. Por medio de tener el mismo punto de partida no quiero sugerir que todos los cristianos lleguen a ponderar o teorizar acerca de las mismas cosas por las mismas razones. Ni sería que llegan a aprobar las mismas teorías. Algunos pueden llegar a preguntarse este tipo de pregunta básica después de haber sido movido inicialmente por un asunto de injusticia social o un sufrimiento personal o el cambio de los tiempos. Tal vez la necesidad de tratar estos asuntos fundamentales inició por medio de un discurso conmovedor o una clase interesante en la preparatoria, o posiblemente por el asombro que un paisaje prístino o una máquina moderna pueda inspirar. Ni aun un punto de inicio similar, en la fidelidad del pacto de un Dios creador a quien todos nosotros y nuestro mundo pertenecemos, requiere que los cristianos traten de empezar o terminar su teorización por medio de ver las cosas desde la perspectiva de Dios. Querer saber cómo Dios sabe era la carnada de Satanás y la caída de Adán y Eva. La esperanza sólo se puede alcanzar en

Jesucristo, la imagen del Dios invisible, quien en su nacimiento, en sus enseñanzas, en su muerte y en su resurrección puso las cosas en orden otra vez.

Todos los cristianos que confiesan que el Dios de la Escritura es el principio y fin, el alfa y omega, saben que él es fiel, que su amor es inquebrantable y que todo está sujeto a sus leyes, y por lo tanto, le deben la obediencia. Es el temor del Señor que es el principio de la sabiduría y la realidad del pacto que permite que los cristianos, por lo menos en principio, puedan ver la realidad tal y como es.

A la vez, una cosa es gloriarnos todo el día en Dios (Sal. 44.8); y otra, gloriarnos para siempre acerca de nuestra teoría. No hay una conexión fija entre el testimonio divino y la teorización humana. Los cristianos simplemente no pueden leer acerca de una filosofía o psicología procedente de las páginas de la Escritura. Hay varias opciones teóricas posiblemente compatibles con las que los cristianos de fe saben bien que tenemos que explorar y evaluar. Sería inapropiado, dado nuestro estado finito y falible, decir y reclamar, como alguien superior, que una de estas opciones obviamente viene directamente de la Escritura. Lo que es claro es que tenemos que "ver que nadie nos lleve cautivos por medio de filosofías huecas y engañosas que siguen tradiciones humanas, que van de acuerdo con los principios de este mundo y no conforme a Cristo" (Col. 2.8). Ni debemos estar engañados a la desesperación: la filosofía "cristiana" no indica lo "perfecto" en la teorización. Cuando se trata del arte cristiano y canciones cristianas y periodismo cristiano y filosofía cristiana, como escribe Calvin Seerveld en *Rainbows for a Fallen World* (Arcoíris para un mundo caído):

> "Cristiano" no quiere decir "sin pecado". "Cristiano" quiere decir que "el señorío de Jesucristo se ha revelado en la Biblia. Muestra

el camino y señala el acto o producto del juicio compasivo con el Espíritu Santo." La cultivación humana... que alcanza hasta llegar a toda la diversidad de las criaturas y que tiene un centro coherente que la mantiene unida y enriquece con una gracia salvífica, lo que viene bajo su influencia, es "cultura cristiana." (182)

Por lo tanto, una "filosofía cristiana" no es una contradicción de términos. La palabra "filosofía," temida por demasiados, viene de dos palabras simples del griego: *sophia*, comúnmente traducida como "sabiduría," y *philo*, que tiene que ver con "el amor o el deseo de algo". Por lo tanto, el término significa literalmente "el amor de la sabiduría." Probablemente se usaba primeramente por el pensador griego, Pitágoras (cerca 582-507 a.C.). Pero la *sophos* que él conocía y deseaba era de otro tipo que la sabiduría de la que habla el salmista.

Para la mente griega, en dónde se pudiera ejercitar la inteligencia humana, hay campo para la sabiduría, *sophia*. Decían del maestro carpintero, como sabía cómo se ensamblaban las piezas, que tenía sabiduría, *sophos*. Los poetas, como Homero y sus precursores, que decían que sabían lo que sabían los dioses, también la tenían. Lo que Pitágoras quería saber era cómo *todo* se ensamblaba. Estaba convencido que el conocimiento intelectual basado en la disciplinada contemplación humana (por ejemplo, comer alubias en su escuela fue prohibido) le daría a él y a sus discípulos una perspectiva del mundo como tenía un dios. Empezando con la hipotenusa de un triángulo recto, estaba convencido que literalmente todo podría ser *calculado*, porque todo *es* un número y su ordenamiento es *racional*. Las matemáticas y no el temor del Señor es aquí el principio de lo que Pitágoras, y muchos más como él, creían que era la "sabiduría". Y, porque los números y las proporciones son ciertos, eternamente ordenados y sin cambios, él pensaba que su sabiduría era hasta divina.

Mientras embarcamos en este estudio es importante mantener en mente que en el mejor de los casos lo único que la filosofía puede ofrecer es la sabiduría humana. Para el cristiano, la actividad y los resultados del pensar humano tal vez nunca tendrán la última palabra. Tal vez lo único que pueden ofrecer es solo una palabra. Es Dios y su palabra que siempre van a tener la última palabra en todo. Honrar este hecho es, por supuesto, el principio de la sabiduría.

El Método Tético-Crítico

Si consultaras un diccionario, te diría que "método" viene de una palabra griega *methodus*, que significa perseguir, investigar (de *meta* "después" y *hodos* "una manera"). Si alguien te pregunta acerca de tu método, está pensando, "¿cómo vas a proceder?" dado algún problema o pregunta.

Presuponiendo por un momento que la filosofía involucra la investigación teórica y la explicación de la diversidad, las dimensiones y la interrelación del cosmos, podríamos preguntar ¿cómo van a proseguir los cristianos en la investigación de este cosmos? Curiosamente, haciendo esta pregunta muestra que ya estamos en camino. Al aceptar la palabra "cosmos" estamos presumiendo que el universo es un entero armonioso y ordenado. Este entendimiento, y no el opuesto "caos", es lo que significa "cosmos". Y muchas personas, aunque no todos están de acuerdo que nuestro mundo es un entero ordenado que hay razón y ritmo en todo. Pero cualquiera que dice que algo está ordenado debe tener una suposición en cuanto de donde venía ese orden, es decir, quién o qué es responsable por el ordenamiento. Una cosa que distingue a los cristianos de los no cristianos es su respuesta a esta pregunta. Las personas que creen en la Biblia saben que el cosmos es la creación, el resultado de la actividad creadora de Dios. Es Dios quien ordena el cosmos. Pero eso nos lleva a otra pregunta: ¿cómo están relacionadas estas dos cosas? ¿Cuál es la relación entre Dios y el cosmos?

Debemos pausar aquí para anotar dos cosas. Primero, contestando una pregunta a menudo requiere la formulación y la contestación de otras preguntas. Para poder contestar la pregunta sobre nuestro método de hacer la filosofía, tal vez vamos a tener que tomar una desviación inicial, por medio de otras preguntas y respuestas, para poder clarificar una variedad de asuntos contextuales antes de poder contestar nuestra pregunta original sucintamente y con claridad. Segundo, nadie puede hacer preguntas sin hacer algunas presuposiciones fundamentales. Cualquier pregunta presupone, es decir, se toma como algo dado, muchas cosas que permanecen por el momento, sin cuestionar. Acuérdate de la descripción de Russell de la filosofía como la tierra de nadie. De hecho, cuando escuchamos a las preguntas de otras personas, es muy importante tener una idea, por lo menos, de las *presuposiciones* no dichas y no cuestionadas que forman la base de las preguntas—es decir, algún conocimiento que para ellos no se tiene que especificar.

Ahora, ¿cómo vamos a contestar nuestra propia pregunta? ¿Cómo puede proceder mejor un cristiano cuando quiere definir su posición sobre alguna cuestión? El procedimiento estándar de operar, a menudo nos encuentra intentando definir nuestra posición, quiénes somos y qué hacemos, en términos de lo que rechazamos. Es decir, a menudo definimos nuestra postura *negativamente*. Por ejemplo, "no estoy de acuerdo con tal..., no puedo aceptar aquella..., no estoy cómodo con tal sugerencia". O, "siendo reformado significa que no puedes..., evitas tal cosa..., y tratas de no hacer..." A veces no sabrías otra manera de identificar tu postura que tomar distancia de lo que no es tuyo. Pero tarde o temprano vas a ocupar una articulación *positiva* de tu posición. Otro ejemplo específico puede clarificar lo que significa cuando digo "proceder negativamente".

Una manera muy común para que los cristianos contesten la pregunta "¿Cuál es la relación de Dios y el cosmos?" es así. Si crees la Biblia ya sabes que Dios es *trascendente*, es decir que él está más allá de los límites de la creación. Dios trasciende el cosmos y gobierna coWmo un soberano con majestad y poder. Pero también sabes que Dios es *inmanente*, es decir, él trabaja y es activo dentro de la creación. Si no fuera así la providencia sería mecánica y nuestras oraciones de petición, serían por definición, sin efecto. Dios ama al mundo y lo cuida; él vive dentro de nosotros y entre nosotros.

Ahora, si has llegado a tener unas conclusiones sobre esto, si quieres describir la postura cristiana al respecto de esta pregunta—que Dios es tanto trascendente como inmanente—entonces ¿qué? Los cristianos reformados obviamente no son deístas. Los deístas reconocen la trascendencia de Dios, pero rechazan su inmanencia. Mantienen que Dios, en un principio, creó este hermoso y racionalmente ordenado mundo y puso todo en movimiento. Pero entonces, él se retiró para dejar que el mundo funcionara solo según las leyes no cambiables de la naturaleza y sin más interferencia divina. Esto obviamente no va conforme a la Escritura. A la vez, no somos panteístas. Los panteístas creen que Dios es todo o que todo es dios; que

Dios y el mundo están tan entrelazados que Dios no tiene una existencia o personalidad independiente. Eso tampoco puede ser correcto. ¿Dónde nos deja sino suspendidos en medio de estos dos extremos? (Para hablar más sobre este enfoque de "medio de oro", revisa Ética nicomáquea de Aristóteles 1106 b-1109 b). Cada polo enfatiza, cargado a su lado, una verdad importante. El panteísmo absolutiza la inmanencia de Dios; el deísmo absolutiza la trascendencia de Dios. Así, muchos cristianos, en un intento de pasar por una línea entre el panteísmo y el deísmo, llegan a una conclusión que nombran el "teísmo." Dios es más grande que su creación y no puede ser identificado con lo que ha hecho, aunque aún sigue trabajando dentro de ella.

No me malinterpreten. Creo que todos los cristianos que creen en la Biblia reconocen que Dios es tanto soberano como personal, tanto presente como majestuoso. Pero cuando los cristianos definen su posición como "teísta", en contra del deísmo y del panteísmo, están realmente definiendo su posición en términos de oposición. Es decir, están presentando su posición en términos de lo que rechazan: Yo no soy esto, ni aquello. Y aunque hagamos todo este posicionamiento, casi por lo regular no podemos decir mucho más de lo que hemos sabido en un principio. Hasta las cosas pueden llegar a ser más complicadas—por ejemplo, en este caso el judaísmo y el islamismo son tan teísticos como el cristianismo.

¿Hay una alternativa viable para los cristianos que están buscando la manera de proceder metódicamente en el área teórica, para trabajar con un sentido de orientación en el campo diverso del pensamiento humano? ¿Tenemos que proceder apoyados por conceptos que rechazamos? El pensador americano, Alvin Plantinga, entre otros, ha sugerido que los filósofos cristianos busquen otra ruta. En su

"Consejo a los filósofos cristianos," este profesor de la Universidad de Notre Dame presenta un desafío de tres puntos a los "teístas" ocupados en el área de la filosofía.

a) En primer lugar, Plantinga, urge que los cristianos, en vez de definirse por los proyectos y pendientes del mundo filosófico no teístico, deben ser más independientes de la filosofía comúnmente establecida. Sus compromisos y proyectos fundamentales tienen que ser vistos como algo completamente diferente, aún antitético, a los de la comunidad cristiana. Él advierte que el resultado de intentar injertar el pensamiento cristiano a alguna perspectiva actual del mundo sería, en el mejor de los casos, una combinación no integrada y, en el peor de los casos, debilitaría, distorsionaría o trivializaría seriamente la posición teística del cristianismo. En vez de adoptar principios y procedimientos que no están de acuerdo con las creencias cristianas, dice Plantinga, que los cristianos tienen sus propios temas y proyectos que pensar; que también tienen el derecho de pensar acerca de sus propios temas actuales, aunque tal vez de diferente manera de ser; y que posiblemente tendrían que rechazar algunas presuposiciones filosóficas que son de moda, tales como las del punto correcto de dónde empezar y los procedimientos apropiados para la tarea filosófica.

b) Segundo, los filósofos cristianos tienen que mostrar solidaridad en el sentido de unidad y en su totalidad integral, para que ellos y su trabajo sean de una sola pieza. La filosofía es en gran parte una clarificación, una sistematización, una articulación, una relación y profundización de la opinión pre-filosófica. Por lo tanto, los cristianos, según Plantinga, no sólo tienen tanto derecho en la filosofía para empezar con lo que creen, como los otros, sino también tienen una responsabilidad u obligación a la comunidad cristiana al dirigirse a las preguntas filosóficas que son de importancia para ellos. Como lo ve Plantinga, es simplemente un asunto de propiedad intelectual de empezar con las creencias básicas y, suponiéndolas, seguir adelante de allí en el trabajo teórico y filosófico. El cristiano tiene sus propias preguntas que contestar, sus propios proyectos, su propio punto de inicio para investigar estas preguntas; todo esto es su tarea como un pensador cristiano.

c) El tercer punto de Plantinga es que los filósofos cristianos, dejando la comodidad, deben ser valientes, fuertes y audaces—no por sí mismos, sino con una auto-confianza cristiana. "Nosotros, los filósofos cristianos tenemos que mostrar más fe, más confianza en el Señor; tenemos que ponernos toda la armadura de Dios" (p. 254). Obviamente el filósofo cristiano tiene que escuchar, comprender y aprender de la comunidad filosófica más extendida, pero su labor no puede ser circunscrita por lo que el escéptico o los demás del mundo filosófico piensan del teísmo. Siendo responsables por lo mucho que hacemos, también tenemos el derecho y la obligación de tomar como conocimiento lo que creemos y proceder en confianza, también filosóficamente, sobre esa base.

Creo que la intención de Plantinga, con respecto de cómo los cristianos deben proceder filosóficamente, puede ser resumido en términos de lo que Dirk Vollenhoven (1892-1978), profesor de filosofía en la Universidad Libre de Ámsterdam, dijo en referencia al "método tético-crítico".

En vez de maldecir la oscuridad, los cristianos deben buscar, con el poder y la perspectiva del Espíritu Santo, la manera de encender una vela. En otras palabras, en vez de definir su postura en términos de lo que se rechaza, Vollenhoven sugiere que los cristianos procedan *téticamente*. (Según el *Diccionario de inglés Oxford*, "tético" significa "de la naturaleza de, o que implique declaración directa o positiva; establecido o declarado positivamente o absolutamente".) Es decir, los cristianos deben acercarse a los problemas (filosóficos) y a las preguntas que les confrontan desde su propia perspectiva positivamente articulada. Por ejemplo, los cristianos deben estar incómodos al describir la ruta metodológica de las ciencias sociales como una que va en una línea entre el positivismo (es decir, podemos saber, cuantificar y científicamente controlar todos los fenómenos de la naturaleza) y el escepticismo (es decir, podemos saber poco o nada con certidumbre o exactitud). Las personas que reconocen que Dios es tanto soberano como personal no deben estar satisfechas en términos de un intermedio conceptual en algún lugar entre los dos extremos del panteísmo y el deísmo. La prioridad número uno debe ser trabajar una concepción básica conforme a la Escritura, que afirma y articula tan clara y sucintamente posible, la perspectiva de uno sobre cualquier asunto. En otras palabras, debemos proceder valientemente, articulando, clarificando y afinando la coherencia de la estructura comprensiva de creencias básicas que los cristianos aprecian mucho.

Este procedimiento tético—para tratar situaciones y cuestiones nuevas y viejas del punto de vista de uno (comunal, cristiano)—presupone una creciente concepción básica que es tan específica y conscientemente delineada que alguien puede decir con confianza, "aquí me sostengo." Pero al vivir confiadamente dentro de una estructura bíblicamente informada con una base religiosa, los cristianos definitivamente deben evitar la tentación de pontificar. "Así lo veo yo, y por lo tanto, así es." Estos pronunciamientos altaneros no ayudan a nadie. Una enfermedad relacionada es lo que algunos nombran el "etnocentrismo":

pensando que no hay más en este mundo aparte de lo que esté dentro del alcance de alguien, con sus creencias, actitudes, estándares, métodos y procedimientos bien arraigados. No, además de proceder téticamente, los cristianos necesitan trabajar críticamente.

En este contexto, proceder *críticamente* significa investigar seriamente y, cuando sea necesario, meticulosamente, es decir, llegar a saber, cuestionar, analizar y evaluar con un ojo puesto para determinar tanto los méritos como las faltas (como en una reseña critica), específicamente: (1) el carácter distintivo que moldea la cultura a la cual Dios nos llama (para vivir como su pueblo); (2) lo que otros, por ejemplo, los no cristianos están diciendo y han dicho; (3) lo que los de la tradición cristiana han dicho; y (4) lo que nosotros mismos común o individualmente hemos mantenido como la razón en el asunto. No hay conocimiento sin preconcepciones y prejuicios. Nuestra tarea no es quitar todas estas presuposiciones, sino escuchar, probar y evaluarlas críticamente durante el proceso de nuestra investigación.

Tomando un poco de distancia del presente siempre es difícil, pero los cristianos tienen que tomar el tiempo para evaluar los tiempos en los cuales están viviendo, para probar los espíritus y los desafíos de su época. ¿Qué debemos hacer en el debate entre el modernismo y el pos-modernismo? ¿Han capitulado paulatinamente los cristianos de Norteamérica a los valores y estructuras de la modernidad? ¿Merece nuestro apoyo el multi-culturismo? ¿Nos hemos enamorado de las técnicas de marketing y administración? ¿Deja Dios a la iglesia sin mucho cuidado? David Wells (en *God in the Wasteland*—Dios en el desierto) dice que la verdad de Dios es muy distante, su gracia es muy ordinaria, su juicio demasiado suave, su evangelio demasiado fácil y su Cristo demasiado común.

"Hemos hecho caso a un Dios a quién podemos utilizar en vez de a uno a quién tenemos que obedecer; hemos hecho caso a un Dios que llena nuestras necesidades más que a un Dios a quien tenemos que entregar todos nuestros derechos personales. Él es Dios *para* nosotros, para nuestra satisfacción—no porque hemos aprendido a pensar en él así por medio de Cristo, sino porque hemos aprendido pensar en él a través del mercado. En el mercado todo es para nosotros, para nuestro placer, para nuestra satisfacción y hemos llegado a presumir que así debe ser en la iglesia también. Entonces transformamos al Dios de misericordia a un Dios quien está a nuestra merced. Imaginamos que es benigno, que va a acceder mientras jugamos con su realidad y manipularlo en la promoción de nuestras aventuras y carreras". (114)

¿Tiene algo que decirnos Wells? ¿Somos partidarios de suavizar los puntos agudos de Dios que la verdad muchas veces tiene? Y aún más, ¿sentimos el vacío de nuestra época? ¿Tenemos demasiado con que vivir y tan poquito para realizar una vida con propósito? Parece que todo va y no hay nada de importancia. ¿Está en lo correcto Os Guinness cuando escribe (en *The American Hour*) acerca de "un tiempo de ajuste de cuentas"? ¿Está el liberalismo secular americano al punto de derrumbar su propia casa encima de ellos mismos (y algunos cristianos con ellos)? Escribe Guinness:

"Las ciudades modernas acercan más a la gente, pero a la vez les hacen más extrañas; las armas modernas simultáneamente llevan a los que las utilizan al genocidio y a la impotencia; los medios de comunicación modernos prometen los hechos pero publican fantasías; la educación moderna introduce el aprendizaje en masa pero crea un alfabetismo raquítico; las tecnologías modernas de comunicación animan a las personas que hablen más y que digan menos, como en el teléfono, y a oír más y escuchar menos, como en la televisión; el estilo de vida moderno ofrece una libertad individual, pero se esclaviza con la moda del día; la auto-expresión moderna ha sido coronada como el ganador del concurso de valores de los americanos mientras la noción de la persona misma prácticamente ha desaparecido; el rechazo moderno de límites ha terminado en adicciones; los estilos modernos de relaciones personales hacen que las personas desean más intimidad y autenticidad, pero están más temerosos que nunca del engaño, la manipulación y los juegos de poder; las terapias modernas multiplican las promesas de curaciones, pero causan enfermedades en la gente por sus búsquedas de la vida sana; el control moderno del planeta lleva directamente al sentido de un mundo fuera de control; la humanización de vida moderna profundiza un sentir creciente de una desesperación existencial. Y así y así". (398-9)

Los cristianos no pueden procrastinar cuando se trata del aire que respiran. La complacencia no va a romper las corrientes fundamentales. Los profesores y estudiantes en las aulas de las universidades pueden hablar casualmente de cosmovisiones en términos filosóficos, estáticos y abstractos, pero en "el mundo real," en el universo que vive y respira, donde la realidad se entiende (para los creyentes y los no creyentes), las cosmovisiones que mueven el bien, el mal y lo feo están formando ideas y aspiraciones tales como respuestas, de las cuales son poco confiables. Por lo tanto, tenemos que probar los espíritus y discernir el carácter distintivo que moldea la cultura en la cual Dios nos ha llamado a ser diferentes (=santo). Como escribe Pablo: "¿Acaso no saben ustedes que, cuando se entregan a alguien para obedecerlo son esclavos de aquel a quien obedecen?—ya sea del pecado que lleva a la muerte, o de la obediencia que lleva a la justicia. Antes ofrecían ustedes los miembros de su cuerpo para servir a la impureza, que lleva más y más a la maldad; ofrézcanlos ahora para servir a la justicia que lleva a la santidad" (Romanos 6:16,19).

Para comprender lo que los no cristianos han dicho y están diciendo, los cristianos no pueden ser ignorantes de los líderes y personajes históricamente influyentes, especialmente en las áreas más cerca a nuestros intereses; sea el Dr. Spock, cuando se trata de criar a los hijos, o Darwin para la biología, o Marx para los que tienen interés en la sociología o en los negocios, o los *Federalist Papers* (ensayos sobre el federalismo en EUA) para los de la política, o el leer entre líneas de los guiones que nombramos "entretenimiento".

Un procedimiento bueno para sacar lo distintivo en otros autores, movimientos o culturas, es el uso hábil de la comparación y el contraste. No es muy difícil llegar a un entendimiento acerca de lo distintivo de B.F. Skinner en la psicología, o John Rutter en la música, o Aldo Leopold en la ética ambiental. Ni se tienen que cambiar las manchas del leopardo ni es necesario transformarte por medio de una intuición mística o una empatía. El análisis crítico procede por medio de una cuidadosa atención al detalle, a los varios componentes y dimensiones que trabajan en conjunto para resaltar similitudes y diferencias de la postura de uno y de otros. Funciona para llegar a un bosquejo de la cosmovisión subyacente, incluyendo un sentido, si no una explicación, de la manera en la que esta cosmovisión influya la percepción, el pensamiento, el argumento y la acción.

Este tipo de evaluación crítica también ayudaría a la comunidad cristiana a reconocer el valor y la naturaleza de la autoridad y la tradición. Casi todos pertenecen a una tradición antes de que la tradición pertenezca a ellos. Las tradiciones tienen un poder que a menudo define lo que vamos a llegar a ser. Siguiendo la moda (tradicional) muchas veces es el camino más fácil y, de hecho, puede servir para no molestar a las personas. Pero ¿cuál es el valor de una tradición no examinada, aun si es una tradición ortodoxa? No debemos hacer a la ortodoxia lo que hemos hecho a la comida procesada; envasado al vacío y preservada bajo un vidrio—aun las enseñanzas correctas prontamente se envejecen y llegan a ser una ortodoxia muerta. Las tradiciones sanas se mantienen así por estar involucradas y celebradas, pero nunca sin un ojo crítico. Podemos aprender de la actividad crítica mientras llegamos a un entendimiento más sensible y atinado de nuestra tradición y sus puntos fuertes y débiles.

No importa que tanto nuestra época celebra el individualismo y el espacio personal, nadie nunca está solo; nadie nunca actúa o piensa o escribe aislado. Tampoco, una persona debe actuar como si a sus precursores y contemporáneos les faltara comprensión. Al contrario, debemos considerar seriamente lo que están haciendo, lo que han dicho o escrito. Ni puede jurar por las palabras de un maestro o patriarca o buscar una solución por medio de una variedad ecléctica de perspicacias. Seleccionando al azar y entonces buscando la manera de amalgamar los elementos de diferentes perspectivas del mundo o de diferentes sistemas de pensamiento, solo engendra confusión. Tenemos que preguntarnos, "¿Qué es el espíritu que los mueve?" "¿Qué estoy haciendo cuando yo repito lo que están diciendo?" "¿Apreciarían los que respetamos bastante, las dificultades que se presentan en nuestra época?" "¿Presentaron el problema o las alternativa correctamente?" Cuando la Biblia nos instruye que probemos a los espíritus, para ver si son de Dios, no quiere decir que exentemos el pensamiento de otros cristianos. También tenemos que preguntarnos repetidamente la misma pregunta sobre los resultados que nosotros mismos hemos sacado.

Mientras se puede llegar a una comprensión más profunda de uno mismo precisamente por medio del estudio de otros, es bueno también dedicar tiempo a una auto-crítica en el proceso. Reevaluando y confirmando decisiones anteriores, a favor o en contra, nos ayuda a madurar y tomar posesión de la línea que hemos trazado para nosotros mismos en nuestras vidas.

Considerar nuevamente las preguntas y respuestas, tanto viejas como nuevas, puede llevarnos a dos tipos de resultados: la solución examinada será reafirmada o encontrada deficiente—sea porque contesta incorrectamente la pregunta formulada o porque procede de una incorrecta formulación del problema. En ambos casos estaremos avanzando hacia un mayor entendimiento y comprensión. De igual manera, nuestra actitud hacia la vida y el aprendizaje llegaría a ser anticipatoria y abierta. Llegamos a comprender lo qué es "aparte" de nosotros, pero también nos comprendemos más a nosotros mismos. La verdad de la experiencia y tradición de uno nutrirá una orientación hacia nuevas experiencias y desafíos, ayudándonos a reconocer la posibilidad de "aprender de" lo que es diferente y extraño. Haciendo esto nos va a ayudar aún más a comprender un entendimiento de lo que significa ser personas finitas e históricas que "están en camino," quienes tienen que asumir una responsabilidad personal por nuestras decisiones y elecciones, y quienes siempre tienen que estar preparados para dar razón de la esperanza que mora en nosotros.

La crítica no implica que las respuestas encontradas anteriormente, y ahora puestas a revisión, tienen que ser deficientes: un examen crítico puede resultar en una cordial recomendación de afirmaciones o planes de acción propuestos por otras personas, o que se puede mantener una tesis que otros han contestado. Por lo tanto, la crítica no es igual a la "negación", "sólo encontrando fallas o señalando errores "hipercríticamente". Por supuesto, la crítica puede llevar a un resultado negativo: "no estoy de acuerdo con esto, eso y aquello por tales razones...". Pero tal resultado negativo tiene un gran valor: mantener tenazmente los pensamientos, palabras y acciones que constante o implícitamente chocan con las líneas principales de la estructura de creencia de uno, mina su poder y previene que alguien haga buenas preguntas y adquiera buenos resultados que hablan más profundamente a los retos de nuestra época.

El ánimo de los bautistas y las teorías legales de los luteranos merecen tanta curiosidad del remanente reformado—y vice versa—como los puntos principales de sus vidas merecen su escrutinio. La vida en todas sus dimensiones, desde la mesa de la cocina hasta el mueble al lado de la cama, está permeada con una diversidad de espíritus, de los cuales sólo uno es santo. Si los cristianos permiten que las permutaciones no santas que resultan tomen el mando, van a encontrarse cegados a una perspectiva bíblica de la totalidad y van a ser movidos, como es la mayoría, por medio de respuestas como ondulando en el viento.

Un punto final: estas evaluaciones téticas y críticas no están aisladas la una de la otra, sino relacionadas. Mucho celo por un lado sin el otro indica grandes problemas. Su relación es así: por un lado, cada actividad crítica implica que uno tome una postura tética; y también, una postura cristiana tética que no permite escuchar, contemplar y comunicarse con otros va a resultar en un dogmatismo parroquial y no crítico. Es posible que algo en la postura de uno después podría comprobarse insostenible, pero todo lo que quiere decir esto es que alguien haya modificado su postura un poco: se ha retirado un poco o ha adoptado una tesis que se pensaba anteriormente que se tenía que oponer. No importa el caso, toda la crítica presupone, si merece el nombre de crítica, que una persona puede ser confiada en mantener e involucrarse con su presente perspectiva del mundo y de la vida humana. Aunque todas nuestras afirmaciones son falibles y abiertas a la crítica, aun así requieren una validación. Eso se puede realizar por medio de vivir como hablamos y también por medio de ofrecer las mejores razones y argumentos que haya para sostenerlas, los argumentos mismos que a la vez están enterrados en la práctica de aquellos que nos han precedido. Por medio de abrazar valientemente lo que es vivir la tradición de uno y rechazar honestamente lo que ya no puede ser sostenido, los cristianos intentarán alcanzar los nuevos desafíos de su época.

Los cristianos saben que están llamados para ser santos, que significa, entre otras cosas, que deben ser diferentes, literalmente "separados" de otros. Cuando se olvida la relación entre tético y crítico, los cristianos pierden un sentido real de lo que significa ser diferente en la práctica. Cuando los conflictos del negocio, la política, la vida hogareña y el entretenimiento se hacen patentes, muchas veces los cristianos pierden su sentido de dirección y discreción. Una alternativa atractiva es ser un ecléctico mecánico, escogiendo al azar lo que aparece ser la mejor de una variedad de doctrinas o estilos. Pero la fuerza no percibida de un eclecticismo intencional (posmoderno) no es menos conflictivo. Los cristianos que conocen a su Biblia y viven conforme al poder que sólo el Espíritu de Dios puede dar, deben poder llegar a soluciones y a alternativas convencionalmente consistentes que son diferentes que las que surgen de un corazón no regenerado. Aun así, millones de cristianos "nacidos de nuevo" muestran poco o nada acerca de una perspectiva diferente sobre los asuntos cotidianos que tienen sus compañeros no cristianos. Sin el modo de discernir el espíritu de su época, sin poder penetrar a las cuestiones subyacentes apremiantes, simplemente apoyan pensamientos y modas de aquí o allá sin molestarse a inquirir si son compatibles con sus propias convicciones.

En conclusión: Un conglomerado de personas, lugares y eventos indeleblemente marcan las vidas de los cristianos. Apoyados con el poder del Espíritu Santo, los cristianos son llamados a traer todo esto, cada pensamiento y acción, en obediencia a Cristo. *La vida* que él nos da no es solo para el más allá. En vez de utilizar nuestra naturaleza humana como un pretexto para las indiscreciones pasadas, podemos admitir nuestra flaqueza y el hecho que tenemos tanto que aprender mientras caminamos *El Camino* del discipulado cristiano, por medio de la luz de *La Verdad*. Podemos mantener lo que es viable en nuestra propia postura por medio de investigar críticamente los resultados alcanzados anteriormente, no solo de otros, sino también por medio de la vida de uno, y con la valentía de sacar conclusiones. Los cristianos que trabajan comunal y metódicamente pueden progresar a través de una lucha para obtener una doble ganancia: una *postura* reforzada, articulada en acción y en palabra, y un *rechazo* más definido y explicado de lo que es inconsistente con ella. Cuando nuestras creencias básicas acerca de las cosas jalan por los dos lados nos ayuda a "enderezarnos," como diría el salmista, y guiarnos a una integración profética de cómo hacer las cosas en el taller, en la casa, en la colonia, como padres de familia, como estudiantes, o como ciudadanos.

II
Una reseña histórica del pensamiento occidental

A. Introducción

La parte dos resume algunos de los asuntos ontológicos, antropológicos y epistemológicos del pasado, pero no puede incluir todo. Otros factores tales como el pensamiento político, estético y científico del pasado obviamente son importantes y tendrían que ser incorporados en una historia intelectual más amplia. No obstante, las tres áreas ya mencionadas definirán nuestro enfoque. De vez en cuando haremos referencia a otros aspectos de la actividad humana.

1. La Historia

En la primera parte nos enfocamos en el contenido del término "filosofía". En esta unidad no estamos tan interesados en la filosofía sino en la historia de la filosofía: no tanto en el filosofar, como la actividad real de la filosofía, sino en el cuerpo de juicios que los filósofos han articulado históricamente como un resultado de su actividad filosófica. Y muchas de sus ideas no son solamente ideas; muchas de ellas realmente tienen implicaciones hoy día y siguen siendo vigentes, llevando a pueblos y culturas a conclusiones peculiares y precarias.

Antes de hablar de esta historia debemos intentar considerar el término "historia". Los griegos tenían una palabra muy parecida y la usaban para referirse a "búsqueda", "investigación" o "averiguación". Después la palabra evolucionó a referirse a "una averiguación del pasado". Obsérvese que la palabra "historia" es ambigua en ese sentido, porque tiene dos acepciones distintas: (a) los eventos actuales del pasado; por ejemplo cuando Bruto apuñaló a César, por supuesto algo ocurrió, en este caso con resultados desastrosos para César. Nos referimos a este primera acepción cuando decimos, "el muro de Berlín ahora es historia," es decir, estos son los hechos, los valores y los eventos que ahora pertenecen al pasado y ya no pueden ser devueltos. Y, (b) es una disciplina de determinar con un grado de exactitud sistemática qué ha sido "histórico" acerca de ciertos eventos en el desenvolvimiento de la creación y la cultura. El enfoque es sobre un cambio significativo y su relación con transformaciones culturalmente formativas. Hablamos de esta segunda acepción de la "historia" cuando un estudiante pregunta a otro, "¿Ya estudiaste tu historia?" Estudiar un texto de historia es estudiar la selección, la interpretación y el relato de otra persona de lo que son eventos significativos en el pasado. Tal investigación o relato es obviamente diferente de los eventos mismos. Un evento real no es lo mismo que el punto de vista y análisis de alguien (que son siempre limitados) del evento, tal como hay una diferencia entre, por ejemplo, la Batalla de las Ardenas y un libro sobre la historia de la Segunda Guerra Mundial en tu escritorio, en el cual se analiza y describe esa batalla.

Debe ser claro que la expresión "la historia del pensamiento occidental" usa el término "historia" con este segundo significado. Los eventos reales—muchos pensando acerca de cuestiones fundamentales—desde cuando han pasado. Y no importa que tanto queremos investigar y describir como los filósofos una vez se relacionaban con cuestiones de ontología, antropología y epistemología, el lector tiene que darse cuenta que lo que sigue es una interpretación, una lectura enfocada y selectiva de los patrones de la mente occidental.

Para los cristianos mucho puede ser logrado cuando esta investigación se enfoca en factores que son de un significado primordial para cristianos. Por esa razón cualquiera que emprende un estudio no debe escoger simplemente algún texto sobre la historia de la filosofía y luego seguir con su estudio. Recoja cualquier libro de texto y pronto el lector discerniente descubrirá que la perspectiva del autor está influenciada con ciertos prejuicios y suposiciones subyacentes. Por ejemplo, algunos textos presentarán la historia de la filosofía como racionalista; es decir, las varias concepciones filosóficas de varios pensadores se describen y se evalúan por medio de estándares racionalistas. Los autores católicos romanos tienden a escribir desde una perspectiva orientada hacia el gran filósofo medieval, Tomás de Aquino. En resumen, los historiadores del pensamiento occidental, como cualquier historiador, interpretan el pasado en base de una serie de creencias y presuposiciones anteriores. Un conjunto de compromisos y presuposiciones preceden el análisis del historiador, definen su enfoque y gobiernan sus evaluaciones y juicios. Estas presuposiciones previas, a fin de cuentas, son de un carácter confesional y religioso.

Un ejemplo clarificará esta situación. Una historiadora cristiana iniciará su análisis de los filósofos griegos, por decir algo, reconociendo que ellos también vivían en el mundo de Dios, nuestro hogar, y lograron mucha perspectiva de ese mundo. Pero también ella va a reconocer que la cultura griega continuó la tradición pagana de suprimir la verdad por medio de la injusticia. Este juicio no significa que los historiadores griegos no registraran ciertos hechos de las Guerras Peloponesias correctamente, o que el argumento de Platón en contra del relativismo moral en *Gorgias* está completamente equivocado. Pero, a la luz de la Escritura y por medio de su sentido informado bíblicamente en cuanto a la naturaleza de las cosas, el historiador cristiano va a ver bastante distorsión en la filosofía griega. Por otro lado, el historiador racionalista se acercará a estos mismos filósofos griegos en una manera completamente diferente. Su análisis será determinado por la creencia en que todos los seres humanos son esencialmente seres racionales y autónomos (auto-regulados), que no necesitan ni a Dios ni a la redención. Por lo tanto, para el racionalista el énfasis griego-pagano acerca de una racionalidad autónoma no es una supresión y distorsión de la verdad sino una laudable emergencia y liberación de una esclavitud religiosa y mitológica.

Observa que las presuposiciones de los cristianos y de los racionalistas no tienen que ver con el resultado de un análisis. Al contrario: el análisis sigue las presuposiciones y confesiones. El cristiano confiesa la soberanía de Dios y el estado caído de la creación como también una redención radical en Jesucristo, en cambio, el racionalista confiesa la autonomía y la racionalidad del ser humano. El análisis y la evaluación siguen estos compromisos previos.

Estos ejemplos deben aclarar que no puede haber una descripción "objetiva" (neutral) de la historia de la filosofía (o de la psicología o de la física). Cada historiador lleva consigo sus propias creencias y presuposiciones a la tarea de investigar, interpretar y evaluar el pasado. Aun aquellos que creen en la objetividad y supuestamente en la evaluación neutral y sin prejuicios de los supuestos "hechos" no pueden escapar la mismísima situación. Porque ellos mismos empiezan con una creencia en la neutralidad y en la objetividad y tienen que tomar decisiones en cada momento.

2. Nuestro Método

Con la Escritura como la luz a nuestro camino, ¿cómo deben acercarse los cristianos a la historia del pensamiento occidental? Con demasiada frecuencia los cristianos han optado por lo que podemos llamar un método de compartimentos. Tal método ve poca conexión entre la fe cristiana y la tarea de un historiador de la filosofía. La fe cristiana se esconde en un compartimento, la tarea del historiador en otro, y la puerta entre ambos está cerrada con llave, tal vez se tira la llave. En muchas áreas más los cristianos "compartimentalizan". Tomemos, por ejemplo, la política. Muchos políticos declaran pública y enfáticamente que harán todo lo posible por dejar fuera de la política la religión. Pero hacer política no es una actividad menos neutral u objetiva que escribir la historia del arte. La "compartimentalización" de la religión del resto de la vida es el resultado del patrón medieval de pensamiento, naturaleza/gracia que vamos a examinar con más detalle más adelante en esta unidad. En vez de promover un método de naturaleza/gracia, queremos ver la luz de la Escritura directamente sobre las filosofías del pasado. Quisiéramos describir y evaluar las concepciones filosóficas en términos de asunciones y presuposiciones cristianas y bíblicas. David Moberg, de la Universidad de Marquette, aboga el mismo caso en términos más generales:

> "Los cristianos en la educación superior están fuertemente tentados, aunque sutilmente, a "compartimentalizar" nuestra fe.

> Estamos inclinados a considerarla relevante en circunstancias especiales, tales como cuando asistimos a actividades eclesiales o religiosas en el campus, cuando aconsejamos a estudiantes o amigos acerca de problemas personales, cuando estamos participando en devocionales, sean personales o familiares o cuando compartimos la relevancia de la Biblia a asuntos políticos o sociales. Pero cuando estamos enseñando e investigando normalmente nos enfocamos en las teorías, los conceptos y otros aspectos de la materia que son convencionales en nuestras respectivas disciplinas.
>
> Aun así, Jesucristo nos llama a "Amar al Señor tu Dios con todo tu corazón y con toda tu alma y con toda tu mente y con toda tu fuerza" y también "Amar al prójimo como a ti mismo" (Mc. 12.30, 31). En nuestros momentos más racionales reconocemos que esto significa tener una fe genuinamente holística, estando tan permeado con el amor de Dios que todo pensamiento y actividad sean cautivados en obediencia a Cristo (2 Cor. 10.5). Sin duda esto significa que todo aspecto de nuestra vida, tanto profesional como personal, tiene que ser saturada y purificada con nuestro conocimiento y amor hacia él". (147)

Si vamos a evaluar correctamente la ontología, antropología y epistemología del pasado, vamos a ocupar un conjunto de criterios articulados. Después de todo, los juicios requieren criterio. No se puede distinguir entre el bien y el mal o entre lo correcto y lo incorrecto a menos que se aplique algún estándar, algún tipo de norma de lo bueno y de lo correcto. Es lo mismo en un análisis histórico. ¿Qué cuenta como significante e insignificante? ¿Qué es crucial o coincidente? Muchos textos filosóficos se limitan al estándar de la lógica. Por ejemplo, ellos describirían la filosofía griega en términos de su consistencia y coherencia lógicas. En donde los pensadores griegos siguen las leyes de la lógica, su filosofía se juzga aceptable; cuando cometen falacias lógicas, su trabajo está juzgado como inaceptable. Mientras el papel de la lógica en el pensamiento filosófico es sin duda importante, creo que no constituye el único criterio para una evaluación histórica. Junto con el filósofo holandés Dirk Vollenhoven, diría yo que la anchura de la revelación de Dios a través de su palabra sería no solamente más ancha, sino más confiable como horizonte para medir los productos humanos de pensamiento que llamamos ontologías, antropologías y epistemologías.

Para reconocer un buen auto usado tienes que saber ciertas cualidades de los coches. También los cristianos revisando las perspectivas sobre la realidad, la humanidad y el conocimiento ocupan unas ontologías, antropologías y epistemologías bien articuladas bíblicamente. Mientras estos temas serán elaborados en la última unidad, podemos hacer unas observaciones preliminares.

La Escritura nos revela los contornos de una ontología bíblica. Nos habla acerca de Dios, acerca de las leyes de Dios y acerca del mundo creado. Dios, el soberano dador de las leyes, creó al cosmos por medio de su palabra y su palabra es la ley. Momento tras momento el universo se sostiene y se mantiene por medio de su fidelidad a través de Jesucristo, la palabra, en el cual todas las cosas subsisten. No hay nada más que creador y criatura, y cada criatura, sea celestial o terrenal está sujeta a Dios y a su ley.

Además, la Escritura nos provee una perspectiva de la antropología: los seres humanos no son el producto accidental de un proceso ciego de evolución, sino son una creación especial de Dios, maravillosa e integralmente entretejidos, llamados a servir a su creador con el todo de su ser en una obediencia amorosa. Por último, en cuanto a la epistemología, la Escritura nos ayuda a comprender que el conocimiento humano es principalmente un conocimiento personal y tácito de lo que podemos esperar todos los días. Por lo tanto, el verdadero conocimiento se fundamenta en un entendimiento íntimo con las creencias básicas de la revelación de Dios, en sus palabras y obras, a las cuales nos llama a responder con amor, obediencia y responsabilidad.

El resumen de una ontología, antropología y epistemología bíblica nos provee la clave de un método cristiano de análisis. Como los filósofos del pasado, y todas las criaturas de Dios, se encontraron dentro de una realidad creada, continuamente se rozaban con las leyes y las ordenanzas del Señor. Como consecuencia, podemos decir que en su filosofar intentaron explicar el orden y la regularidad alrededor de ellos, todo existía por medio de la mano sustentadora de Dios. Pero en su incapacidad o falta de voluntad de reconocer la naturaleza real de las leyes de Dios, su paganismo e incredulidad causaban bastante distorsión. Entonces nuestro método de análisis está diseñado a determinar los diferentes modos, en los cuales los filósofos han respondido al orden manifestado en la creación, mientras luchaban con los aspectos de la ontología, la antropología y la epistemología.

3. La amplitud y la organización

No debemos concluir, por medio de nuestro énfasis en la mente occidental, que la filosofía no occidental sea insignificante. Al contrario, en nuestro mundo cada vez más chico, el conocimiento de las filosofías orientales es cada vez más importante. Su influencia está creciendo, particularmente cuando vemos la pérdida de la influencia de la Ilustración, y una marcada caída en la influencia de las promesas de la tecnología. No obstante, las limitaciones de espacio y de competencia en estas áreas no me permiten incluir un estudio del pensamiento no occidental.

La gran mayoría de los textos dividen la historia del pensamiento del occidente en cuatro periodos cronológicos: antiguo, medieval, moderno y contemporáneo. Aunque esta convención puede ayudar, tal vez los cristianos deben considerar si hay criterios más importantes que "muy viejo," "muy nuevo" y "algo en medio." Quisiera proponer un criterio más radical y pienso hasta más bíblico—sería agrupar las diferencias cronológicas conforme al cuándo y al cómo el Evangelio haya afectado el pensamiento humano. Para los cristianos esto es en sí de lo que se trata la historia: los poderosos hechos de Dios y como la humanidad ha respondido a estas palabras y hechos. Después de todo, utilizando una medida de viejo, más viejo y lo más viejo solo puede llegar a la conclusión que ¡Jesucristo es la historia antigua!

En los siglos después de Caín y antes de Cristo la palabra hablada de Dios se limitó al pueblo de Israel. Por lo tanto, las filosofías griegas y helenistas fueron el resultado de preguntarse y vagar en el mundo sin una luz indispensable. Alrededor de 40 d.C., cuando el Evangelio por medio de Pablo y otros fue reconocido fuera de la comunidad hebrea, el pensamiento occidental fue confrontado con el mensaje de liberación de los primeros cristianos. Sin embargo, muy pronto una época de "filosofía de la síntesis" inició. Un periodo caracterizado por un intento de reconciliar y unir los temas bíblicos con los patrones paganos de pensamiento. La filosofía de síntesis jugaba un papel predominante hasta aproximadamente 1500 d.C., cuando el crecimiento del humanismo empezaba a destruir la síntesis medieval y abrió el camino para el desarrollo de los patrones secularistas de pensamiento. Tomando en cuenta estos tres periodos principales, podemos dividir la historia del pensamiento occidental en tres periodos claves: la mente *pre-síntesis*, la filosofía de *síntesis* y los patrones de pensamiento *anti-síntesis*. Consideraremos cada uno de ellos en una forma cronológica.

Mientras revisamos estos tres periodos en la historia de la filosofía desde nuestra perspectiva de la última parte del siglo XX, veremos a diferentes pensadores de diferentes perspectivas luchar con cuestiones fundamentales acerca de la realidad. No solo hay un buen número de problemas perennales que continuamente afectan la historia del pensamiento occidental, sino también hay una serie de repuestas a estos problemas que promueven lo que podemos llamar los tipos o patrones de la mente occidental. Como resultado podemos desarrollar una tipología, es decir, podemos describir un conjunto de patrones fundamentales de pensamiento que reflejen los intentos de varios autores de dar las respuestas a algunas preguntas fundamentales de la ontología, la antropología y la epistemología.

Tal vez un ejemplo sencillo del área de la epistemología puede aclarar este concepto. A través de la historia la pregunta "¿Cómo llegamos a saber?", se ha dado. Muchos han respondido a esta pregunta diciendo que todo lo que sabemos es el resultado de una percepción de los sentidos. Dicen ellos, que todo el conocimiento proviene de los sentidos. Llamamos a esta postura el "empirismo". Por lo tanto, el empirismo es un tipo de patrón de pensamiento, una respuesta recurrente a una pregunta estándar de la epistemología.

Mientras las preguntas y sus varias contestaciones recurren y permanecen más o menos constantes, los tiempos en que las preguntas se hacen cambian. Por ejemplo, hay una vasta diferencia entre el contexto histórico de la antigua Grecia y de aquél de la Edad Media. Como consecuencia podemos describir la historia del pensamiento no sólo en términos de tipo sino también en términos de la corriente de tiempo, es decir, como refleja el espíritu de la época o el clima intelectual durante algún periodo. En la historia del occidente varias corrientes de tiempo han sucedido unas después de otras. A veces una corriente empieza o termina de repente, a veces emergen o declinan despacio, a veces se traslapan o a veces se combinan.

Los tipos y corrientes de tiempo constituyen los ingredientes básicos de lo que se llama el "método problema-histórico". Este método fue usado extensivamente y con resultados interesantes y útiles por Vollenhoven, profesor de filosofía por muchos años en la Universidad Libre de Ámsterdam. Aunque este estudio difiere marcadamente, y a veces totalmente del entendimiento, la categorización y la formulación de los tipos y las corrientes de tiempo que Vollenhoven ha propuesto, la inspiración de las versiones originales serán evidentes a cualquiera familiarizado con su trabajo.

B. Una historia del pensamiento occidental antes de la síntesis

Introducción al primer periodo principal

Los griegos antiguos eran parte de un linaje de los que "negaban" todo, empezando con Caín. Lo que negaban era a Dios mismo y a su palabra. Pero por supuesto su perspectiva de la realidad, de lo humano y del conocimiento, está seriamente afectada cuando la palabra de Dios no se toma como la verdad. Sin la palabra relevada de Dios, el cosmos no puede ser considerado como su creación, y el resultado de la actividad de un Dios de pacto creando y guiando. Las realidades tales como; el Dios de Abraham, Isaac y Jacob, el cosmos como creación, las huestes celestiales haciendo la voluntad de Dios, los mediadores creacionales de la tierra y el corazón humano, por mencionar algunas pocas, se pierden de vista tarde o temprano cuando el pecado de los padres se perpetúa en sus hijos. El resultado final es un cosmos entenebrecido y reducido, en que los "hombres sabios" desean la sabiduría pero solo encuentran susurros y ecos de la verdad.

En su análisis de la realidad, los griegos no podían reconocer que el orden de la creación debe ser atribuido a las leyes de Dios que en su soberanía ha puesto en el cosmos. Como resultado, una variedad de distorsiones aparecieron, como veremos en un momento. Además, las reflexiones antropológicas griegas causaron una gran confusión. En fin, los griegos no podían entender quién es el ser humano. Y es poco sorprendente. Sin la palabra de Dios para instruirnos, permanecemos sin esperanza en la oscuridad. El verdadero auto-conocimiento no puede ser obtenido por medio del análisis teórico y la reflexión. Conocerse depende del poder de la palabra de Dios que nos revela quiénes somos, específicamente criaturas hechas a la imagen de Dios, llamados a servir a nuestro creador en una obediencia fiel y amorosa. Y finalmente, en cuanto a la epistemología, los griegos heredaron al mundo occidental la noción que el verdadero conocimiento es una cuestión de una perspicuidad racional, lógica y teórica. El racionalismo y el intelectualismo que ha caracterizado el mundo occidental por siglos es el resultado directo de las distorsiones epistemológicas griegas.

El periodo del pensamiento pagano o pre-sintético puede ser dividido fácilmente en dos partes, es decir, (1) la filosofía griega antes de 320 a.C., y (2) la filosofía helenística. La filosofía antes de 320 a.C. se desarrollaba en Grecia y en sus colonias y se distingue por su preocupación ontológica y antropológica. La filosofía helenística, relacionada con la Edad Helenística, se divulgaba por medio de las campañas de Alejandro Magno y se extendió a través del mundo mediterráneo y se caracteriza por su énfasis sobre las cuestiones relacionadas a asuntos epistemológicos. El año 320 a.C., aproximadamente, forma una línea divisora: Alejandro Magno murió en 323 a.C. y Aristóteles, un estudiante de Platón, y el último de los filósofos clásicos griegos, murió un año después en 322 a.C.

1. Los filósofos griegos antes de 320 a.C.

Introducción

Esa era, en la cual encontramos las filosofías más tempranas del mundo occidental, es crucial para entender la historia del pensamiento del occidente, no sólo porque encontramos en ella las figuras tan influénciales tales como Platón y Aristóteles, sino porque el periodo nos permite la oportunidad de estudiar especialmente las relativamente sencillas formulaciones de problemas fundamentales. Por lo regular, en estos años tempranos, estos problemas no llevaban tanta complejidad como llevarían después. Además, las teorías subsecuentes, incluyendo la filosofía contemporánea, debe mucho de su carácter a las combinaciones de problemas reconocidos en la antigüedad.

Los primeros pensadores profesionales, que vivían a principios de la historia griega, se enfocaron sobre cuestiones de ontología y cosmología. ¿Cuál es la naturaleza del cosmos? ¿Cómo llegó a existir? ¿Qué relación hay entre los dioses y el mundo? A menudo la mitología jugaba un papel importante en estas primeras filosofías cosmológicas (a).

Mientras la civilización griega se desarrollaba y florecía en los siglos VI y V a.C. surgió un nuevo clima de opinión filosófica—una corriente o "espíritu de la época". El interés en las cuestiones amplias de cosmología perdía su fuerza. En su lugar los griegos empezaban a inquirir acerca del papel del individuo en la vida del *polis*, la ciudad-estado. En particular los sofistas contribuyeron al crecimiento de interés en el ciudadano individual. Esta nueva corriente de tiempo llamaremos el *Individualismo griego clásico* (b).

En el último siglo del mundo griego pre-helenista, en el siglo IV, anotamos la llegada de dos gigantes que se impusieron sobre el mundo de la filosofía, Platón (c) y su estudiante Aristóteles (d). Estas personas desarrollaron filosofías muy sofisticadas, tan distintas que merecen un trato por separado.

La filosofía cosmológica de los primeros griegos

Los primeros filósofos griegos se encontraron, como todo el mundo, que estaban en el mundo (que Dios había creado, ordenado y ha sostenido). También ellos experimentaron el orden y las multifacéticas relaciones dentro de ese mundo. Pero como sus ancestros, sin tomar en cuenta la palabra de Dios, los primeros griegos no pudieron entender que la regularidad y el orden del universo tienen su origen en las leyes y las ordenanzas del Dios que llama a todas sus criaturas a una fidelidad de pacto. No podían ver que la razón por la que las cosas son lo que son, sólo se encuentra en la poderosa, sustentadora y creacional palabra de Dios. Génesis 1, Salmo 33.6-9 y Hebreos 1.3, no se configuraban en su pensamiento. No obstante, impulsados últimamente por el mandato "cultural" o la creación misma, los primeros griegos intentaron explicar el orden que experimentaron. Las fuentes y escritos existentes de estas personas (por ejemplo ver el libro de Kirk, Raven y Schofield, *Los filósofos presocráticos*) registran una preocupación con la pregunta, "¿Qué determina la naturaleza del cosmos?" O, para decirlo en otra palabras, "¿Cuál y en dónde se encuentra *el principio ordenador* de toda la realidad, la ley de todo lo que existe?"

Los primeros filósofos cosmológicos respondieron unánimemente: "El principio ordenador se encuentra (en alguna parte) dentro del mismo mundo, adentro de las cosas mismas". Alguien diría que el origen de las cosas se encuentra en el agua, otro diría en el aire, otro en el fuego. Contrasta estas respuestas de este-mundo con las respuestas que Platón diría después del otro-mundo: "El principio ordenador no puede encontrarse adentro del cosmos, sino sólo atrás del cosmos—en otro mundo".

Vamos a ilustrar esto concretamente a través de examinar las posturas de algunos de los primeros filósofos cosmológicos de los griegos. Uno de los primeros pensadores griegos, cuyo trabajo ha llegado a nosotros, es Hesíodo. Hesíodo era un filósofo-campesino que vivía alrededor del año 800 a.C. En uno de sus libros, titulado *Trabajos y días*, nos da una fascinante perspectiva de sus tiempos. En otro libro filosóficamente más importante llamado *Teogonía*, acerca del devenir de los dioses, Hesíodo explica que todo proviene de una original apertura o espacio que él llamó en griego, "el caos." Hoy en pldía los eruditos todavía luchan acerca de lo que Hesíodo realmente quería decir con este término "caos". ¿Quería decir sencillamente un espacio vacío, tal como el espacio entre el cielo y la tierra? Tal vez nunca sabremos bien.

La respuesta de Tales de Mileto parece menos difícil de entender. Se consideraba a Tales en la antigüedad como una persona muy sabia. Él vivía alrededor de 580 a.C. en la costa de Asia Menor, donde había muchas colonias griegas. Él también trataba de contestar la pregunta, "¿Cuál es el principio fundamental de la realidad?" y él contestaba diciendo que todo es básicamente agua. Sabemos tan poquito de Tales que no podemos estar seguros por qué escogiera el agua como la sustancia fundamental del universo. Uno de los estudiantes de Tales, un muchacho que se llamaba Anaxímenes, también de Asia Menor, difería con su maestro y decía que todo es básicamente aire: "Siendo más fino llega a ser fuego, siendo más grueso llega a ser viento, luego una nube, y luego (cuando está todavía más grueso) llega a ser agua, luego tierra, luego piedras; y lo demás deviene de estos elementos." Heráclito (alrededor de 500 a.C.), por otro lado, decía que el origen de todo es el fuego: "El orden del mundo no fue hecho ni por los dioses ni por los hombres, sino siempre ha existido y siempre existirá: un fuego eterno, subiendo con leña y bajando conforme a las medidas." Pitágoras (alrededor de 530 a.C.) llevaba a cabo su obra en las colonias griegas de Italia. Él es famoso por su teorema acerca de la hipotenusa de los triángulos rectos, que se dice que él descubrió. Pitágoras provee una respuesta más oscura por medio de postular que la esencia de las cosas proviene del número. Los seguidores de Pitágoras estaban fascinados con las matemáticas; por lo tanto, creían que la explicación fundamental de la naturaleza de la realidad es encuentra en el ámbito del número, en la medida y la armonía. Todavía otra respuesta fue ofrecida por los llamados atomistas, quienes sostenían que todo lo que hay en el universo es una combinación de partículas indivisibles y el vacío: "Los elementos son la plenitud y el vacío... El ser es lleno y sólido, el no-ser es vacío y raro. Debido a que el vacío existe igual que el cuerpo, es lógico que el no-ser existe igual que el ser. Estas dos cosas juntas son las causes materiales de las cosas existentes".

Nótese la presunción común de estas filosofías pre-socráticas: todas reclaman que hayan encontrado el principio ordenador en algún lugar dentro del cosmos: en el espacio, o en el agua, o el aire, o el fuego, o en el número o en los átomos. También observa que una buena parte del pensamiento contemporáneo todavía se orienta hacia el mundo de cosas y relaciones que nos rodean. Por ejemplo, piensa en la filosofía materialista, que dice que toda la realidad es sólo un conjunto de la materia física y química. Piensa en el evolucionismo que cree que todo lo complejo evolucionó de algo menos complejo según las leyes inherentes y líneas del desarrollo biológico. La filosofía de este-mundo no se terminó con los primeros filósofos griegos cosmológicos; persiste hasta el día de hoy. La presuposición se mantiene en pie: algo dentro del cosmos es la clave del cosmos. Lo único que ha cambiado a través del tiempo es la respuesta a la pregunta, ¿de qué se trata este "algo"?

Además de la diferencia entre los patrones de pensamiento de "este-mundo" y "otro-mundo," podemos discernir el desarrollo de otros temas de desacuerdo en el pensamiento griego temprano. Un conjunto importante se trata la cuestión de la cosmogonía, es decir, el llegar-a-ser o génesis del cosmos. Algunos de los pensadores griegos enfatizaron mucho la necesidad de explicar cómo se generó al mundo. Decían que sin una narrativa de generación no se puede entender la realidad. Por ejemplo, Hesíodo trataba de explicar no sólo el llegar-a-ser del mundo sino también de los dioses. Por otro lado, Tales, al parecer, puso poco énfasis en el génesis de las cosas. Aunque no podemos estar muy seguros por la falta de documentos, parece que él quería investigar la estructura de las cosas así como son. Por tanto, la postura de Tales no era cosmogónica sino estructuralista. El estructuralismo, en este contexto, generalmente no pone mucha atención a la cosmogonía, o si lo hace, tiende a considerar el génesis como sólo un aspecto de la estructura. Los filósofos griegos tempranos tendían hacia la cosmogonía. Por ejemplo, Heráclito enfatizaba mucho los conceptos de cambio, desarrollo y devenir.

Sin embargo, un ejemplo importante del temprano estructuralismo de los primeros griegos merece atención, se trata de la filosofía de Parménides. Nació Parménides alrededor de 600 a.C. trabajaba y vivía en la ciudad de Elea, en el sur de Italia. Su concepto filosófico es muy difícil de entender y sigue siendo el sujeto de mucho debate. En términos generales, Parménides creía que la existencia, "*el ser*", no llega-a-ser ni perece. El ser es verdadero, integral, racionalmente en balance, sin principio o fin. Parménides insistía que *lo que es* realmente es estático, eterno, indivisible, inmutable e inmovible. Nada que verdaderamente es, mueve o cambia. Puede que haya movimiento aparentemente, dice Parménides, pero es sólo apariencia. Es decir, en realidad cuando pensamos sobre esto, no hay ningún cambio ni movimiento. El cambio y el movimiento son meras ilusiones. Es evidente el estructuralismo en esta postura: no hay espacio para el cambio, y por lo tanto, no hay campo para llegar-a-ser o la cosmogonía. La filosofía de Parménides influenciaba a Platón y Aristóteles, como veremos más adelante. Cabe mencionar que uno de los mayores defensores de Parménides era Zenón de Elea, quien postuló un número de famosas paradojas diseñadas a comprobar que la moción es una imposibilidad.

Hasta ahora hemos descubierto dos conjuntos de preguntas hechas por los pensadores griegos, es decir, (1) ¿Se encuentra el principio ordenador del cosmos en este mundo o en otro mundo? y (2) ¿Qué es lo que merece nuestra atención, la estructura o el génesis? Ahora vamos a considerar una tercera controversia que surge de las primeras especulaciones griegas: ¿Es la realidad reducible a un principio o a dos o a tres o más? Aquellos que dicen que el universo es esencialmente reducible a un principio son *monistas*. Aquellos que postulan dos o más principios son *dualistas* o pluralistas.

Tal como la tendencia de la temprana filosofía cosmogónica favorecía el "cosmogonismo," también favorecía el monismo. Otra vez nos referimos a Hesíodo: todo está derivado de una fuente, el "caos." O como dice Tales: todo es básicamente una solo sustancia, el agua. Heráclito también era monista. Él estaba convencido de que todas las cosas son una, una ley universal de la natural tensión guerrera: "la guerra es la condición común, el conflicto es la justicia, y todas las cosas llegan a ser por medio de la compulsión de conflicto": El origen de todo, según Heráclito, es el eterno fuego viviente. Aunque no estaba de acuerdo con Tales, él tenía que reconocer que el agua sí tenía algo que ver con el fundamento de la realidad: dice él, el fuego se invierte en su opuesto y llega a ser el mar, que, a su vez, compone el cielo y la tierra (en su antropología, en el alma y cuerpo). Sin embargo, eso es sólo un lado de la historia, o como él dijo, sólo un lado del *logos*. El otro lado es el movimiento hacia la dirección opuesta. El cielo y la tierra se transforman en el mar, que otra vez se invierte en el fuego eterno. Estos dos movimientos simultáneos toman el mismo camino, por decir algo, pero van en direcciones opuestas. El mundo mismo está lleno de contradicciones—el agua salada mata y da vida, depende si sumerges al hombre o al pez. Lo único que no cambia es el cambio mismo, y lo real es un elemento fundamental, el fuego. Por esa razón se refiere a Heráclito como un monista (contradictorio).

Calvin Seerveld reflexiona sobre el tenor pagano de este patrón de pensamiento, contrastándolo con lo que estaba pasando con el remanente de Dios en ese tiempo:

> "Cuando entiendes que Heráclito estaba razonando estas cosas en la oscuridad de la Asia Menor, un poco después de que Daniel recibía los sueños de Yavé en Babilonia sobre la caída de algunas civilizaciones extrañas a Su Gobierno, y casi al mismo tiempo Zacarías estaba recibiendo visiones en la noche directamente del Señor y Nehemías estaba construyendo un muro caído de Jerusalén, terminando el registro en su diario tan abiertamente, "¡Por favor mi Dios! piensa bien de mí, por las cosas pequeñas que he podido hacer por ti," entonces entiendes por qué el apóstol Pablo, después de haber pasado por el pueblo de Heráclito 600 años más tarde podría referirse a tales patrones de pensamiento como *atheoi* [sin Dios] (Efesios 2.11-22) y rogar a los cristianos que no perdieran sus mentes así, sino que renovaran la totalidad de sus consciencias verdaderamente en Jesucristo (Efesios 4.1-24)". (1975, 277)

Quiero citar a Seerveld otra vez porque él sigue este tipo de pensamiento a través de varias corrientes de tiempo. Como veremos, Eckhart y Strassburg y el pensador alemán Ernst Cassirer del siglo XX eran monistas (contradictorios) también.

Además, existían dualistas. Por ejemplo los atomistas creían que hay dos elementos constitutivos al mundo, llamados "lo lleno o completo" compuesto de los átomos indivisibles, y un "vacío" infinitamente extendido. Los seguidores de Pitágoras también favorecían el dualismo a través de ordenar sus números en las categorías de par e impar: limitado e ilimitado, uno solo y una pluralidad, derecho e izquierdo, descanso y movimiento, recto y curvo, luz y oscuridad, bien y mal, cuadrado y rectangular. (No debe sorprendernos que Pitágoras no encontraba a la mujer como impar o rara: como la mayoría de los griegos, Pitágoras consideraba a los hombres un poco mejor). Los hombres eran impares (raros) y las mujeres pares.

El monismo todavía existe. Por ejemplo, cuando las personas describen cosas y eventos complejos con una explicación que sólo lo que está pasando es tal y tal, entonces algo de reduccionismo está presente. También, los evolucionistas a menudo postulan un solo origen para toda la rica diversidad de la vida. Obsérvese que el evolucionismo es también cosmogónico: enfatiza fuertemente la cuestión de cómo las cosas llegaron a ser.

La última controversia que debemos considerar tiene que ver con las categorías de universalismo e individualismo. El término "universalismo" puede ser conocido por medio de las clases de catecismo. En ese contexto se refiere a que todos van a ser salvos eventualmente. El significado filosófico es bastante diferente y se puede entender más fácilmente como algo que se contrasta con el individualismo. El individualismo es una postura que declara que sólo el individuo es real e importante. Por ejemplo, un verdadero individualista diría que sólo el individuo cuenta. No hay ninguna cosa como la Francia, sólo millones de franceses individuales viviendo en una parte del mundo. Este tipo de individualismo es muy común, especialmente en Norteamérica. ¿Quién no ha escuchado del duro individualismo americano? Aun los tribunales basan sus juicios casi exclusivamente en los "derechos individuales." Casi se ignoran los derechos matrimoniales, familiares y comunitarios. Este tipo de individualismo presenta un peligro para el cristianismo, porque no hace justicia al concepto bíblico del "cuerpo de Cristo" o de la "comunidad de creyentes." Al individualismo estos aspectos son solamente conceptos, no realidades. También, remarca con énfasis fuerte sobre la conversión individual y sobre la "salvación de una sola alma", refleja una tradición extendida del individualismo.

El universalismo es la opuesta del individualismo. El universalismo sumerge al individuo en un entero universal. Las personas o cosas individuales son simplemente partes menores o retoños de un entero cósmico. Por ejemplo, el panteísmo es una forma de universalismo: el panteísta dice que todo el mundo es dios; las cosas o personas sólo son reflejos, manifestaciones o dimensiones de un entero divino.

Hay una tercera posición, entre el universalismo y el individualismo. La llamamos el universalismo-parcial. Por medio de tratar de hacer justicia tanto a lo universal como a lo individual, el universalismo-parcial reconoce lo perjudicial de lo unilateral del universalismo y del individualismo. Pero en vez de reconocer que lo universal e individual ocurren juntos, los parcial-universalistas mantienen que ambos sean iguales y que ambos aprovechen del patrón de pensamiento macro/micro, o que ambos se encuentren en todo y puedan ser presentados mejor en términos de más alto/más bajo. Las posturas macro/micro dicen que el entero y la parte (frecuentemente el mundo y el hombre o los muchos y los pocos), reflejan el uno al otro, que estén construidos según las misma proporciones y que están racionalmente armonizados el uno al otro. En el esquema más alto/más bajo, lo que es universal y común a todos se toma como algo más alto y más noble, y lo que es de lo individual se considera de menos mérito, o se alaba la individualidad y lo que todo tiene en común se considera menos alabable.

Los primeros filósofos griegos cosmológicos tendían hacia el universalismo. Se preocupaban por el entero y en segundo lugar por la individualidad de las cosas. Consideremos a algunos de las figuras que ya hemos mencionado. En su libro *Teogonía*, Hesíodo empieza explicando como toda la existencia llegó a ser. Un fragmento que todavía existe de Tales dice: "todo es agua." Anota el énfasis sobre el entero universal. También Heráclito habla de la totalidad de la realidad, como lo hace Parménides.

Hemos visto que los primeros filósofos griegos cosmológicos, generalmente conocidos como los presocráticos, estaban preocupados principalmente con las cuestiones de la ontología—acerca de la naturaleza y de los fundamentos de la realidad. ¿Qué aportaban a la antropología y la epistemología? En general encontramos muy poca reflexión sobre la epistemología en esta primera corriente del pensamiento occidental. En cuanto a la antropología, no obstante, tenemos que señalar un grupo de griegos importante y de mucha influencia, los nombrados órficos.

El orfismo era más bien un culto de misterio que un movimiento filosófico. Sus miembros creían que eran los seguidores del legendario Orfeo, una figura mítica de la niebla de la pre-historia griega. La capacidad de Orfeo como músico le permitía encantar a los árboles y piedras con su fantástica lira. Los orígenes reales del orfismo no son claros. Parece que se desarrolló en los siglos VI y V a.C. La totalidad del movimiento sigue siendo un tema de debate entre eruditos.

Hay un eco del pecado original en el orfismo. Sin embargo, la historia es bastante diferente que la de la Biblia en que involucra el asesinato de un dios infante. Sea como fuere, los mitos acerca del llegar-a-ser de los dioses provocaban a los órficos a concluir que los seres humanos se componen de dos elementos contrarios, una parte divina y una mortal. El alma es la parte divina y destinada a ser inmortal. Por otro lado, el cuerpo es más como una tumba y condenado a la mortalidad. Esta perspectiva motivaba a los órficos a desarrollar un conjunto complicado de ritos de iniciación y de purificación con el fin de liberar al alma del cuerpo. También, creían en la doctrina de la transmigración del alma, es decir, la transmisión del alma a través de una sucesión de cuerpos, incluyendo los cuerpos de animales. Por tanto, los órficos no comían carne: ¡tal vez el alma de tu tío puede estar en el animal que sacrificas!

La antropología de los órficos parece haber influenciado a los pitagóricos. Otra vez hay bastante debate entre eruditos sobre esta cuestión. Sin embargo, es claro que los pitagóricos también creían en la transmigración del alma y practicaban ritos estrictos de purificación. Por lo tanto, lo que vemos en el orfismo y en el pitagorismo es una dicotomía, una división de su antropología en dos: los seres humanos se componen de dos elementos en conflicto, un alma divina encerrada en un cuerpo mortal. Esta perspectiva de los seres humanos tal vez pudiera haber muerto naturalmente en la antigua Grecia si no fuera por el hecho que llegó a ser la antropología esencialmente adoptada y desarrollada por Platón. A su vez, Platón influenciaba a otros, entre ellos los Padres de la Iglesia primitiva, cuyos intentos de armonizar esta antropología no bíblica con las Escrituras, causaban serias tensiones en la comunidad cristiana, como veremos.

El individualismo clásico griego

En el siglo V a.C. la civilización griega estuvo en su mayor gloria. Por ejemplo, la época de la Atenas de Pericles es generalmente reconocida como la "época de oro" de Grecia. Los griegos habían ganado en los ataques del gigante pérsico; se notaban huellas de la democracia, florecieron las bellas artes y las letras; la economía parecía muy estable.

Para el griego, la vida se trataba dentro del contexto de la *polis*, la ciudad-estado. Especialmente en las principales ciudades-estados, en dónde se practicaba un sistema de gobierno democrático, como en Atenas, la vida política tenía la mayor importancia. Esta situación naturalmente llevó a un crecimiento del interés en las cuestiones tales como cuál es el papel del ciudadano individual en el estado. Por lo tanto, vemos una nueva era o corriente surgiendo, un espíritu nuevo de investigación, ahora no les interesaba tanto las amplias preguntas cosmológicas acerca de la naturaleza del universo, sino más bien acerca de los fascinantes problemas de la vida individual. Esta nueva corriente, el individualismo clásico griego, está representado principalmente por Sócrates, los sofistas y las llamadas Escuelas Socráticas Menores.

Sócrates nació alrededor de 470 a.C. Hay muchas historias acerca de su vida, pero no es fácil separar lo verdadero de lo inventado. Se dice que se vestía de la misma ropa si fuera tiempo de frío o de calor. Siempre andaba descalzo. Supuestamente su forma de caminar parecía a un pato. También dicen que pasaba largos periodos de pensamiento profundo en los cuales se desconectaba por completo con el ambiente en su derredor. Es famoso el reporte de Sócrates y de su "demonio," una voz interior que le decía que hacer y cómo hacerlo. Y, por supuesto, estaba su esposa Xantipe, a quien muchos consideraban muy astuta.

Aparentemente en su juventud Sócrates estudiaba las especulaciones cosmológicas de los filósofos anteriores, pero no los encontraba muy útiles, ni emocionantes y no le saciaban. Por fin los dejó cuando el oráculo de Delfos declaraba que no había otra persona más sabia que Sócrates. Eventualmente, Sócrates interpretaba el significado de esto como si su sabiduría tenía que basarse en la realización de que su propio conocimiento faltaba mucho y que había mucho que no sabía. De ese momento en adelante su propósito era encontrar la verdad y enseñar la sabiduría. (Por supuesto, no debemos confundir que reconocer su propia ignorancia sea lo mismo que temer al Señor. Además, podemos asegurarnos que la sabiduría, a que se refiere el oráculo, no fuera la misma sabiduría a que se refiere la Escritura).

Sócrates inició su carrera en su diálogo la *Apologética de Sócrates*, buscando la forma de "persuadir a todas las personas entre ustedes a tener una introspección y buscar la virtud y la sabiduría antes de velar por sus propios intereses y velarse por el estado antes de fijarse en los intereses del estado y que eso debe ser el orden que observe en todas sus acciones." Nótese el énfasis en el papel del individuo. Este programa eventualmente tuvo problemas con las autoridades de Atenas, particularmente terminando las Guerras Peloponesias, cuando había muchos problemas políticos, confusión social y suspicacias. En el año 399 a.C. llevaron a Sócrates a juicio por no haber adorado a los dioses estatales y por la corrupción de los jóvenes. Fue condenado y ejecutado. Platón describe emotivamente la ejecución de Sócrates y los eventos que ocurrieron antes en sus diálogos la *Apologética*, que dice por qué Sócrates en su juicio no temía la muerte, y en el *Critón* que explica por qué Sócrates rehusaba escaparse de la prisión mientras esperaba su ejecución, y *Fedón* que examina la cuestión de la inmortalidad del alma y narra acerca de la misma ejecución.

Debido a que Sócrates no escribió nada, no es tan fácil determinar precisamente el contenido de su filosofía. La mayoría de la que conocemos acerca de su actividad filosófica viene de los escritos de Platón. Sin embargo, es bastante difícil distinguir entre la filosofía propia de Platón y las doctrinas de Sócrates. Vale decir que, como sus precursores, Sócrates parece defender una filosofía "de este mundo" que favorecía al individualismo. También, él contribuía significativamente al desarrollo de la epistemología. Estaba particularmente interesado en la definición. Como veremos en un momento, los sofistas tendían hacia el relativismo, declarando que no hay ninguna verdad estable en ninguna parte. Sócrates oponía tal relativismo por medio de mostrar que ciertos conceptos difíciles, tales como la justicia, la piedad, la valentía, etcétera, adquirían cierta estabilidad y constancia cuando se definían correctamente. Por ejemplo, si yo defino la palabra "viento" como "un flujo de aire de un lugar a otro," entonces he capturado el elemento no cambiable que caracteriza todo tipo de viento, sea un vientecito o un huracán.

Aunque Sócrates no elaboraba reglas precias para la definición, él sí empleaba lo que llegó a ser conocido como el "método socrático," un tipo de cuestionamiento que todavía utilizan en las aulas de las escuelas de derecho el día de hoy. Para llegar a una definición verdadera de algunos términos, Sócrates entablaría una conversación con alguien que supuestamente entendía el término. Por medio de indagar cuidadosamente y cuestionar persistentemente,

Sócrates sacaría todo tipo de definiciones de su oponente y mostraría lo inadecuado de ellas, hasta que pudieran obtener una versión correcta. Por supuesto, este tipo de método tendía a molestar y hasta humillar a los que participaban en la discusión, quienes, con mucha confianza y hasta arrogancia, creían que sabían todo. Las multitudes disfrutaban escuchar al filósofo destruir los argumentos de los "expertos".

También, Sócrates tenía una posición que llamamos el "practicalismo" y otros lo nombran el "intelectualismo ético." El practicalismo dice que una buena perspectiva automáticamente llevaría a una buena acción. Conforme a la perspectiva de Sócrates, el conocimiento y la virtud son idénticos; las personas verdaderamente sabias harán lo correcto y lo virtuoso una vez que sepan lo que es. Aun en las épocas antiguas este tipo de perspectiva recibía mucha crítica. Por ejemplo, Aristóteles reconocía que el practicalismo de Sócrates era bastante ingenuo: hay muchos casos de personas que hacen la maldad a propósito. Y, por supuesto, Sócrates, como un griego pagano, no reconocía la naturaleza pecaminosa de los seres humanos. No sólo porque sabemos que algo es correcto vamos practicarlo. Aquí se aprecia que el practicalismo todavía está en boga hoy día. A veces se refleja en algunas teorías de la educación sexual: todo lo que tenemos que decir a los chicos es de dónde vienen los niños y como cruzar la calle con cuidado, y ellos, por su cuenta, sabrán cómo evitar toda clase de problemas. También vemos el practicalismo con la idea que la educación va a resolver todos los problemas sociales.

Sócrates no era el único representante del individualismo clásico griego. También estaban los sofistas, maestros itinerantes que reclamaban enseñar la verdadera *sophía*, la verdadera sabiduría. Viajando de lugar a lugar, los sofistas ofrecían, a un costo, enseñar a los ambiciosos y jóvenes griegos las artes nobles de la política y de la persuasión. A menudo tuvieron mucho éxito, a veces juntaban un buen número de adeptos y acumulaban mucha riqueza y fama. Con pocas excepciones los sofistas gozaban de buena fama entre los griegos. No obstante, Sócrates, Platón y Aristóteles los oponían, principalmente porque creían que los sofistas no enseñaban la verdad pura, sino sólo como ganar argumentos con astucia. Debido a la crítica de filósofos como Platón y Aristóteles, el término "sofisma" ha adquirido unas connotaciones negativas, a tal grado que hoy día pensamos del sofisma como una falacia o un razonamiento engañoso.

Como Sócrates, los sofistas eran individualistas, sin preocuparse acerca de las amplias cuestiones cosmológicas. Y, aunque algunos eran monistas y otros dualistas en los campos cosmogónicos o estructuralistas, los sofistas, tal como Sócrates, trabajaban principalmente en el área de la epistemología. Se concentraban en la enseñanza, en la adquisición del conocimiento, en la capacidad de argumentar y en la educación en general.

Por otro lado, los sofistas se diferenciaban de Sócrates en muchos aspectos. En primer lugar no eran practicalistas. En segundo lugar, los sofistas, como hemos ya mencionado, eran diferentes a Sócrates en que tendían hacia el relativismo. Mientras Sócrates creía en una verdad estable, los sofistas rechazaban los absolutos. Como decía Protágoras, uno de los principales sofistas a principios del siglo V a.C., "El hombre es la medida de todas las cosas." En tercer lugar, a diferencia de Sócrates, los sofistas mostraban una tendencia hacia el escepticismo. Por ejemplo, "Gorgias" parece que mantenía que no se puede saber nada con plena confianza.

Un tema importante de debate entre los sofistas era la cuestión de la ley que los individuos deberían obedecer. Algunos decían que las leyes de la naturaleza deben ser consideradas como las máximas. Sin embargo, otros abogaban que las leyes hechas por la ciudad-estado eran las determinativas en cuanto a la vida humana. Aquellos que mantenían la primera postura insistían que las leyes de la ciudad-estado están en conflicto con la naturaleza y defendían una variedad de teorías tales como "la ley del más fuerte" o la anarquía. Por ejemplo, Calicles y Trasímaco argumentaban en base a la teoría de "la ley del más fuerte" porque la ley natural requiere que los más fuertes gobiernen a los más débiles. Otro sofista, Antífono, también creía que las leyes del estado eran contrarias a las leyes de la naturaleza, sugiriendo la abolición de la ley del estado, y por lo tanto, decía que la anarquía es la solución a los problemas políticos y sociales.

Observa que los sofistas, tratando las cuestiones de la ley, están luchando para comprender las ordenanzas de Dios en la creación en términos de las leyes de la naturaleza. Su conclusión que hay un contradicción inherente entre la llamada ley de la naturaleza y las leyes del gobierno es, por supuesto, equivocada. En primer lugar no hay tal cosa como "ley natural." Toda la creación está sujeta a las leyes de Dios y estas leyes son justas y correctas, como el salmista nos dice. Además, mientras que es cierto que los oficiales frecuentemente ignoran los mandatos de Dios y promulgan legislación injusta, no obstante, el Señor espera que los que gobiernan lo hagan con justicia y amor. Después de todo, toda la autoridad, y por lo tanto, toda la legislación, tienen en última estancia su responsabilidad al Señor. El conflicto entre la legislación y las ordenanzas de Dios no es algo natural e inevitable, como argumentaban algunos sofistas, sino el resultado de la desobediencia de parte de aquellos cuyo oficio es servir al Señor en el área de la política.

De una importancia menor para la historia de la filosofía es un tercer grupo de representantes del individualismo clásico griego, llamado las Escuelas socráticas menores. Éstas no eran escuelas fundadas oficialmente por Sócrates, sino sólo asociaciones sin mucho rigor de filósofos quienes continuaron la línea de pensamiento iniciada por Sócrates. El más famoso de estos grupos eran los Cínicos. Uno de los primeros cínicos, Antístenes, enfatizaba mucho la independencia personal. En esto se refleja su individualismo. Diógenes de Sinope (en la costa norte de Asia Menor), un cínico del siglo IV a.C. y tal vez el más notorio de todos, enfatizaba aún más la libertad e independencia del individuo, deliberadamente burlándose de las normas y convenciones sociales, hasta comportarse indecentemente en público. Hasta el día de hoy tenemos a aquellos que se burlan de la sinceridad, el apoyar a otros y otras actividades loables como sólo motivadas por cuestiones ulteriores, "los cínicos." También enseñó Diógenes que no hay una diferencia esencial entre los humanos y los animales; de hecho el humano debe vivir como un animal. La filosofía de Diógenes, el Cínico, es de veras un cuadro muy triste de la corrupción completa del paganismo.

Platón

Nació Platón en 427 a.C. de una familia adinerada e importante de Atenas. En su juventud parece que le interesaban mucho la política y las artes. La ejecución de Sócrates, a quien había sido muy devoto, aparentemente causaba una gran desilusión para Platón y empezaba a retirarse de la actividad política y de la democracia. No obstante, cuando viajaba a Sicilia más tarde en su vida, intentaba efectuar y poner en práctica algunas de sus teorías políticas.

En el año 388 a.C. Platón fundó la Academia en Atenas. Esta institución ha sido reconocida como la primera universidad europea, y con razón porque aparte del estudio de filosofía había estudios en muchas áreas. Pronto la Academia adquirió una reputación notable atrayendo estudiantes de muchas regiones. Esta escuela continuaba siendo el centro del platonismo por casi mil años después de la muerte de su fundador en 348 a.C.

Platón presentaba su filosofía en la forma de diálogos, es decir, en composiciones que mostraban conversaciones entre un protagonista y otros participantes en la discusión. A menudo Platón hace que Sócrates sea visto el actor principal. Los diálogos no sólo muestran la perspectiva filosófica de Platón sino también son obras maestras de literatura. Somos muy afortunados de tener todos los diálogos escritos por este gran pensador.

Un estudio cuidadoso de su obra revela que Platón desarrollaba y revisaba lentamente sus pensamientos. En un principio, por su afinidad con Sócrates, tendía hacia el individualismo, pero con el tiempo cambiaba al universalismo-parcial. Además, cambió del monismo al dualismo y luego regresó al monismo. En grandes rasgos su filosofía muestra un sabor muy cosmogónico. Vamos a describir lo más importante de los contornos de la ontología, la epistemología y la antropología de Platón.

La característica clave que distinguía la ontología de Platón de la de sus predecesores es su reconocimiento que el principio de ordenamiento del cosmos no puede ser ubicado dentro del cosmos mismo. Desafortunadamente, como resultado, él desarrollaba una forma de filosofía de "otro-mundo" en la cual su nombrada teoría de Ideas o Formas juega un papel principal.

Para entender bien la naturaleza de la teoría de Ideas de Platón tenemos que recordar los tipos de debate que habían sucedido antes en la historia de la filosofía griega. Los pensadores cosmogónicos como Heráclito habían puesto mucho énfasis en el llegar-a-ser, en el cambio radical y permanente, y en la constante fluctuación. Para Heráclito el proceso de devenir caracterizaba la realidad. Por otro lado, Parménides, en una manera estructuralista, argumentaba que el corazón de la realidad es la movilidad estática y la eterna inmutabilidad. Él decía que la moción y el cambio son solamente una apariencia e ilusión. La mera realidad es, y continúa siendo lo mismo, ayer, hoy y permanentemente inmutable, es decir, continuamente sin cambio.

La teoría de Ideas de Platón refleja la polaridad entre el cambio y la permanencia. Además, de Sócrates él había aprendido que es importante buscar la verdad estable. Por medio de rastrear las definiciones Sócrates había buscado la esencia inmutable de la justicia y de la valentía, a través de experimentar con diferentes grados de justicia y valentía. Estas consideraciones llevaron a Platón a postular que nuestro mundo de experiencia, nuestro mundo de cambio y fluctuación, nuestro mundo de más o menos justicia, de más o menos valentía, de más o menos bondad, está gobernado por otro mundo más allá, en donde moran la pureza, la perfección, la justicia, la valentía y la bondad inmutables. Nuestro mundo cotidiano de experiencia, que es un mundo temporal de cambio, se determina por medio de otro mundo incambiable y eterno más allá. Por lo tanto, vemos que Platón realizaba que el principio ordenador, la ley de nuestra realidad experimentada, no se encuentra en esa misma realidad, como otros cosmólogos anteriores habían pensado, sino que tiene que ser buscado en una esfera más allá de los límites del cosmos.

Pero ¿qué es este "mundo más allá"? Platón tentativamente dice que es el mundo de Ideas y Formas. El término "Idea" no debe confundirnos. "Idea" en este contexto no quiere decir "noción" o "concepto" ni cualquier cosa que tengo en mi cabeza. La palabra "Idea", se relaciona con la palabra "*oído*" en griego, o "*video*" en latín, es decir, "comprender" o "ver," para denotar existentes modelos actuales y concretos de lo que experimentamos. Por ejemplo, cuando estoy caminando hacia la universidad desde mi casa veo varios árboles de maple. Algunos son más pequeños, otros más grandes, algunos están podados bonitos y otros no. No obstante, todos son árboles de maple. ¿Por qué? Porque según la teoría de Platón, en el mundo de Ideas, más allá del cosmos, existe una Idea perfecta, inmutable y continua de un árbol de maple, el árbol de maple en toda su esencia, el modelo o prototipo de un árbol de maple del cual todos los árboles de maple en nuestro mundo de experiencia, toman como modelo. Por lo tanto, todo lo que veo en este mundo cambiable que experimentamos existe, en un mundo más allá, una Idea incambiable o un modelo que determina la verdadera naturaleza de la cosa que yo estoy viendo.

Platón está buscando la verdadera esencia de las cosas. Él observa, como lo hacen los cristianos, que la naturaleza de las cosas no se determina por las cosas mismas. No como los pensadores de "este mundo" que hablan acerca de las "leyes naturales," Platón reconocía que tenemos que ver más allá de las cosas para encontrar qué es lo que las ordena. Pero sin la Palabra de revelación, él no podía ver qué es la poderosa Palabra de Dios en Jesucristo que ha creado, estructurado y ahora mantiene todas las cosas. El árbol de maple es un árbol de maple no porque hay una ley inherente biológica; ni, como diría Platón, porque hay una idea eterna del árbol de maple; más bien porque el árbol está estructurado y determinado por medio de la Palabra del Señor quien ha creado y mantiene todas las cosas, cada cosa conforme a su especie por medio de su ley para la creación. Los arboles de maple en mi camino a la escuela también encuentran su significado y esencia en Jesucristo, en la Palabra de Dios que da coherencia a todas las cosas.

Observa que hay una diferencia muy marcada entre las Ideas de Platón y el concepto bíblico de las ordenanzas de Dios. Las Ideas de Platón son sólo modelos, desapasionadamente radicando en un mundo más allá, al cual nuestro mundo solamente imita o pobremente refleja. Por otro lado, la Palabra de Dios y sus ordenanzas ejercen un poder que mantiene y sostiene. No sólo eso, la Palabra de Dios, no como las Ideas, requiere una respuesta obediente. Un árbol de maple, al crecer de un árbol chico a un árbol de mucha sombra, obedece los requerimientos de las ordenanzas de Dios para un árbol. Sin embargo, la diferencia más crucial entre las Ideas de Platón y la Palabra de Dios es que las Ideas de Platón están divorciadas de Dios mismo. De hecho, según Platón, el "dios" que trajo el universo a la existencia también está sujeto a las Ideas. Las Ideas existen en sí mismas, independientes y trascendentes de todo. La Biblia, en cambio, nos dice que es el Señor quien proclama su palabra y mandamientos. Toda la creación tiembla y teme el poder maravilloso de la Palabra de Dios. Sin embargo, las Ideas de Platón no evocan ningún temor o temblor, sino sólo, podríamos decir, una contemplación intelectual—lo que nombran los griegos "*theoria*".

La idea bíblica de creación no está presente en la filosofía de Platón. En *El Timeo*, uno de sus diálogos posteriores, Platón explica cómo el mundo llegó a ser. Una deidad subordinada, al cual se refiere él como el "demiurgo," era un artesano que moldeaba al mundo conforme al patrón de las Ideas.

Como ya hemos visto anteriormente, parece que Platón se detenía entre el dualismo, el monismo y el pluralismo. En una fase de su carrera sólo postulaba una pluralidad de Ideas. Pero después se interesaba en las relaciones entre las Ideas, finalmente concluía que había una Idea que gobernaba, la Idea de Bondad, a la cual todas las otras Ideas son relacionadas incluso las Ideas de la verdad y la belleza. Aquí vemos una tendencia hacia el monismo.

Una consideración de la ontología de Platón nos lleva naturalmente a examinar su epistemología, porque con frecuencia las epistemologías siguen los patrones adoptados por las ontologías. La epistemología de Platón toma su punto de partida de la distinción entre el mundo de la experiencia y el mundo de Ideas. Debido a que el mundo de Ideas es eterno e inmutable, es *realmente* el mundo real. En contraste, nuestro mundo de experiencia es un mundo constantemente cambiando y le falta una realidad confiable. Como consecuencia, el conocimiento del mundo de experiencia es inferior al conocimiento del mundo de Ideas. Si tenemos conocimiento de las Ideas, tenemos un conocimiento confiable y estable. Es verdadero conocimiento. Por otro lado, el conocimiento de un mundo cambiante en nuestras vidas cotidianas, realmente no es conocimiento: es sólo creencia u opinión. En resumen, la distinción entre el mundo de Ideas y nuestro mundo cambiante inferior lleva a Platón a distinguir entre el verdadero conocimiento y sólo una creencia u opinión. Como veremos pronto, sólo pocas personas realmente saben, la mayoría sólo creen.

¿Cómo obtenemos el conocimiento? Platón reconocía que todos nacimos en un mundo cotidiano de experiencia.

No obstante, dice él, si no tratamos de adquirir el conocimiento de las Ideas permaneceremos atados a nuestro sentido de experiencia, creencias y opiniones, y así nunca conoceremos la verdad. El camino a las Ideas y a la verdad no es el camino de los sentidos (o cuerpo), sino sólo de la mente (o alma). Sólo después de desarrollar cuidadosamente la capacidad de contemplar lo que es real, a pensar lógica y teóricamente, a completar un estudio arduo de matemáticas y filosofía, alguien podría discernir la verdadera naturaleza de las Ideas. Por lo tanto, el verdadero conocimiento es un tipo de conocimiento teórico y científico. Entonces sólo aquellos que son expertos en las matemáticas y en el pensamiento científico precisamente articulado, pueden tener un verdadero conocimiento. Platón describe esta situación gráficamente en su famosa alegoría de la cueva, en el libro 7 de la *República*, uno de sus diálogos más influénciales. Nos dice Platón que los humanos son como un grupo de prisioneros encadenados en una cueva, frente a un muro, sin poder voltearse. Atrás de ellos está una plataforma a la cual algunos hombres traen una variedad de objetos. Atrás de la plataforma hacia la boca de la cueva hay una luz. ¿Qué ven los prisioneros encadenados? Sólo sombras formadas por los objetos atrás de ellos. Nunca ven los objetos concretos ni la luz directa. Sólo cuando alguien se escapa de las cadenas después de una larga lucha y gran dolor, y se acostumbra a la luz, después de todo a la luz del sol fuera de la cueva, se puede discernir la verdadera situación. Una vez que se logra esto, le dicen al ex-prisionero que regrese a las profundidades de la cueva y que les diga a sus compañeros de antes acerca del mundo real. Pero la única respuesta que recibe es burla y risa por haber sugerido que el mundo de los prisioneros no es el verdadero mundo. Así es para el filósofo, para los que aman la sabiduría. Tiene que librarse de la esclavitud del mundo de las sombras, es decir, de nuestra experiencia cotidiana y de los sentidos del cuerpo, que no dan nada de un conocimiento verdadero, y ascender, por medio de una contemplación metódica, a la realidad de las Ideas.

Observa como la epistemología de Platón lleva al elitismo. Sólo algunos profesionales, bien entrenados en el pensamiento científico, tienen acceso a la verdad. Todos los demás viven en un mundo inferior de sombras e incertidumbre. Es a estas personas que el filósofo tiene que "regresar" en la alegoría. En la *República*, después de que estos reyes-filósofos habían cumplido sus obligaciones de ordenar y enseñar, Platón asegura a sus lectores que van a salir bien. O como él escribe en otro diálogo (*Simposio*, 212a) acerca de los filósofos, acerca de aquellos que fijan sus mentes en la Bondad, la Verdad y la Belleza: "¿No sabes que los dioses sonríen con gusto con tal persona que lleva y nutre lo verdadero bueno, y que, a la posibilidad que cualquier ser humano tiene, es aquél que tiene el potencial para la inmortalidad?"

Este tipo de elitismo ha plagado a la civilización occidental, incluyendo al cristianismo, por mucho tiempo. Por ejemplo, en la Edad Media sólo eran los cleros, los entrenados en la teología, quienes presumiblemente *supieran* el camino a la salvación; los laicos sólo lo *creían*. En nuestra época el elitismo platónico se ha manifestado en el profesionalismo. Las personas profesionistas, tales como los médicos, los abogados, los pastores y profesores, a menudo fueran considerados superiores a aquellos que trabajaban con sus manos—un eco de la doctrina de Platón que dice que la aplicación científica de la mente es superior a cualquier otra cosa que el ser humano puede hacer. Un cambio en el estatus económico de aquellos que trabajan con sus manos ha hecho mucho para refutar este viejo elitismo. No obstante, aun hoy los cristianos, entre otros, desafortunadamente tienen menos aprecio por los egresados de escuelas de carreras técnicas que por los que salen de las universidades.

Obsérvese también que la epistemología de Platón es sumamente intelectualista. El intelecto, la mente, el pensamiento científico, todo esto abre la puerta a la "salvación." Sólo el intelecto provee el acceso a la verdad. En contraste, en los sentidos no se puede confiar. Los sentidos sólo nos dicen acerca del mundo cambiable de la experiencia, que después de todo es solamente un mundo de apariencia, un mundo de opinión.

Ahora consideraremos la antropología de Platón. La perspectiva platónica de los seres humanos fue influenciada por el orfismo y el pitagorismo. Como resultado, por la mayoría de su carrera, él creía en una dicotomía, una división dentro del ser humano de alma y cuerpo. El alma es inmortal y es parecida a lo divino, mientras el cuerpo es poco más que una tumba o una prisión. El alma existe en el cuerpo como un pájaro en una jaula. Sin embargo, en sus últimos años, Platón empezaba a desarrollar teorías acerca de una conexión más afín entre el alma y el cuerpo.

Aunque mantuvo un interés vital en los individuos, Platón siempre los veía con el trasfondo de la totalidad del cosmos. De hecho, Platón veía al ser humano como una pequeña (micro) imagen del mundo entero (macro). Los seres humanos y el mundo se parecían: cada persona es un microcosmos del mundo entero, mientras el mundo entero es un macrocosmos del ser humano. En otras palabras, esto quiere decir que el mundo tiene un alma—el poder que mantiene todo en movimiento—y también un ombligo—el polo norte celestial, sobre el cual los cielos giraban.

A través de la mayoría de su carrera Platón postulaba que el alma era tripartita. Él explica en la *República,* en *El Timeo* y en otros diálogos, que el alma está compuesta de tres "partes": una parte racional, una parte espiritual y una parte apetitiva. Por supuesto, en vista del intelectualismo de Platón, la parte más importante es la racional, y la apetitiva es de menos importancia. La parte espiritual del alma es responsable por las emociones humanas, mientras la parte apetitiva es responsable por nuestros deseos y motivaciones. Un problema, un poco complicado en todo esto, es la cuestión sobre la inmortalidad total del alma tripartita o si sólo es inmortal la parte racional. Al parecer Platón da unas repuestas conflictivas sobre esta problemática.

Además, de su trabajo en la ontología, la epistemología y la antropología, Platón desarrollaba importantes teorías del estado, del mundo físico y del arte. Una discusión de estas teorías, más bien, pertenece a cada una de estas disciplinas.

La ontología, epistemología y antropología de Platón han tenido un impacto enorme a través de la historia del mundo occidental. Ya hemos hablado del elitismo. Más importantemente, la perspectiva de Platón sobre el mundo cotidiano como sólo una apariencia que sólo es una opinión, tendía a impedir la observación científica y empírica. Sin embargo, la actividad artística estaba aún más bajita en la escala de Platón: hacer reproducciones de un mundo que en sí es una sombra de la realidad, desvía aún más la mente de las cosas más importantes. El cristianismo primitivo fue afectado poderosamente por el platonismo en su desarrollo de la mentalidad del "otro-mundo" y del escape de este mundo. La idea de que el alma eventualmente tiene que escaparse del cuerpo dio base a numerosas formas de ascetismo—practicando estrictas formas de auto-negación como una medida de una disciplina personal y especialmente "espiritual". Finalmente, el intelectualismo de Platón contribuía significativamente a la idea de que nuestra mente, nuestra función racional y analítica, es la única herramienta confiable como guía segura en esta vida. El racionalismo y fe en la ciencia en épocas posteriores son los resultados a largo plazo.

Sin duda, Platón tenía una de las mentes más importantes del mundo occidental. Hizo mucho para elevar el nivel del pensamiento científico y de la filosofía. Esto merece un reconocimiento y tributo. A la vez, su grandeza y frecuentemente aclamada nobleza no debe cegarnos a las distorsiones que él dejó como herencia al mundo occidental.

Aristóteles

El segundo de los más prominentes exponentes de la filosofía griega antigua es Aristóteles, nacido en 384 a.C. en Estagira en el norte de Grecia. Como joven de 16 años viajaba a Atenas e ingresó a la Academia de Platón. Allí fue un leal devoto pupilo y amigo del gran maestro por más de 20 años. Cuando Platón murió en 348 a.C. Aristóteles salió de Atenas y viajó a varios lugares en el mundo del Egeo, incluyendo Pella en Macedonia, en donde fue el ayo del joven Alejandro, conocido después como el Grande. En 335 Aristóteles regresó a Atenas y fundó su propia Academia, el Liceo. Falleció en el 322 a.C.

Igual que Platón, Aristóteles desarrolló y cambió su filosofía durante el transcurso de su vida. Durante el tiempo que estuvo en la Academia sin duda compartía la perspectiva de Platón. Pero después, como un pensador independiente, Aristóteles rechazó la doctrina de las Ideas y regresó a la filosofía de un mundo. La realidad estaba aquí en lo concreto en las cosas que nos rodean, no en un mundo ajeno. Al sugerir que hay dos mundos sólo duplica los problemas y no hace nada para ayudarnos a saber más.

La historia precisa del desarrollo de Aristóteles no se sabe con mucha claridad. Desafortunadamente las obras de Aristóteles que todavía existen no son como los pulidos diálogos de Platón. Más bien parecen ser una colección de apuntes de discursos que se editaban después de la muerte de Aristóteles; a menudo muy diferentes, a veces hasta algunas secciones contradictorias en las diferentes etapas de su desarrollo aparecieron juntos. Esta situación hace que los difíciles escritos filosóficos de Aristóteles sean hasta más difíciles de entender.

La ontología de Aristóteles depende de su concepto del "ser." Dice Aristóteles, que el *ser* es la base de la realidad. Cuando veo alrededor de mí veo muchas cosas en el mundo—la gente, los árboles, las casas etcétera. Aunque se ven diferentes, no obstante, tenemos que declarar que *existen*, que tienen existencia. Cualquier cosa viva es en su fondo una manifestación de *ser*. Pero debido al hecho que las cosas son diferentes, es lógico decir que el ser de las cosas es un *ser* expresado en diferentes formas. Aristóteles explica que hay diferentes "categorías" de ser, varias maneras en las cuales las cosas pueden ser diferentes. Las dos categorías más básicas son *sustancia* y un conjunto de *accidentes*, en el sentido de que todas las cosas son *sustancia* y que tengan *accidentes*. Tomemos como ejemplo una silla. Fundamentalmente la silla existe, y por lo tanto es una forma de ser. Por supuesto, si no tuviera un ser, no existiría. Por lo tanto, la existencia de una silla puede ser descrita en términos de dos "categorías" de ser, su sustancia y sus accidentes. Iniciaremos con los "accidentes" de la silla: los atributos o características variables que muestra la silla. Por ejemplo, el tamaño de la silla es uno de sus accidentes. Igual es su lugar y color. Todo esto podría cambiar sin cambiar la silla en algo diferente. Aristóteles dice que estos accidentes –y hay, por lo menos, nueve de ellos—no pasan desconectados en el vacío sino están conectados a la esencia de la silla. Esta esencia, subyacente a todos los accidentes, es la sustancia, la cosa que hace que una silla sea una silla. Si pudiera olvidar de todos los accidentes, sólo quedaría la sustancia. En otras palabras, la sustancia funciona como el substrato, aquel que yace "abajo" de los accidentes.

Esta teoría de ser, a menudo nombrado "la metafísica," tiene muchas dificultades y complejidades. No obstante, llegó a ser el hito principal de la historia de la filosofía occidental. Por ejemplo, los filósofos y teólogos medievales la usaban extensivamente. El día de hoy los filósofos católicos romanos todavía tienen conferencias internacionales para discutir las sutilezas del "ser". En realidad la teoría de "sustancia", aunque mucho más sofisticada, es tan equivocada como el reclamo de Tales que todo es agua. De hecho, no hay tal cosa como "ser" o "sustancia". No es más que una abstracción metafísica, un intento de dar una independencia a la realidad y fundarla sobre algo sólido. La noción de Aristóteles de "ser" es sólo otro intento pagano de encontrar un principio ordenador en un mundo sin el Dios de la Escritura. Otra vez, sin el alumbramiento de la Palabra de Dios, las distorsiones son inevitables.

Aunque no podemos explorar más a detalle, una exposición breve de otra teoría ontológica de Aristóteles sería indicado, es decir la doctrina del hilemorfismo. Según Aristóteles, el hilemorfismo es todavía otra manera en que podemos comprender la estructura ontológica de las cosas.

El término mismo es una combinación de dos palabras griegas que significan "materia" y "forma". Aristóteles argumenta que cualquier cosa que existe no sólo es sustancia y accidentes, sino que su sustancia—lo que lo hace lo que es—se compone de dos partes constitutivas, la forma y la materia. Volvamos a ver la silla otra vez. Está hecha de madera. Aristóteles diría que la madera es la "materia" de la silla (un ejemplo muy atinado porque el significado original de *hile* es "madera.") Por supuesto, la silla no es simplemente un pedazo de madera. Es madera en forma de una silla. Por lo tanto, podemos decirlo así: la "forma" de "silla" ha sido impuesto sobre la "materia", es decir, la madera. Realmente la forma suple lo universal acerca de la silla—su "silledad"-su capacidad de ser un objeto sobre el cual uno puede sentarse—y la materia es lo que hace individual a la forma, haciendo de la silla, *esta* silla. La teoría de hilemorfismo refleja el dualismo de Aristóteles: todas las cosas están compuestos de dos principios.

Aristóteles combinaba la teoría de hilemorfismo con otra relación, llamada la actualidad y potencialidad. Esta distinción puede ser clarificada si tomamos otra vez el ejemplo de la silla. Originalmente la silla era solamente una madera sin forma. No obstante, la madera tenía el potencial de llegar a ser una silla. De hecho, la silla terminada es la actualización del potencial de la madera. Otro ejemplo, la relación entre la nuez y el árbol de nueces: una nuez es potencialmente un árbol de nueces, mientras el árbol de nueces es la actualización de una nuez.

Por medio de utilizar el hilemorfismo, la relación actualidad-potencialidad, y otras teorías, Aristóteles intentaba comprender el cambio. Todo está en un proceso de cambio. Por supuesto, lo experimentamos diariamente. Recordemos que Platón había declarado que el mundo de la experiencia y el cambio eran irreales, sólo un reflejo o imitación transitoria de las eternas e inmutables Ideas en el mundo más allá. Pero, debido a que Aristóteles rechazaba la teoría de las Ideas, él ocupaba otra explicación de lo que permanecía igual y lo que cambiaba en nuestro mundo. Él concluía que cada cosa, cada sustancia, permanece igual, pero también cambia en su mover de potencialidad a actualidad. Todo se mueve hacia el cumplimiento de una meta (*telos*) o propósito. El énfasis sobre el papel del propósito da a la ontología de Aristóteles un carácter teleológico. Debemos notar que la preocupación de Aristóteles con la teleología no le hace un pensador cosmogónico. Al contrario, el pensamiento de Aristóteles es esencialmente estructuralista. Mientras trata de explicar el cambio, el devenir y el desvanecer, él mantiene que tal cambio es simplemente una parte o aspecto de una estructura eterna de las cosas. El mundo entero nunca deviene y nunca desvanece.

Porque Aristóteles creía que estar sin movimiento es el estado natural, tenía que explicar de qué se trata el movimiento y el cambio que todos experimentamos. ¿A dónde va este auto-contenido eterno universo? Por lo tanto, él postulaba la existencia eterna de un Movedor Inmovible, una sustancia divina, eternamente actualizando al mundo. El Movedor Inmovible no consiste de "materia"; él es pura Forma, pura Actualidad, la Causa Final de todo lo que existe. Acuérdate, Aristóteles no está hablando de alguna manera acerca de un originador o un creador divino. Más bien, el Movedor Inmovible—el dios de Aristóteles—puede ser comparado a un imán: que causa movimiento sin moverse. El cambio tiene que ver con algo que no cambia: hay cambio, por lo tanto, "dios" existe. Argumenta Aristóteles que "El primer movedor existe por necesidad, y en cuanto sea necesario es bueno, y en este sentido el primer principio sobre lo que dependen los cielos y el mundo de la naturaleza" (*Metafísica*, 1072 b 11). Según la teología de Aristóteles dios no cambia (inmutable), es perfectamente sencillo (una sustancia indivisible), separado de cosas sensibles (completo en sí mismo), eterno (no afectado por el tiempo) y completamente egocéntrico y desapasionado (impasible e inalterable). Por lo tanto, no hay ninguna posibilidad de tener una relación con él. No se puede tener un contacto significativo con él. Esta concepción del ser supremo, con quien ningún tipo de unión es posible; lo llamamos monarquismo. Es un hilo importante en la telaraña histórica del pensamiento occidental.

Un examen de la epistemología de Aristóteles revela una tensión entre dos teorías (ver *Metafísica*, Libro 1). Por un lado, hay una corriente fuerte de empirismo en el pensamiento de Aristóteles. El empirismo mantiene una idea que nuestro conocimiento se derive principalmente de los sentidos. Veo, oigo, siento, gusto y olfateo al mundo alrededor de mí, con el resultado de que todo tipo de impresiones se transmitan, por medio de mis sentidos, a mi cabeza en donde yo tomo consciencia de ellas. El empirista dice que así adquiero conocimiento. Por otro lado, parece que Aristóteles haya trabajado, más "platonísticamente" con una forma de intelectualismo. El intelectualismo desprecia los sentidos y acredita el papel principal del desarrollo del conocimiento al intelecto. En un momento parece que Aristóteles postule la existencia de una "Mente Universal", algún tipo de "espíritu pensante" que se cierne arriba de todas las personas y activa el pensamiento humano. Esta Mente Universal es la actualización del potencial humano para pensar. Es como si Aristóteles estuviera tratando de contestar las preguntas, "¿Cómo se maduran los jóvenes cuando llegan a una edad de discreción? ¿Qué estimula su capacidad de pensar?". Sin embargo, como en tantos otros temas, Aristóteles es notoriamente vago y ambiguo acerca del asunto, y los debates entre eruditos continúan acerca de sus ideas sobre el conocimiento.

El intelectualismo de Aristóteles también incluye a su Movedor Inmovible. Él dice que el Movedor Inmovible es el Pensamiento Puro pensando: "El pensamiento piensa solo, así que el pensamiento y el objeto del pensamiento son lo mismo". Es claro en este punto que Aristóteles no ha rechazado el intelectualismo de Platón. Aristóteles está de acuerdo con Platón en que el intelecto es más que humano; es una función divina en el hombre: "dios siempre está en el buen estado en el cual a veces nosotros estamos", lamenta Aristóteles. La contemplación intelectual es la meta más alta que se puede lograr. De hecho, la verdadera felicidad se encuentra en el ejercicio de la mente, en la *theoria*.

Debemos detenernos aquí para reconocer la magna aportación que Aristóteles ha hecho al desarrollo de la lógica. Tomando en cuenta lo poco que se sabía en su época acerca del proceso de razonar, es asombroso que Aristóteles pudiera haber logrado tantos avances. Era el primero que entendía la ley de no contradicción, diciendo que fuera el principio más firme de todos, un principio acerca del cual es imposible errar, y un principio entendible a cualquiera que entienda algo: "Porque la posibilidad de tener el bien y no tener el bien simultáneamente de la misma cosa en la misma manera es imposible". También, Aristóteles clarificaba la relación entre términos, proposiciones y argumentos y resolvió las múltiples maneras en que el silogismo sea válido. "Todos los animales son mortales; todos los hombres son animales; por lo tanto, todos los hombres son mortales" (o "todas las B's son C's; todas A's son B's; por lo tanto, todas las A's son C's) es un ejemplo clásico de un silogismo válido. De hecho, la contribución de Aristóteles a la lógica deductiva ha sido significativa hasta el día de hoy.

Sólo queda que consideremos brevemente la antropología de Aristóteles. Como en su ontología, así en su antropología, Aristóteles se aparta de su mentor Platón. Aristóteles rechazaba una dicotomía aguda entre el alma y el cuerpo. No podía aceptar la idea que el cuerpo es solamente una tumba. En cambio, él postulaba una conexión mucho más estrecha entre el cuerpo y el alma. Utilizando su teoría de hilemorfismo, él argumentaba que el alma y el cuerpo constituyen la forma y la materia de cada ser humano. Por lo tanto, vemos que mientras Platón había promovido una antropología de dicotomía, Aristóteles promovía una antropología de composición. El alma y el cuerpo no forman dos entidades incompatibles, sino compatibles. La muerte, como con Platón, se presume ser la separación del alma y el cuerpo. Para Aristóteles, esto implica que la muerte es el fin. Lo que sigue vivo en ti (o en tus pensamientos) está en los pensamientos de otros.

Según Aristóteles, las plantas y los animales también tienen almas. Las plantas tienen un alma vegetativa que es responsable para el crecimiento, los animales tienen un alma sensitiva. Estas dos almas también están presentes en el ser humano. Sin embargo, las almas humanas se distinguen por su elemento racional. Aquí el intelectualismo de Aristóteles retoma su lugar. En efecto los hombres son animales racionales; un animal con un alma racional. Las mujeres también, pero a un grado menor: "La mujer es más bien como un hombre deformado...".

Aparte de su trabajo en filosofía y lógica, Aristóteles también escribió sobre la estética, la ética (ver Ética nicomáquea, 1106 b-1109 b), la política, la biología, la astronomía y la física. Era un hombre de tremendo conocimiento que permanecería como la figura dominante en el mundo intelectual occidental por siglos después de su muerte. De hecho, todavía hay muchos cristianos el día de hoy que simplemente se refieren a él como El Filósofo.

2. La filosofía helenística

Introducción

Las campañas de Alejandro Magno entre 336 y 323 a.C. cambiaron al mundo. Quedo atrás la autonomía de la ciudad-estado, la seguridad y la distinción del ciudadano griego. De repente el localismo y el provincialismo de tiempos anteriores se cambiaron por un mundo cosmopolita en el cual tanto el griego como el bárbaro, el occidente y oriente, se mezclaban y se interactuaban como nunca antes. Tal cambio afectaba a todos en la sociedad antigua. El pensamiento filosófico tampoco podía escapar los efectos de esta nueva época.

Hablamos de la filosofía del mundo antiguo después de 320 a.C. como la "filosofía helenística" para indicar que la filosofía también adquirió algunas características diferentes. Tal como la civilización de esa época llegó a ser helenística, es decir de los griegos, esta civilización griega se extendió muy lejos y se mezclaba con varias culturas orientales, así la filosofía empezó a mostrar características helenistas.

Ya hemos mencionado un aspecto importante en el cual la filosofía helenista difiere del pensamiento de los griegos anteriores: el énfasis cambia de la ontología a la epistemología. Eso es comprensible cuando recordamos que en el mundo helenista el individuo había perdido la seguridad de una pequeña ciudad-estado y se sumergía en una situación en la cual tuviera que enfrentarse a circunstancias desconocidas y aterradoras. Como resultado los helenistas tuvieron que confrontar sus circunstancias. Muchos empezaban a preguntar: "¿Es cierto y verdadero lo que siempre yo había pensado? ¿Es mi conocimiento realmente confiable?".

La realidad de la soledad, el aislamiento y la preocupación llevaba a otra característica distinta de la filosofía helenista: un énfasis sobre una vida práctica. Ya pasó la fascinación con las cuestiones cosmológicas que pudieran debatirse cómodamente en los mercados de las ciudades-estado. En vez de eso, el asunto principal y práctico llegó a ser la capacidad de poder aclimatarse y adaptarse a un mundo tan cambiante. Los pensadores helenistas empezaban a dirigirse a las nuevas cuestiones del día, como los sofistas habían hecho en tiempos anteriores.

De muchas formas, la Época Helenista representa un mundo confuso. No obstante, hay ciertas vertientes claras. En esta sección concentraremos en tres principales aspectos de desarrollo, es decir, (a) la prominencia del escepticismo y la teoría del *a priori*, (b) las escuelas de la filosofía helenista, y (c) el neoplatonismo. Históricamente estos movimientos se traslapan en muchos puntos. Este libro dedica una sección a cada uno.

El escepticismo y el *a priori*

A diferencia del mundo griego anterior, la filosofía helenista llegó a su expresión a través de una variedad de escuelas, en vez de etapas individuales tales como Heráclito y Parménides, o a través de figuras tan reconocidas como Platón y Aristóteles. En seguida platicaremos de varias de estas escuelas como la de los Estoicos y de los Epicúreos.

El punto aquí es que mientras las escuelas de la Época Helenista empezaban, una corriente de tiempo aparecía entre ellas. Un espíritu de escepticismo comenzaba. Generalmente este acontecimiento es claramente compatible con la preocupación helenista, con la epistemología. ¿Podemos estar seguros de lo que creemos que conocemos, especialmente en un mundo que parece estar lleno de incertidumbre y cambio? En sí mismo la mera presencia del proceso de cambio causaba sospechas. ¿No había declarado Platón que la verdad sólo puede encontrarse en el estable y eterno inmutable mundo de las Ideas?

En general, el escepticismo helenista se desarrollaba en dos etapas. En primer lugar había mucho cuestionamiento del conocimiento de los filósofos antiguos. Por ejemplo, Platón había proclamado con mucha confianza la existencia de las Ideas y de la inmortalidad del alma. Pero en la Época Helenista no había tanta confianza. Pronto el escepticismo adquirió un carácter más radical: la cuestión no sólo se trataba del conocimiento filosófico, sino si realmente podemos saber o conocer algo.

A principios del siglo III, a.C., el espíritu del escepticismo se expresó ampliamente en una escuela completamente dedicada al Escepticismo, se dice que fue fundada por Pirro y Elis. Según Pirro, nunca podemos decir, "Así es". Sólo podemos decir, "Así me parece ser". Como resultado él promovía que en cualquier asunto nos detuviéramos o suspendiéramos nuestro juicio. Por supuesto, este tipo de escepticismo causaba dificultades, como los mismos antiguos habían percibido. De hecho, parece que el escepticismo consistente, como el relativismo consistente es imposible. Si el escéptico dice: "Todas las cosas son inciertas", entonces acababa de declarar una cosa claramente cierta, es decir que todo es incierto, tal como la relativista se contradice cuando dice que todo es relativo: porque tal declaración es absoluta en medio de la relatividad.

Mientras el escepticismo invadía la mayoría de las escuelas helenistas de filosofía, una reacción aparecía. Y no es de extrañar. Porque el verdadero escepticismo es incompatible con la vida misma. Hay todo tipo de certezas (aparte de la muerte y los impuestos) que experimentamos diariamente y que el escepticismo no puede argumentar fuera de la existencia. En el último análisis el escepticismo permanece como una teoría.

De cualquier forma, en la Época Helenista, la pregunta escéptica "¿Cómo podemos estar seguros?" llegó a ser contestada por medio de la teoría del *a priori*. Esta teoría sigue así: nuestros sentidos sólo nos proveen un conocimiento incierto en un mundo cambiable. Platón estuvo en lo correcto: no podemos confiar en nuestros sentidos ni en nuestras experiencias. No obstante, la verdadera certeza sí es alcanzable. ¿En dónde? Se encuentra en nuestro aparato mental. Según esta teoría del *a priori*, todos nacen con un conjunto de ideas innatas. Estos conceptos e ideas son verdaderos y confiables, y forman una parte integral de nuestra composición. ¡Lo que se requiere para lograr algo en este mundo viene integrado al nacer! Cualquier adulto tiene lo que se necesita para encontrar la paz y la felicidad. Por lo tanto, la mera estructura de nuestras mentes garantiza la certeza del conocimiento. Según la teoría, todos los hombres tienen ciertas nociones confiables acerca de los dioses, de lo correcto y lo incorrecto y del bien y el mal, etcétera, integradas perfectamente en sus cabezas.

Ahora, observemos cuidadosamente: estos conceptos y nociones innatos no se cambian ni están afectados por nuestras experiencias. La verdad y la realidad de estos conceptos *a priori* no pueden ser afectadas por medio de la vida o las circunstancias. Son independientes y anteriores a nuestra experiencia, antes de encontrar y pasar por todas las cosas que ocurran en nuestras vidas.

Debemos detenernos un momento para considerar la importancia crucial de este acontecimiento helenístico. ¿Qué está pasando aquí? La teoría del *a priori* es lo mismo que el inicio del concepto "la razón humana," un concepto que iba a tener una carrera muy larga y distinguida en la historia del Occidente. En la teoría del *a priori* encontramos el origen de la creencia de que todos los seres humanos tienen en sus cabezas la facultad que se llama "razón" que todos compartimos y tenemos en común. Entonces, de aquí en adelante, las personas razonables, es decir aquellas que pueden y quieren razonar, pueden sentarse juntas y discutir "razonablemente" y ponerse de acuerdo sobre conclusiones "razonables", no importa sus creencias, compromisos o presuposiciones. Esta idea que inició en la época helenística, se adoptó en la Edad Media como la "luz natural de la razón". Llegó a ser considerada como una "luz" independiente y separada sin la necesidad de la luz de la Palabra de Dios, y, en el mundo moderno, dio inicio a los poderosos movimientos del Racionalismo.

El concepto de la "razón" como una facultad independiente y *a priori*, que todos tienen en común y funciona como una fuente autónoma y una guía para la vida, es un mito, una invención pagana para dar al ser humano, perdido en la incertidumbre y el pecado, un ancla y amarre de seguridad. Pero la "razón" humana no es más confiable que cualquier otra cosa fuera de la Palabra del Señor. Poner su fe en la "razón" es idolatría.

Por supuesto, no negamos la racionalidad del ser humano. Todas las personas sanas muestran un modo de funcionamiento discernido y analítico que juega un papel importante en la compresión y la perspectiva que desarrollan. No obstante, como veremos al fin de nuestro estudio, nuestra capacidad analítica está entretejida con las otras funciones que tenemos, tales como las creencias y emociones, y nuestra existencia física, y no tiene ninguna independencia o autonomía en sí misma. Es interesante notar cómo se están reconociendo las implicaciones desastrosas en nuestra propia época del concepto "razón". Pero hablaremos de esta historia más adelante.

Las escuelas helenísticas

Tal vez, una de las escuelas más significantes e influyentes de las escuelas helenísticas; fue la filosofía de los Estoicos. El estoicismo fue fundado por Zenón de Citio alrededor de 300 a.C. Este Zenón no debe confundirse con Zenón de Elea, el discípulo de Parménides, famoso por sus paradojas. Desde los principios de Zenón, el estoicismo se difundió por todo el mundo helenista y luego a través de todo el mundo romano. Por ejemplo, Marco Aurelio, el emperador romano de 161-180 d.C., era un estoico. También lo eran Cicerón, Seneca y Epicteto. Mientras el estoicismo crecía y se esparcía, cambiaba de un sistema filosófico a un tipo de guía de conducta. Hay varios temas estoicos que merecen mención.

Los estoicos se interesaban mucho en el problema de la conducta humana y básicamente equivalían la virtud humana con el conocimiento correcto y la comprensión intelectual. Una vez que la persona logra el estado correcto de la mente, se garantiza su bien-estar, no importa lo que le pase. Entonces la meta es buscar, a través de la vida de uno, esta sabiduría—que es, a fin de cuentas, conocer los propósitos del Destino.

La sabiduría que se ocupa viene con el uso de la razón, de una luz natural, una chispa dentro del alma. Esta luz brilla más cuando nos liberamos de las demandas físicas de nuestros cuerpos, como las emociones y deseos de placer. Las circunstancias de la vida exterior tienden a crear un desorden en el alma. El verdadero alumbramiento viene por medio de actuar conforme a la naturaleza interior; porque por naturaleza somos seres racionales. Y, por supuesto, dicen los estoicos, lo que la razón dicta (el Destino) es que nos conformemos al diseño del Hacedor y que actuemos conforme a la Naturaleza.

La doctrina estoica del *Logos* fundamentaba muchas de sus presuposiciones. La palabra griega "logos" tiene muchas acepciones tales como "palabra, "razón", "patrón", etcétera. (En el Evangelio de Juan, por ejemplo, habla de que Cristo es el Logos, es decir, la Palabra de Dios.) En el sentido estoico, "logos" significa "razón" o "patrón". Los estoicos consideraban el "Logos" como un espíritu cósmico divino, creyéndolo ser un *aether (éter)* —un elemento extraño que según llenaba las regiones más altas del espacio. Este Logos se expresa por medio de unas "semillas racionales" o "razones seminales" (*logoi spermatikoi*): en los humanos y animales, el alma, en el reino de las plantas como el crecimiento, y en el material inorgánico como la cohesión. Por lo tanto, los estoicos eran esencialmente panteístas (y por tanto, universalistas): dios, el Logos (=Zeus, la Providencia, la Razón Universal) se difunde a través del universo. El "Logos" es "racional"— en latín "logos" se traduce como "razón"—y los estoicos, por lo tanto, estaban convencidos que el universo estaba impregnado por un orden racional. También creían que el camino de cada alma estaba predeterminado por el plan comprehensivo del Logos y que había una serie infinita de causas que lógicamente ordenan todo lo que ocurre. (La noción que tanto dios como el orden creado son caracterizados por la racionalidad llegó a ser una línea importante en el pensamiento occidental.)

Para el estoico, una vida de virtud es una vida vivida de acuerdo con la "naturaleza," con el universo como está gobernado por el "Logos," "Razón." La ley de la naturaleza (=dios) manda lo que es correcto, y dios (=Naturaleza) sabe que ocurrirá en el futuro. El vicio es sólo la ignorancia del plan de la Naturaleza; la virtud muestra un entendimiento del plan. Fíjate como los estoicos evitan el poder del pecado. También, observa que los estoicos, como Sócrates, eran "practicalistas": una vez que alguien conozca acerca del verdadero "logos" automáticamente se comportará virtuosamente. Una vez más, una buena perspectiva debe garantizar una buena acción.

El ideal estoico era el hombre sabio, tranquilo, sereno y no influenciado por la pasión o las circunstancias. El sabio comprende la "Naturaleza". No se molesta con ningún evento; porque lo que pasa debe pasar. Entonces, acéptalo. Nada ocurre sin razón alguna. La experiencia o temor del dolor físico sólo viene porque tú juzgas que el dolor es malo, pero no lo es. También debe pasar. La liberación viene cuando hacemos lo que la Naturaleza quiere. Entonces, desea lo que tienes; desea apáticamente lo que pasa; y sobre todo no te emociones mucho.

Obviamente, el estoicismo fue un intento de dar certidumbre a la gente, una base sólida en un mundo helenista caótico que cambiaba rápidamente. En el estoicismo podemos ver claramente la condición religiosa de la humanidad, una necesidad desesperada en un mundo oscurecido por el pecado.[1]

Epicuro, el fundador de la escuela de los *epicúreos,* nació acerca de 340 a.C., en Samos, una isla griega en el Mar Egeo. Su escuela estaba fuertemente orientada al anterior atomismo griego, la perspectiva que toda la realidad consiste de partículas indivisibles. Como los estoicos, los epicúreos enfatizaban mucho la cuestión ¿Cómo debemos vivir? Observa el carácter religioso en esa cuestión. ¿Cómo podemos ser verdaderamente humanos? Epicuro tampoco sabía la respuesta. Su sistema hedonístico de placer controlado, con la definición de placer como una libertad de dolor y temor, constituye su método de salvación. Eliminar el temor de la muerte es el criterio último. Por ejemplo, Epicuro escribió lo siguiente en su "Carta a Menoceo".

> "En segundo lugar, acostúmbrate a pensar que la muerte no es nada para nosotros, puesto que el bien y el mal no existen más que en la sensación, y la muerte es la privación de sensación. Un conocimiento exacto de este hecho, que la muerte no es nada para nosotros, permite gozar de esta vida mortal evitándonos añadirle la idea de una duración eterna y quitándonos el deseo de la inmortalidad. Pues en la vida nada hay temible para el que ha comprendido que no hay nada temible en el hecho de no vivir. Es necio quien dice que teme la muerte, no porque es temible una vez llegada, sino porque es temible el esperarla. Porque si una cosa no nos causa ningún

---

[1] El Dr. Kok incluye aquí una serie de ejemplos de los escritos de los estoicos Séneca, Cicerón, Eusebio, Diógenes Laercio y Epicteto que el lector interesado puede encontrar en línea para respaldar las aseveraciones del autor. (N del T).

daño en su presencia, es necio entristecerse por esperarla. Así pues, el más espantoso de todos los males, la muerte, no es nada para nosotros porque, mientras vivimos, no existe la muerte, y cuando la muerte existe, nosotros ya no somos. Por tanto la muerte no existe ni para los vivos ni para los muertos porque para los unos no existe, y los otros ya no son".

Ninguna acción debe hacerse si no es por el placer que resulta, y ninguna acción debe ser rechazada si no es por el dolor que causa. Otra vez como los estoicos, los epicúreos eran practicalistas.

El *a priori* aquí no es la guía de la razón, sino las emociones, específicamente las de placer y dolor: "Porque reconocemos al placer como el primer bien en nosotros y a partir del placer iniciamos toda acción de escoger y evitar, y regresamos al placer utilizando las emociones como el estándar sobre el cual juzguemos todo el bien". El hedonismo de Epicuro no debe ser confundido con el hedonismo de "come, bebe y gózate". El hedonismo de Epicuro requería poco más que una cama, una mesa y una silla, y sólo buen pan, agua limpia y sólo un poco de vino de vez en cuando. Él estaba convencido que las necesidades reales del cuerpo se resolvieran con provisiones sencillas y a un costo modesto. Cualquier cosa mayor resultaba contraproducente.

La escuela de los epicúreos continuaría hasta el tiempo del Imperio Romano. El más influyente e importante expositor del epicureísmo fue Lucrecio, un romano de primer siglo antes de Cristo. En su poema, *Sobre la naturaleza de las cosas*, él explica del mundo en términos del atomismo, e intenta mostrar que la "religión" y el temor de la muerte son las fuentes de nuestros lamentos.

La historia de la Academia de Platón y del Liceo de Aristóteles es muy larga y complicada. Ambas escuelas pasaban por varias etapas, cambiando su carácter original sustancialmente. Un aspecto particularmente notable del platonismo helénico es su pronunciada tendencia ecléctica. Como hemos anotado anteriormente, el eclecticismo sencillamente quiere decir la selección y asimilación, sin mucho criterio, de varias doctrinas de numerosas fuentes.

Un acontecimiento platónico durante este periodo merece nuestra atención porque llegó a ser un elemento significante en el temprano pensamiento cristiano medieval. Se trata del cambio en la ubicación de las Ideas. En la filosofía de Platón las Ideas eran entidades autónomas permaneciendo eterna e inmutablemente en el mundo más allá. Aun dios mismo fue sujeto a las Ideas. No obstante, en el platonismo helénico, la concepción crecía; en que las Ideas no son simplemente esencias legales independientes, sino que existen *en la mente de dios*. En otras palabras, las Ideas forman el contenido de la mente de dios. Este cambio resultó en parte debido a la tendencia ecléctica de combinar el platonismo con el aristotelismo. Tal eclecticismo producía el concepto de dios como un aristotélico Movedor Inmovible equipado con las Ideas de Platón.

Sin embargo, la escuela aristotélica, en varias maneras, se mantenía distinta del platonismo, particularmente en cuanto a su tendencia hacia el monarquianismo. Acuérdate que el monarquianismo postula un abismo infranqueable entre dios y el cosmos. Aun así, algunos de los aristotélicos (también nombrados "peripatéticos") no podían evitar la influencia de Platón y adoptaron algunos temas platónicos.

Aparte del estoicismo, el epicureísmo, el platonismo y el aristotelismo, había otras escuelas populares en la Edad Helenista. Por ejemplo, los cínicos y los neo-pitagóricos experimentaban un avivamiento amplio en los siglos II y I a.C., y llegaron a ser ingredientes influyentes en la vida del Imperio Romano.

Neoplatonismo

Aunque enraizado en el platonismo de las edades helenistas, el neoplatonismo constituye un sistema suficientemente distinto e importante que merece una atención aparte. Literalmente el neoplatonismo significa el "platonismo nuevo". También se puede describir como la misma idea del "otro mundo" pero con otros significados.

Cronológicamente el neoplatonismo representa el último gran intento filosófico pagano del mundo antiguo. No obstante la fecha de su aparición: floreció en los siglos tres al cinco después de Cristo. Por lo tanto, el neoplatonismo era un rival contemporáneo del cristianismo. Mientras con el tiempo muchos neoplatónicos se convirtieron al cristianismo, desafortunadamente, en términos generales, es probable que el neoplatonismo lograra penetrar e influenciar más al cristianismo que viceversa. Como decía el padre apostólico Agustín, "No hay otros más cerca de nosotros que los platónicos"—es decir los neoplatónicos de Plotino. A la vez, podemos reconocer con agradecimiento que el cristianismo persistía y crecía, mientras el neoplatonismo eventualmente se disminuyó y desapareció como una opción viable en la civilización occidental.

El apogeo del neoplatonismo inició con el renombrado filosofo Plotino, quien nació en Egipto alrededor de 204 d.C. Después de estudiar extensivamente en Alejandría—uno de los grandes centros de aprendizaje en el mundo helenista—y participando en una expedición a Persia, Plotino se estableció en Italia, en donde fundó una escuela. Pronto adquirió la fama de ser una persona amable, espiritual y muy preparada. Muchos llegaron buscando su consejo. Aunque era una persona enfermiza, vivió un tiempo relativamente largo para aquel entonces. Falleció en 270 d.C.

Plotino construyó un sistema complejo compuesto de muchos hilos de muchas filosofías. Aunque era un pensador en gran medida original, el carácter ecléctico de las filosofías helenistas es evidente. No obstante, los temas platónicos y aristotélicos predominaban en su pensamiento. Se nota esto claramente en su ontología, que es esencialmente un cuadro de una jerarquía de ser, que va entre un dios supremo (el SER) al nivel más bajo de la materia malévola (el no ser). Según Plotino, en el nivel más alto de la realidad, dios existe en una trascendencia completa. Este Ser o dios es el UNO absoluto, una unidad perfecta acerca del cual nada puede ser discutido ni hablado, y quien permanece incomprensible para siempre. Sentimos aquí una tendencia hacia el monarquianismo aristotélico. Por otro lado, la tendencia de Plotino de llamar al Uno absoluto la "Bondad absoluta", refleja la perspectiva de Platón de la Idea suprema de la "Bondad misma". Se refleja el paganismo en el concepto del dios de Plotino: este dios no es el creador y el sustentador del universo a quien podemos acercarnos por medio de Jesucristo y con quien podemos mantener la promesa de una relación de amor, sino un ser de otro mundo, inmovible e inefable—en efecto, nada más que una proyección de nuestro concepto matemático de unidad.

¿El dios de Plotino no se relaciona nada con el mundo? Aquí las ambigüedades y tensiones, tan características de mucho del pensamiento pagano y secular, se manifiestan. Por un lado, como ya vimos, dios es sumamente trascendente. Pero, por el otro lado, Plotino dice que este dios es el origen y la fuente original de todo lo que existe. Aquí Plotino introduce el concepto de la emanación. ¿Qué es la emanación? Literalmente la palabra significa "un fluir," "una salida de", o "una procesión de". Todos los niveles de la existencia, explica Plotino, han fluido o salido del Uno inefable. Hay que observar que el proceso de la emanación no ha cambiado el estado del Uno. El fluir no ha disminuido ni afectado a dios en ninguna manera. A la vez, no es ningún "acto de dios". La emanación ocurre casi a pesar de esta unidad divina; casi como una emisión involuntaria. Un ejemplo favorito de los neoplatónicos para ilustrar el significado de la emanación es el cuadro de los rayos de luz y el calor que procede del sol. Como no sabían los hechos físicos de la emisión energética del sol, los neoplatónicos creían que la luz y el calor radiaban del sol sin disminuir o afectar al sol en ninguna manera. Decían ellos que así era el devenir acerca de la realidad.

Debe observarse que la doctrina de emanación se basa en una versión pagana de la creación divina del mundo. La emanación es una explicación neoplatónica para explicar la existencia de cualquier cosa. También el énfasis sobre la emanación da a la filosofía neoplatónica un marcado sello cosmogónico.

La tensión plotiniana entre un dios sumamente trascendente y un dios como la fuente de toda la existencia, refleja las tensiones entre las líneas de pensamiento dualistas y monistas. Además, los escritos de Plotino son suficientemente difíciles y oscuros para permitir cualquiera de las dos interpretaciones. Si enfatizamos la "otra mundialidad" de dios como distinto de este mundo, entonces tenemos que nombrar a Plotino un dualista. Pero si por el otro lado interpretamos el proceso de emanación como primario, entonces tendremos que nombrarle un monista.

El proceso de emanación, según Plotino, procede en etapas. El primer nivel de emanación abajo del Uno, Plotino coloca la "Mente" o el "Pensamiento," como la base de las Ideas platónicas. El concepto "Mente" como la primera emanación es realmente una amalgamación del movedor inmovible de Aristóteles—al cual Aristóteles había dicho que es el "pensamiento pensando de sí mismo"—y el demiurgo de Platón, el súper artesano quien modelaba al mundo conforme al patrón de las Ideas. De la "Mente", sigue diciendo Plotino, emana un alma de dos lados, un alma del mundo más alto y divino que respeta las Ideas, y un alma de un mundo inferior que desprecia al mundo abajo. De esta alma proceden las numerosas almas de los seres humanos. Todavía más lejos, así aún más lejos del Uno, encontramos el mundo de las cosas materiales y la naturaleza.

Plotino creía que la materia en el mundo material es inherentemente mala, no en un sentido sustancial, sino debido a su lejanía del bien absoluto—el Ser mismo—la materia está privada de la bondad o bien. Según Plotino, la maldad es esencialmente la privación—no ser—la ausencia del bien. Como está descrito en las obras de Plotino, esta teoría tiene muchísimas dificultades. Particularmente problemática es la cuestión si esta teoría implica un dualismo entre el bien absoluto y el mal absoluto. Pero dejamos esta discusión a los eruditos. Sin embargo, debemos notar el hecho de que la idea del mal es esencialmente como una falta o privación, y ejercita una influencia poderosa sobre los padres eclesiales de la posterior iglesia medieval.

Podemos considerar la epistemología de Plotino a la luz de su antropología dicotómica. A la manera platónica, los humanos están compuestos de un alma y cuerpo, en efecto, un compuesto de ser y no ser. La interacción entre el alma y el cuerpo es evidencia que el alma se había contaminado con la materia. Por lo tanto, es necesario que todos los humanos miren hacia arriba de dónde venía su alma, y traten de eliminar los efectos del cuerpo. La meta final del humano es escalar un ascenso arriba hacia la unión con el Uno. Plotino bosquejaba cuatro estaciones.

Primero, uno debe tener control completo sobre su cuerpo y purificarse de toda materia, es decir, de todo mal. Por tanto, uno debe ser un ascético. La segunda etapa es el camino de la filosofía, dónde el alma, ahora liberada del cuerpo y purificada, se mueve más allá del sentido de percepción para contemplar lo que mueve este mundo—el alma del mundo. Completada la segunda etapa se abre camino hacia un acercamiento intelectual de la Mente universal (de dios), que contiene, como ya hemos visto, las Ideas eternas. En esta tercera etapa hay una unión consciente con la Mente. Y finalmente, la cuarta etapa, experimentada por unos pocos escogidos, hay una unión mística en éxtasis con el Uno. Mientras estemos en la carne tal unión extática sólo puede ser lograda momentáneamente. No obstante, en la vida más allá después de la vida terrenal, será disfrutado permanentemente por todos los que han perseverado hasta el final.

Es obvio que el neoplatonismo era más que un sistema abstracto de pensamiento. Más bien ofrecía un camino a la salvación del "pecado". El neoplatonismo era tanto una religión como era una filosofía, completo con sus ritos de purificación, un evangelio y una escatología. Como resultado seguía atrayendo a muchos paganos griegos y romanos.

Después de la muerte de Plotino, una variedad de escuelas y líderes aparecieron en diferentes partes del Imperio Romano. En Roma misma, el reconocido estudiante de Plotino, Porfirio, hizo mucho para difundir las doctrinas de su maestro. Otro famoso neoplatónico era Jámblico, un estudiante de Porfirio, quien tenía mucho que ver con la escuela siriaca de neoplatonismo. Proclo, quien encabezaba la rama de la escuela en Atenas en el quinto siglo, era una de las personas más preparadas en toda la antigüedad. Logró grandes avances en la sistematización de todo el conocimiento antiguo. Su influencia corría a través de la cristiana Edad Media.

En resumen, el neoplatonismo era una fuerza poderosa en una época cuando el cristianismo luchaba para imponerse en una sociedad decadente. El neoplatonismo mantenía vivo el platonismo, y así mantenía su fuerza en la exposición de las perspectivas paganas como la antropología dualista, la inferioridad de la percepción de los sentidos, la depreciación de la realidad creada y la irrealidad del mal. Cómo estas ideas afectaban el curso del cristianismo lo examinaremos en el próximo capítulo.

Repaso

En esta sección hemos revisado el desarrollo filosófico de la Edad Helenística, un periodo que se inició con las conquistas de Alejandro el Grande y se extendía hasta gran parte del Imperio Romano. Hemos visto la emergencia de un nuevo espíritu. Es el espíritu del escepticismo. Se creía que no se puede saber nada con certeza en esta edad tan incierta. Sin embargo, tal escepticismo tan destructivo no duró tanto y pronto fue reemplazado por la teoría de a prior, una postura que decía que por supuesto hay un conocimiento confiable que es alcanzable. ¿Dónde? Respuesta: en nuestras mentes. Todos nacemos con un tipo de conocimiento confiable e innato, por ejemplo, acerca de los dioses, o acerca del bien y mal, o el placer y el dolor. Así la idea de la "razón" nació como una facultad o mecanismo innato.

Para las masas esa era constituía una temporada de confusión; por lo tanto, una variedad de pensadores que se enfocaban en el conocimiento práctico en vez de una especulación abstracta lograron una popularidad enorme. La mayoría de estos pensadores transmitían sus conocimientos a través de escuelas. Más notables en las primeras etapas de la Edad Helenística eran las escuelas de los estoicos y de los epicúreos. No obstante, muchas otras escuelas florecían en este periodo tales como las de platonismo, de aristotelismo, de cinismo y de pitagorismo.

Finalmente, examinamos la poderosa filosofía del neoplatonismo, el intento final de un pensamiento pre-sintético y pagano, desarrollado por Plotino y extendido por varios de sus sucesores.

C. Una historia del pensamiento occidente durante el periodo de la síntesis

Introducción al segundo periodo principal

Resulta confusión cuando los tema bíblicos, tales como la creación, el pecado, siendo creados en la imagen de Dios y naciendo de nuevo, se combinan con los patrones de pensamiento paganos. Realmente, esta combinación, aunque todavía es una persistente manera de pensar, es siempre una combinación *intentada*. No hay ninguna unidad duradera y a largo plazo, tanto el modo pagano como las perspectivas bíblicas, se distorsionan. Para entender las Buenas Nuevas con categorías equivocadas corrompe al Evangelio y tuerce la verdad.

A la luz de la discusión anterior, es claro que el cristianismo enfrentaba una tarea bastante difícil cuando se presentó ante un mundo sumamente pagano. La comunidad cristiana se confrontaba con una situación crítica: una mente griega apóstata tenía una influencia casi exclusiva en el mundo antiguo. Se proclamaba el Evangelio y la Iglesia sí crecía. A la vez, la naturaleza del mensaje cristiano radicalmente antitético muchas veces se infectaba y se contaminaba con el paganismo. En los siglos posteriores el cristianismo tenía que luchar para su sobrevivencia, tanto en contra de las presiones externas como en contra de las herejías internas. A pesar del éxito obtenido, el cristianismo desarrollaba una mentalidad de síntesis que crecía poderosamente, que finalmente culminaba en los grandes sistemas escolásticos de la Edad Media.

Para los cristianos de hoy es de una vital importancia que entiendan qué es lo que aconteció en este segundo periodo principal. La mentalidad de síntesis ha afectado tan poderosamente el curso de la civilización occidente que los cristianos reformados todavía están muy dominados por esta visión escolástica. En gran manera nuestras perspectivas de la Escritura, la teología, la Iglesia, el pecado, nuestra actitud hacia la sociedad y nuestro entendimiento sobre el significado de ser un cristiano han sido afectadas y en parte determinadas, por lo que sucedía en los primeros quince siglos de la Iglesia cristiana.

¿Por qué los primeros cristianos no podían sostener su éxito? ¿Qué les motivaba a adoptar patrones de pensamiento paganos que a fin de cuentas la cosmovisión cristiana sólo llegó a ser una variación de los temas paganos? ¿Cómo puede ser que el neo-platonismo influyera más al cristianismo que el cristianismo a los neoplatónicos? Una vez que entendamos la situación un poquito más, no vamos a querer echar la culpa o condenar a los padres apostólicos por su síntesis. No es nuestro propósito señalar ni condenar a nadie. Por supuesto que no. ¿Cómo nos podría ayudar eso? No obstante, tenemos que evaluar críticamente para poder llegar a una comprensión de la dinámica de la historia. Tal comprensión es indispensable si vamos a llevar a cabo nuestro llamado cristianamente en el siglo XXI.

Los primeros cristianos realizaban correctamente que Dios, en su Palabra, había revelado la verdad a Adán y a su descendencia. Además, ellos reconocían su llamado a la obediencia, y por lo tanto estar también activos en el mundo académico del aprendizaje. Finalmente, estaban conscientes del hecho que la filosofía griega había logrado muchos puntos importantes de comprensión. Por supuesto, los griegos eran observadores experimentados de una creación ordenada, y por lo tanto, por medio de ciertas conclusiones, podrían lograr grandes cosas como el sistema de lógica de Aristóteles.

A pesar de estas realizaciones correctas, una mentalidad sintética apareció con vigor por varias razones. En primer lugar, pocos de los convertidos cristianos habían estudiado la filosofía, y muchos habían sido influenciados por las respuestas de la filosofía helenista a la pregunta, "¿Cómo, entonces, debemos vivir?". Como resultado frecuente, llevaban inconscientemente una tradición informada de patrones del pensamiento pagano. Por ejemplo, el fatalismo estoico o la noción de que una chispa innata de lo divino frecuentemente se mencionaba con una apelación al *logos* y a la luz del primer capítulo del Evangelio de Juan. En segundo lugar, el paganismo inició un ataque hostil a la Iglesia. Para hacer su defensa inteligible los cristianos ocupaban terminología que conseguían de la filosofía y literatura paganas. Los campeones de la tradición griega fueron reconocidos como los anticipadores proto-lógicos de El Camino. Como resultado, muchas ideas griegas permeaban el pensamiento cristiano. En tercer lugar, las herejías internas requerían una articulación y definición más claras de dogma. En su intento de lograr esto, los cristianos a veces utilizaban la filosofía pagana para sus argumentos y para su entendimiento de la Escritura. No solo porque el Credo de Nicea va más allá de las palabras encontradas en la Escritura y utiliza el término "sustancia" para explicar la unidad de la Trinidad, no es una razón para que los teólogos empiecen a pensar acerca de "los atributos" del Dios de la Escritura como si fuera una sustancia aristotélica.

La época en la cual el pensamiento de síntesis predominaba puede ser tratada en cuatro secciones. Primero, debemos mencionar los intentos de los judíos helenistas antes de la era cristiana, para construir una síntesis entre los escritos del Antiguo Testamento y la filosofía griega. Segundo, el periodo de la Iglesia primitiva, la era patrística, aproximadamente desde 50 a.C. hasta el principio de la Edad Media, vio los primeros intentos de parte de los cristianos de unificar o armonizar los temas básicos de la Escritura con las concepciones y patrones de pensamiento paganos. El tercer periodo se trata de la propia Edad Media, caracterizado por el escolasticismo. Todavía era una fuente del estudio la Biblia en esa época, pero las obras de los padres apostólicos y los pensadores paganos usurparon un lugar más importante en el pensamiento cristiano. Finalmente, hay un periodo que normalmente no se distingue del anterior. Aquí encontramos un rechazo del escolasticismo y un regreso a los emperadores y a los padres apostólicos.

1. La síntesis judía

"La filosofía de la síntesis" sencillamente se refiere a la combinación de conceptos no escriturales con temas de la Escritura. El pensamiento sintético y el cristianismo bíblico no llegaron juntos al escenario. Tal como la filosofía pagana prosperaba por siglos después de Cristo, así también las evidencias de la síntesis pueden encontrarse antes de Cristo. Este tipo de filosofar no era la obra de los cristianos sino de los judíos ortodoxos.

La forma más temprana de la filosofía sintética judía prosperaba especialmente en Alejandría, Egipto, en donde radicaban muchos judíos de la dispersión. La síntesis judía es típicamente un fenómeno helenista. Los judíos viviendo lejos de su tierra querían asimilarse a la cultura helenista, aunque no querían abandonar su herencia judía ni la revelación del Antiguo Testamento. El deseo de mantener ambas posturas resultaba en una síntesis. Tal síntesis parecía ofrecer dos ventajas. Primero, permitía al judío que sus creencias fueran aceptables y creíbles para el no-judío por medio de mezclarlas con tintes helenistas. Segundo, permitía a los judíos a que aceptaran los patrones de pensamiento helenistas por medio de "santificarlos" con la autoridad divina del Antiguo Testamento.

Ahora, nota el patrón que se establece aquí. La manera más fácil (y tal vez la más peligrosa) es sintetizar el patrón pagano de pensamiento con temas bíblicos y declarar que el patrón pagano sea la enseñanza o la doctrina sostenida por la Escritura. Es muy común ver esto hoy día: los capitalistas todavía dicen que la Biblia enseñe el capitalismo; los comunistas decían que la Biblia enseña el comunismo, etcétera. Este método de *eiségesis-exégesis*—leyendo entre líneas y luego sacando de la Escritura lo que realmente no está allí—era especialmente característico del periodo de la síntesis medieval. Pero nunca ha dejado la Iglesia cristiana.

La figura más importante de la temprana síntesis judía es Filón de Alejandría (25 a.C-40 d.C). Aunque Filón reconocía al Antiguo Testamento como la Palabra de Dios, estaba sumamente empapado con el platonismo y el estoicismo. Escribió una variedad de obras. La mayoría de ellas se basan en la Escritura, normalmente comentarios, llenas de interpretaciones alegóricas. El intento de síntesis de Filón se lograba por medio de 1) seleccionar ciertos temas de los paganos, y 2) utilizar el método *exégesis alegórica* para interpretar el Antiguo Testamento. Este tipo de exégesis presume que el sentido literal de la Escritura es para la gente común sin educación, mientras el teólogo o filósofo ve un significado más profundo y alegórico. Algunos ejemplos: hablando alegóricamente los tres hombres que visitaban a Abraham en Mamre eran tres poderes un poco menor que Dios, es decir, el Logos, el Poder de Creación y el Poder de Gobernar. O, cuando leemos que el maná descendió del cielo, entonces, la gente común sencillamente lo interpreta literalmente: Dios dio de comer a su pueblo. Sin embargo, el filósofo ve más—el maná no es simplemente pan, sino el conocimiento que desciende del Logos divino. Este método (no escritural) de exégesis se usaba a menudo a través de la Edad Media.

Para Filón todo lo que todo que se encuentra en la Escritura está abierto a la interpretación alegórica. Por supuesto, nada que dice la Escritura acerca de Dios puede ser interpretado literalmente, porque, como dice Filón, "Dios no es como el hombre" (Nú. 23.19). Muchas de las narraciones veterotestamentarias Filón las rechaza abiertamente como "mitos," o "tonterías", o "increíbles". La creación del mundo en seis días es un mito, dice él, porque los días se miden por el sol que no apareció hasta el cuarto día. Lo que registra Génesis es la creación de ideas en la mente de Dios, según él ¡no empieza a crear realmente los cielos y la tierra hasta Génesis 2.4 y después! Por supuesto, este segundo capítulo tampoco debe ser leído más literalmente que el primero: la creación de Eva de la costilla de Adán y la serpiente que habla, según él, son "tonterías míticas". Y muchas otras narraciones tampoco pueden ser creídas literalmente, como lo interpreta Filón.

A través de todas sus alegorías Filón creía que Moisés era el más grande de todos los filósofos; de hecho, él era la fuente de toda la filosofía que los filósofos griegos imitaban y utilizaban. La idea de que los griegos habían utilizado la sabiduría prestada de Moisés llegó a ser aceptado comúnmente entre los padres apostólicos y persistía por mucho tiempo. Eso inducía a muchos pensadores cristianos a sintetizar más fácilmente.

Filón combinaba muchos patrones de pensamiento platónicos y helenistas con su fe veterotestamentaria, tales como el mundo de Ideas de Platón—que era el mundo que Dios creó primero (Génesis 1) como un modelo para la creación de nuestro mundo que seguía (Génesis 2)—y la teoría de a priori—podemos aprender de los paganos porque ellos también están equipados con la semilla de la razón divina. A través de adoptar tales nociones paganas, Filón sacrificaba la autoridad de la Palabra de Dios. Como en toda síntesis, el poder directriz de la Escritura se pierde: la Escritura misma no se permite ser acomodada. De que el cristianismo, no obstante, busca un camino de síntesis, es el tema que trataremos ahora.

2. El periodo temprano del pensamiento cristiano: La Era Patrística

Los primeros escritos de la Iglesia cristiana fueron escritos por sus líderes, los *Apóstoles*, y muchos de ellos están registrados para nosotros en el Nuevo Testamento. Estos evangelios y epístolas están dirigidos, en primer término, a las comunidades pequeñas *ecclesiai (iglesias)* que Pablo y otros habían plantado o que estaban luchando por su existencia. Estas comunidades tuvieron problemas difíciles e influencias por parte de los judíos, los helenistas y los paganos. Pero aun así estas Escrituras están libres de reflexiones filosóficas abstractas y teológicas. Hablar de la *esencia* o *sustancia (ousia)* de Dios viene más tarde.

La próxima generación de líderes fue compuesta de los nombrados *Padres Apostólicos*. Todos ellos vivían antes de 150 d.C. Eran los sucesores inmediatos de los apóstoles mismos. En términos generales, ellos preservaban y enseñaban fielmente El Camino como fue esbozado por los apóstoles y su Señor. Como los apóstoles, ellos estaban más preocupados con el cuidado pastoral que las ideas abstractas. Ellos también escriben directamente al corazón de las situaciones concretas de los primeros cristianos. Vale la pena mencionar a Clemente de Roma, Ignacio de Antioquía y Policarpo en este contexto.

Después de los Padres Apostólicos viene un grupo de líderes que llevan el nombre de *apologistas* (del griego que significa "defender"). Eran cristianos griegos y latinos cuya obra principal era defender la fe en contra de los paganos. Generalmente sus escritos muestran tintes explícitos de síntesis. Lo mismo es cierto de los *padres de la Iglesia* griegos y latinos, quienes principalmente defendían la Iglesia contra herejías dentro de la Iglesia. En las páginas que siguen presentamos: a) a dos apologistas importantes; b) brevemente el gnosticismo, un tipo de casa de transición entre el paganismo y el cristianismo; y c) a varios padres de la Iglesia.

El primer periodo del pensamiento cristiano, la era patrística, se caracteriza por un grado de espontaneidad, es decir, los líderes de la Iglesia respondieron espontánea y prontamente tanto al Evangelio como a la filosofía pagana. En términos generales estos cristianos primitivos no estaban conscientes de la síntesis que estaban construyendo. De hecho, generalmente hablando, las intenciones fueron buenas y querían hacer el bien.

Los apologistas

Uno de los primeros apologistas bien conocido era Justino Mártir. Estaba muy atraído por la filosofía griega. Justino incorporaba la teoría del *a priori* a su pensamiento cristiano. Podemos aprender algo viendo cómo lo hizo, porque nos da otro *ejemplo* claro del método *eiségesis-exégesis* que encontramos en Filón anteriormente—metiendo algo dentro del texto y luego sacando algo de la Escritura que no está allí. El texto bíblico en cuestión es Juan 1.9. En el griego original el texto es ambiguo y puede ser leído en dos maneras. La ambigüedad se refleja en las traducciones de la Reina-Valera 60 y La Biblia de las Américas.[2] La Reina Valera traduce: "Aquella luz verdadera, que alumbra a todo hombre, venía a este mundo." La Biblia de las Américas corregía esta traducción

---

2 N de T. El autor hace referencia a versiones en inglés, las versiones King James y American Standard. Sus equivalentes, que muestran el mismo punto que está haciendo, son la Reina-Valera y La Biblia de las Américas.

y decía: "Existía la luz verdadera que, al venir al mundo, alumbra a todo hombre." ¿Cuál es la diferencia? La Reina-Valera (y la traducción Rheims) vincula "venía a este mundo" con "todo hombre," mientras La Biblia de las Américas (y la Nueva Versión Internacional y otras versiones) conecta "al venir al mundo" con la luz. Justino Mártir rápidamente utilizaba la primera interpretación—decía él que la Biblia claramente enseña que todos los seres humanos que llegan al mundo, incluyendo los filósofos griegos, están iluminados por el Logos—entendido aquí como la "luz natural de la razón," ¡lo que por supuesto los estoicos y la teoría pagana de *a priori* habían dicho desde el principio! La interpretación de Justino mete la teoría de *a priori* al texto (=*eiségesis*) y luego lo exegeta según esa interpretación. Esto ignora la verdadera importancia del texto que dice que Jesucristo es el Logos, él es la luz que vino al mundo para iluminar a todo ser humano, pero el mundo no lo conocía (ver vv. 5 y 11). No una luz en cada ser humano, sino un mundo que rechazaba la luz (ver Juan 3.16-21; 12.35-50).

Uno de los apologistas más influénciales era Quinto Séptimo Florente Tertuliano (160-225). Era un abogado de origen pagano, se convirtió al cristianismo acerca del 195 d.C. De sus muchas obras todavía disponibles a nosotros, muchas muestran una paradoja: él parece rechazar y aceptar el paganismo a la vez. Es decir, por un lado retiene un sentido fuerte de antítesis, en otras palabras, de una oposición completa y radical entre el Reino de Dios y la influencia del diablo. "¿Qué tiene que ver Jerusalén con Atenas, o la Academia con la Iglesia?" pregunta él, diciendo que Platón es el padre de todo el error, y que la filosofía es la madre de la herejía. Para él, el cristianismo está servido mejor ignorando por completo la filosofía. Pero en el proceso de tratar de desarrollar su propia perspectiva cristiana sobre las cosas, ¡encontramos que él regresa a las categorías y patrones de pensamiento de los estoicos!

Todavía en Tertuliano vemos al apologista espontaneo, aunque también se está desarrollando una teología teórica en sus obras. Su ataque al paganismo es concreto y personal; en su ataque a la herejía deviene muy abstracto y pierde su enfoque confesional de los apologetas. Con toda certitud ha sido nombrado el "padre de la terminología teológica." Él latinizaba muchas palabras griegas y cuñó muchas otras.

Además, Tertuliano originó varias doctrinas teológicas, tales como la doctrina de traducianismo. Esta doctrina dice que en la concepción el alma se transmite al cuerpo por medio de los padres. Él postulaba esta teoría para estar consistente con la doctrina del pecado original. El traducianismo está contrastado con el *creacionismo*, en el contexto de la idea de que Dios crea el alma y la implanta en el cuerpo muy pronto en su existencia. Ambas posturas conllevan muchas dificultades, y no es de extrañar: ¡el problema es un pseudo-problema! Presupone una perspectiva griega dicotomista del alma sustancial en un cuerpo sustancial. No enseña en ninguna parte de la Escritura una doctrina que el alma y el cuerpo son dos sustancias. Las palabras bíblicas de "corazón," "mente" y "alma" jamás deben interpretarse en el sentido griego. (Esta cuestión no es tan medieval como puede parecer. En 1996 el Papa Juan Pablo II declaró, por un lado, que la evolución es "más que una mera teoría" y que es compatible con la fe cristiana. A la vez, en una carta a la Academia Pontifical de Ciencias, él reafirmaba la enseñanza del creacionismo de la iglesia diciendo que mientras el cuerpo pudiera evolucionar gradualmente, el alma "está creada de inmediato por Dios" en cada persona).

El deseo de Tertuliano de ser antitético debe ser comendado. Sin embargo, su manera de pensar ayudaba a poner la base para la mentalidad del escapismo del mundo, un tipo de gnosticismo. Como las fiebres matan al cuerpo, las herejías matan al alma. Las herejías se fomentan por filosofías que son la sabiduría del mundo. Por lo tanto, los cristianos deben retirarse del mundo. La vida cultural, el comercio, la política y las artes son sucios, manchados y el mero dominio del diablo. El mundo en sí es malévolo y debe ser evitado. Las últimas consecuencias dentro de la Iglesia de esta postura no bíblica eran el ascetismo y la vida monástica. Como dice Richard Niebuhr en su libro *Cristo y la Cultura*, esta mentalidad de "Cristo contra la cultura" desafortunadamente está con nosotros todavía hoy día.

GNOSTICISMO

En las primeras etapas de la historia de la Iglesia, apareció un gran peligro al Evangelio por medio del Gnosticismo. El Gnosticismo tiene muchas variedades, más de una docena de sectas rivales. Por lo regular está obsesionado con la maldad, que, según ellos, es inherente en la materia, y siempre enfatizan la *gnosis*, es decir, el conocimiento intelectual que es mucho más importante que una fe ineducada o las creencias. Los gnósticos que no fueron influenciados por el cristianismo, construían teorías o doctrinas parecidas acerca de la realidad como bases de un camino de "salvación" de este mundo. La astrología babilónica, la religión pérsica, los cultos de misterio de los griegos, el libro de Génesis, los diálogos de Platón y el estoicismo fueron considerados como fuentes de apoyo.

Las concepciones de gnósticos "cristianos" incorporaban varios temas bíblicos a conocidas fuentes orientales y helenistas. Por ejemplo, confundieron el Antiguo Testamento con el mito o el reclamo que el dios hebreo YWHW era el malvado demiurgo (creador), que la serpiente fue enviada a avisar a Eva de las decepciones de Jehová, y que el verdadero Dios sólo fue revelado en el Nuevo Testamento. Jesús era el Redentor porque vino desde el cielo con la *gnosis* (conocimiento) salvífica necesaria para fortalecer a los escogidos para su ascenso con el padre. Otros, que fueron convencidos que Dios no podría tener nada que ver con la carne mortal o con el sufrimiento, decían que el Redentor entraba a Jesús en su bautismo y salió en su crucifixión. De que el Salvador tuviera un cuerpo material fue para ellos inconcebible. La Iglesia combatía principalmente por medio de los padres de la Iglesia, Ireneo e Hipólito vigorosamente en contra del Gnosticismo.

Los Padres de la Iglesia

Ireneo (c. 140-202) e Hipólito (c.180-240) no eran estrictamente apologistas porque combatían en contra de las herejías más que en contra del paganismo. Ambos luchaban en contra del gnosticismo y ambos sentían que la fuente del problema con las herejías yacía en las especulaciones de la filosofía griega. La obra principal de Ireneo, *Tratado contra las herejías*, testifica con un sentido mucho más agudo de la antítesis que encontramos, por ejemplo, en Justino Mártir. Además, encontramos varios temas bíblicos tales como su énfasis sobre la unidad de la comunidad cristiana. Él fue quien introdujo el término "santa iglesia católica (universal)." El motivo base de creación, caída y redención se presenta por medio de su negación de materia pre-existente, de su negación que la materia es malévola y en su énfasis de la naturaleza radical de la caída. A pesar de estos temas firmemente bíblicos, la doctrina de *a priori* se mantiene en evidencia por medio de sus repetidas referencias a la implantación del *logos* divino a la mente humana. Otro grupo importante de los primeros líderes cristianos cuyo pensamiento de síntesis impactaba tremendamente la filosofía medieval posterior es la nombrada Escuela Catequética de Alejandría. Los personajes más renombrados de esa escuela eran Clemente de Alejandría (c. 150-213) y Orígenes (c. 185-254). Los pensamientos de Orígenes muestran definitivamente la influencia de Filón, de Platón y de los neoplatónicos. No había nada sutil acerca de la síntesis de Orígenes. Aunque este padre de la iglesia murió como mártir por su fe cristiana, la Iglesia del siglo VI condenaba sus teorías como herejías.

Muchos de los padres de Iglesia enfatizaban la realidad espiritual y el ascenso del alma a Dios. A la vez no estaban en contra de estudiar la cultura literaria del mundo antiguo. Por ejemplo, San Basilio (m. 379) en su "Discurso a los jóvenes", argumenta que como el alma es más preciosa que el cuerpo así también la educación debe prepararnos últimamente para la otra vida que es más preciosa que la presente. No obstante, porque los misterios de la Escritura son demasiado profundos para las mentes de los jóvenes, deben leer primeramente a los autores paganos para ejercer y preparar sus mentes. Después de todo ¿no aprendió Moisés de la sabiduría de los egipcios también? Por supuesto, los estudiantes tuvieron que cuidarse de leer sólo los pasajes que describían un comportamiento adecuado para los cristianos y no permitir que el lenguaje poético los llevara por un camino equivocado. Como los cristianos saben la meta de la vida, y con el apoyo del intelecto, tal como un capitán de barco, pueden dirigirse directamente al puerto seguro. El clasista cristiano Wendy Helleman explica la antropología de San Basilio:

> "El alma no puede ser esclavizada al cuerpo, sino por medio de la filosofía debe librarse del cuerpo, como si fuera librada de una prisión. Citando a Platón Basilio dice que el alma debe asistir al cuerpo sólo en cuanto el cuerpo pueda servirla en su búsqueda de la sabiduría, porque Pablo nos dice (Rom. 13.14) que no debemos hacer caso a los deseos del cuerpo. En cambio debemos concentrarnos en la purificación del alma (*psuche*) o mente (*nous*) para que pueda comprender la verdad y llegar al correcto auto-conocimiento".

La influencia de los patrones platónicos sobre el entendimiento de Basilio en cuanto a temas bíblicos es evidente en la diferencia entre esta vida y la próxima que él describe en términos de cuerpo y alma, o de sueño y realidad. El alma debe ser purificada por medio de analogías, de sombras o de reflexiones temporales mientras se prepara para mirar la fuente de la luz, es decir, la eterna verdad en sí. La meta de la educación es purificar el ojo del alma, la *nous*, que debe guiar al alma en su viaje a su destino en el otro mundo. Por este lado Basilio no hace excepción entre los padres griegos de la iglesia. Como Orígenes y Gregorio de Nisa, Platón no sólo era uno de los autores paganos que deben leer en las escuelas, sino en su búsqueda de la verdad él fue considerado como un aliado.

Entre los cristianos reformados, Agustín (354-430) es el padre de iglesia por excelencia. Juan Calvino, quien le cita a menudo, lo consideraba como un santo. Tal actitud no se equivoca. Sin duda, Agustín fue grande en el Reino de

Dios. Él luchaba con gran diligencia y poder en contra de todo tipo de herejía. La Iglesia fue edificada por medio de su obra.

Agustín nació en Tagaste, África del Norte y experimentaba años de mucha lucha como adolescente y joven. Un libro de Cicerón despertaba su interés en la filosofía, con el resultado que adhería sucesivamente a diferentes escuelas filosóficas paganas antes de llegar a ser cristiano en 385. Fue el obispo de Hipona en África del Norte, en donde pasaba el resto de su vida defendiendo la iglesia de herejías y produciendo escritos voluminosos. Sus *Confesiones* y *La ciudad de Dios* son los más famosos de estos. De una perspectiva filosófica podemos decir que de todos los padres de iglesia, él fue el más consciente del carácter integral del cristianismo. Mientras él se desarrollaba y maduraba, veía con más claridad el peligro de la síntesis, por lo tanto, su lucha para ser más antitético crecía. Él no sólo trataba de articular la diferencia y la relación entre el creyente e incrédulo, sino también empezaba a reconocer los elementos cuestionables en su propio pensamiento. En años posteriores él retractaba algunas de sus aseveraciones anteriores. Como tal, era una bendición tanto para la Iglesia como para el pensamiento cristiano por siglos. No obstante, aunque lo admiramos y respetamos, no podemos evitar la síntesis platónica que permeaba mucho de su pensamiento.

Agustín sigue el platonismo helenístico por medio de poner las Ideas, el mundo platónico de Formas, en la mente de Dios. Agustín creía que las Ideas eternas en la mente de Dios forman un patrón y diseño para toda la creación. A menudo se refiere a esta perspectiva como el "ejemplarísmo": la mente de Dios contiene el modelo (el ejemplar) por medio del cual todo (el *exemplata*) toma su forma. Esta teoría agustina, que es más bien platónica que bíblica, hizo mucho para iniciar nociones del "plan de Dios" y los "decretos divinos" dentro de la teología cristiana.

También Agustín fue influenciado fuertemente por el neoplatonismo. Por ejemplo, él ve la creación en términos de jerarquía, niveles de ser que abarcan desde el inferior (pura materia), al superior, desde lo temporal hasta lo eternal. Por ejemplo, para el neoplatónico Plotino la distinción entre el tiempo y la eternidad era fundamentalmente una distinción en la gran cadena de ser. En la jerarquía de la realidad, el tiempo es distinto de, pero a la vez dependiente de, la eternidad, tal como una imagen es distinto de, pero dependiente de su arquetipo. Para Plotino la eternidad llena la incambiable vida auto-idéntica de la Mente universal (de dios). El tiempo como su imagen permean la vida cambiable y sucesiva del mundo y lo que lo mueve. También para Agustín, la diferencia entre un ser duradero, incambiable y eterno, y una existencia temporal y cambiable, es una distinción en grados de ser. Para Agustín Dios es eterno porque es inmutable. Para Agustín el Ser Divino (como fue para Parménides, por ejemplo) es por definición incambiable y auto-idéntico. Por otro lado, la creación es temporal porque es mutable. Su existencia es una sucesión de momentos porque llegó a la existencia de la nada y constantemente tiende hacia la nada. Por lo tanto, su existencia es segura solo en cuanto depende del Ser incambiable, su Creador. Así, como los neoplatónicos, Agustín cree que la maldad es una negación, es decir, la ausencia de bondad.

La concepción de Dios de Agustín ilustra claramente esta síntesis con el neoplatonismo. Se podría decir que en sus escritos dos Dioses aparecen. Por un lado hay un Dios del pacto de la Escritura, el Señor y Creador quien ama a Agustín y a quien Agustín ama. Es el Dios con quien conversa Agustín, el Dios con quien luchaba Jacob en Jacob. Por otro lado, existe el UNO neoplatónico: un dios que es auto-idéntico, una esencia pura, el "ser" en un sentido absoluto. Agustín entromete este tipo de dios unificado matemáticamente en la Biblia, por ejemplo, en Éxodo 3.14: "Yo soy el que soy...y así dirás a los hijos de Israel: Yo soy me envió a vosotros." Según Agustín Dios muestra básicamente dos atributos: eternidad e inmutabilidad. Por lo tanto, él concibe a Dios como una sustancia eterna e inmutable. En la subsecuente Edad Media es fácil reconocer la teología agustina cuando hay descripciones de Dios como el "ser eterno e inmutable". Sin embargo, en sus años posteriores, su concepto pagano de Dios disminuía.

La epistemología de Agustín es completamente platónica. Él desprecia la experiencia de los sentidos porque solo produce conocimiento cambiable y sin valor. La razón es la función humana más alta y más confiable. Las verdades eternas sólo pueden lograrse por medio del intelecto. La epistemología de Agustín está orientada fuertemente hacia la teoría de *a priori*: a menudo cita a Juan 1.9, como lo hacía Justino Mártir. Agustín ampliaba la noción de la luz natural de la razón a una "doctrina de iluminación." ¿Cómo es que todos los seres humanos reconocen las verdades de matemáticas? Es por la luz iluminante de la sabiduría de Dios arrojada directamente a la mente humana. Aquí también vemos la influencia intelectualista de Platón y del platonismo.

Se deben mencionar varias cosas acerca de la antropología de Agustín. Los neoplatónicos creían que el alma humana estaba contaminada por el cuerpo. También, Agustín inicialmente creía que el cuerpo no sólo era inferior, sino malo en sí. Después de sus años como estudiante él tenía una opinión muy negativa particularmente acerca de la sexualidad humana, asociaba el deseo sexual con el pecado original. Pero muchos pasajes de la Escritura que se referían a la santidad del cuerpo después lo llevaron a modificar su opinión. No obstante, en todas las etapas de su vida él creía que el alma era racional y más cerca a Dios que el cuerpo. A la vez Agustín estaba en desacuerdo con la propuesta de que las almas de los seres humanos fueran auto-suficientes en su capacidad de tener acceso a la eternidad. Agustín insistía que debido a que los seres humanos son mortales y miserables, ellos ocupan a un mediador inmortal quien haya participado en su mortalidad, y por lo tanto, puede levantarlos a su propia inmortalidad.

Agustín también luchaba con el problema del traducianismo en contra del creacionismo. No podía llegar a una conclusión definitiva. Tendía hacia el traducianismo, porque explicaba mejor el pecado original. Su pleito con los pelagianos, quienes negaban el pecado original y afirmaban que la gente esencialmente por su cuenta puede justificarse, lo llevó a escribir extensivamente acerca de la naturaleza de la voluntad humana. Él dice que la voluntad fue creada libre, es decir, libre para rechazar a Dios. Pero después de la Caída la voluntad llegó a ser esclava a la pasión y requería la gracia para ser libre otra vez. Por lo tanto, la gracia libera a la voluntad para que esté realmente libre para amar a aquél quien la creó en un principio con el fin de amar. La consideración de Agustín de la cuestión del pecado y la gracia lo llevó a desarrollar una teoría elaborada de la predestinación. La gracia escogedora de Dios, eternalmente fijada en la Mente divina, es parte del plan eterno de la predestinación de Dios.

La antropología de Agustín refleja un tipo de teoría "macrocosmos-microcosmos", especialmente en su perspectiva de la imagen de Dios. Dios—el macrocosmos—se refleja en el ser humano—el microcosmos. Los seres humanos son creados a la imagen de Dios y en esta imagen son paralelos a la Trinidad: nuestra memoria es paralelo al Padre, nuestra razón y comprensión reflejan al Hijo como el *Logos*, y nuestra voluntad de amar es el fruto primicia del Espíritu. También Agustín erróneamente marca una distinción entre "imagen" y "semejanza" (ver Gn. 1.26). La "imagen," según Agustín, representa las cualidades intelectuales de memoria, comprensión y el amor hacia Dios, mientras la "semejanza" se refiere a cualidades "morales" tales como la justicia, templanza y bondad.

Su libro inmenso (1091 páginas) *La Ciudad de Dios* es una *apología* o defensa muy amplia en la cual Agustín pone el fundamento de una filosofía cristiana para la historia. Sus lectores originales eran los exiliados romanos, paganos y educados que llegaron a Cartago después del saqueo de Roma en 410. Eran muy orgullosos de su herencia romana y decían que la caída de Roma fue en parte la influencia del cristianismo. En la primera parte del libro Agustín repasa la historia de Roma para mostrar que la adoración de los dioses romanos ni edificaba un carácter moral ni garantizaba la seguridad nacional. Luego contrasta las enseñanzas cristianas de la vida eterna, la fe y la gracia con las ideas paganas de felicidad y las maneras de lograrla. Argumenta Agustín que la religión falsa de ellos está opuesta a la verdadera religión, es decir, el ordenamiento de esta vida bajo una dirección divina y una asistencia divina para poder disfrutar eventualmente la paz con Dios en la vida eterna; la verdadera religión es una vida de fe, esperanza y oración.

Agustín esboza esta radical, completa oposición o *antítesis*, por medio de utilizar la imagen de dos ciudades, la "ciudad de Dios" y la "ciudad de la tierra." El cuadro que él dibuja es de dos comunidades, dos sociedades, que abarcan todas las criaturas racionales, humanas y angélicas. Son comunidades religiosas, es decir, son caracterizadas por sus amores. La ciudad de la tierra ama a sí misma sobre todo y proyecta un disfrute de la bondad terrenal. La otra ciudad, la ciudad del cielo, ama a Dios sobre todo y subordina todo deseo al disfrute último de Dios. Como Teodoro de Bruyn explica:

> "Estas dos comunidades se mueven juntas a través del tiempo desde la Caída hasta el juicio final, pero debido a la diferencia de sus amores reflejan sobre su progreso de puntos de vista muy distintos. La ciudad de la tierra ha hecho de esta vida su hogar. Está conforme a disfrutar el bien de esta vida y cree que por medio de su propio esfuerzo puede lograr la felicidad en esta vida. Por otro lado, la ciudad del cielo, contempla esta vida como un exilio y anhela la próxima vida como su hogar. Espera la felicidad no del bien de esta vida, sino de Dios en la vida próxima y apela al apoyo de Dios para que pueda disfrutar de Dios para siempre. Por lo tanto, el tiempo es la escena de un gran drama en el cual los seres humanos tienen sus papeles, unidos en un compañerismo desde el momento en que Caín y Abel fundaron las dos ciudades en la tierra, guiados por la providencia de Dios a través de la prosperidad y la adversidad, y eventualmente reunidos con todos sus conciudadanos en el lugar de la vida eterna o en el tormento de la eterna condenación... Pero, por otro lado, esto significa que Agustín promueve una perspectiva de salvación de otro mundo que limita el papel del cristiano en el reino a un papel de un exiliado con mucha nostalgia". (58, 65)

En esta teoría la peregrinación de la ciudad del cielo es, a fin de cuentas, un mover ultra mundo por medio de una existencia cambiable de tiempo a la segura y estable existencia de la eternidad.

Para Agustín esta perspectiva de la historia no quería decir que los emperadores cristianos tenían garantizada la prosperidad en el mundo, y que los cristianos, lejos de gozarse de un milenio de paz, pueden asegurarse de problemas y persecuciones hasta el fin del tiempo. Agustín quiere responsabilizar a los seres humanos por la inquietud que sufren en la temporalidad. Sus deficiencias en su existencia temporal presente son el resultado de su rechazo de Dios en la caída. Así las dos ciudades no permiten una distinción fácil en el transcurso de la historia humana y no pueden ser identificadas con particulares instituciones históricas, por ejemplo con la Iglesia y el Estado. Hay incrédulos en la Iglesia y creyentes en el Estado. Sin embargo, Agustín sí reclamaba que el estado sólo puede llegar a ser cristiano cuando se sujeta a la guía y a la autoridad de la iglesia institucional, una idea que representa el inicio del punto de vista medieval del Sacro Imperio Romano.

Agustín reconocía que el pensamiento humano no es autónomo, sino que su dirección se determina por medio de la fe, sea cristiana y apóstata. No obstante, en vez de ubicar esta tesis en la dirección de una reforma de filosofía, él creía que la filosofía debe sujetarse a la teología para ser cristiana. La relación entre la filosofía y la teología llegó a ser un problema fuerte en la Edad Media. Según Agustín y otros teólogos medievales, porque la fe lleva al entendimiento, y la teología es el estudio de la fe, entonces la teología es obviamente la "reina de las ciencias". Las demás disciplinas son "siervas" de la teología. Esta idea todavía se expresa en círculos reformados. Esta noción viene de Aristóteles, quien nombró la teología metafísica la "reina de las ciencias," y que las otras ciencias, como esclavas de ella, no la pueden contradecir (ver Aristóteles, *Metafísica*, B,

996b10-15). Agustín lo expresaba con la expresión *crede ut intelligas* "creer para que puedas comprender".

La influencia de Agustín sobre la subsecuente Edad Media fue enorme. Él iniciaba lo que llegó a ser conocido como la tradición agustina. Esta tradición llevaba mucho de platonismo con ella. Pero no se puede concluir de esto que Agustín fuera casi un pagano. Lejos de ello, él repudiaba el politeísmo de Roma, desafiaba a algunas presuposiciones del platonismo de su época con enseñanzas cristianas como la creación, caída, encarnación, resurrección, gracia y fe. Sin duda, era el mayor de todos los padres de la iglesia, y debido a su obra, la Iglesia crecía y prosperaba y se mantenía segura en medio de un sinfín de herejías. Además, como hemos indicado, Agustín, más que cualquier otra persona de su época, entendió la naturaleza radical de la Escritura y enfatizaba la profundidad de nuestra caída en el pecado y nuestra desesperada necesidad de la gracia. Era un cristiano devoto que caminaba con el Señor. No debemos detenernos en reverenciarlo por su capacidad y sus logros. A la vez, no debemos cegarnos al impacto del paganismo, aun sobre una persona tan renombrada como Agustín.

Un comentario sobre diferentes tipos de síntesis (pasadas y presentes)

Cuando vemos la historia del pensamiento occidental y preguntamos cómo ha sido intentada la combinación de los patrones paganos de pensamiento y los temas escriturales, es posible discernir por lo menos tres "métodos" básicos. Porque la filosofía de síntesis permanece como una realidad entre cristianos aun hoy día, utilizar el tiempo presente no es inapropiado en esta pequeña digresión.

1) La manera más común en la cual los temas bíblicos se mezclan con los conceptos no bíblicos es el método de *eiségesis-exégesis*. Ya hemos mencionado este método en conexión con Filón y Justino Mártir. ¿De qué se involucra este método? Las palabras "eiségesis" y "exégesis" son derivadas de palabras griegas que quieren decir "llevar a" y "sacar de." De hecho, involucra inconscientemente meter dentro de la Escritura lo que no está allí, aun lo que está en conflicto con la Escritura. Entonces, cuando estos elementos extraños han sido metido al texto, están sacados otra vez y aplicados a la exégesis. Las ideas paganas filosóficas están metidas a la Escritura sin querer, de tal manera que parece que la misma Biblia las aprueba. A menudo los cristianos en su debate con los paganos dirían: "lo creemos, no porque ustedes dicen así, sino porque lo conocemos de la Biblia". En tales casos no estaban tratando no sólo de sintetizar lo que la Escritura revela, sino extraer—por capítulo y versículo, como dice la Biblia—una filosofía completa de la Escritura. Pero lo que realmente estaba pasado es que estaban haciendo explícito lo que era implícito a su comprensión antes de acercarse a la Escritura. No es difícil imaginar la tristeza interminable que puede producir este tipo de síntesis para la iglesia: los cristianos leen diferentes concepciones a la Escritura y consecuentemente chocan.

2) Un segundo tipo de síntesis es aquél de la *paradoja*. Este método es difícil de entender porque implica una contradicción al pensamiento de uno: a la vez, un punto de vista se acepta realizando que está en contra de la Escritura. En otras palabras, la síntesis *paradoja* cree en la Escritura— porque es la palabra de Dios—y en la filosofía actual— porque pues, la filosofía es filosofía, mientras reconoce que a veces estén en conflicto. Por lo tanto, la paradoja: tanto la Escritura como la mente pagana tienen la verdad. Algo si-

milar ocurre cuando un instituto pedagógico cristiano dice por un lado que hace todo para la gloria de Dios, y por el otro lado promueve una visión conductista de la cultura y dice, con B.F. Skinner, que está optimistamente convencido que todavía tenemos que ver qué es lo que el ser humano puede lograr por su cuenta. Por supuesto, esta postura es insostenible. Aun así constituye un mejoramiento del proceso eiségesis-exégesis, porque realiza que el pensamiento pagano no puede incorporarse simplemente, sin crítica, a lo que sabemos basado en la Escritura.

3) Un tercer tipo de síntesis o acomodo al pensamiento pagano se desarrolló calladamente durante los años que hemos comentado, aunque no salió a la luz antes del siglo VI. La nombramos la síntesis de *naturaleza/gracia*, por las razones que mencionaremos. Este tipo de síntesis no sólo preparó el camino para el escolasticismo medieval sino también producía las condiciones para un proceso de secularización que resultó en el triunfo del humanismo. Aun hoy la comunidad cristiana está plagada por los efectos de la mentalidad naturaleza/gracia. Cualquier dualismo sagrado/secular que se escucha hoy día tiene sus raíces allí.

529 los obispos de la iglesia se juntaron en el Concilio de Orange y articularon cánones condenando a un grupo nombrado los semipelagianos. Este grupo que anteriormente había condenado a los pelagianos (ver la discusión de Agustín) no creía lo que había dicho Agustín. Especialmente su perspectiva sobre la doctrina de la predestinación provocaba disensión. Este elemento crecientemente vocal en la Iglesia empezaba a reclamar que la Caída no corrompió por completo al ser humano. Un vigoroso oponente de Agustín, Juan Cassiano, escribió: "Por lo tanto, no se puede dudar que por medio de la naturaleza hay semillas de bondad implantadas en cada alma por el

bondadoso Creador" (*Colaciones*, Libro XIII, cap. 12). Sin embargo, al condenar a los semipelagianos, especialmente en dónde los cánones del Concilio tratan con el estado de la humanidad antes y después de la Caída, se utilizaron términos que distinguían y parecían diferenciar entre la "gracia natural" y la "gracia súper natural". Y una vez que se hace una distinción implícita entre la naturaleza y la supernaturaleza, se abre la puerta a un marco de referencia de naturaleza/gracia. ¿Cómo?

Por un siglo hubo una discusión extendida acerca de la naturaleza humana, tanto antes como después de la Caída. Así se preparó la mesa para la idea que la Caída hizo que el ser humano perdiera algo "supernatural". Sólo era una cuestión de tiempo antes de que "se determinaron" cuales atributos pudieran ser asignados a la "supernaturaleza" y cuales a la "naturaleza." Así vemos en efecto, que la antropología implicada por el Concilio de Orange presenta al ser humano como sigue: antes de la Caída el ser humano "natural" poseía una porción de lo "sobrenatural." Cuando cayó el "sobrenatural" se perdió, mientras su porción "natural" permanecía esencialmente intacta. Esta "naturaleza" común—debilitada por la Caída, no obstante presente en todos—todavía funciona normalmente bajo la guía de la "luz natural de la razón." Porque como *Aristóteles* había dicho hacía mucho tiempo: la "razón es la característica determinante del ser humano "natural".

Este punto de vista de la humanidad llega a ser la base del Escolasticismo. Según los escolásticos, hay dos áreas en la vida, es decir, la "naturaleza," que incluye, entre otras cosas, el estado, la sociedad, la filosofía, la "razón", la ley y las ciencias; luego está el área de la "supernaturaleza", que incluye la gracia, la Iglesia, la teología, la fe y la "religión." El tema de la naturaleza y la gracia considera la filosofía (pagana) como "natural," como una expresión del ser "natural," y por lo tanto, aceptable. Igualmente, la astronomía es astronomía y la zoología es zoología. Como consecuencia, por un lado no hay ninguna necesidad percibida para desarrollar una filosofía cristiana, y por otro normalmente hay una actitud receptiva a lo que se nombra la "teología natural".

La teología natural trata de conocer y describir a Dios por medio de la "razón", por medio de argumentos racionales, sin utilizar los "medios de la gracia", como es la fe o la Escritura. Los escolásticos medievales fueron muy adeptos al uso de la "teología natural". Podemos ver sus extensivos "pruebas de la existencia de Dios" y sus intentos lógicos de explicar y describir de doctrines tales como la Trinidad. Juan Calvino luchaba con la teología natural (ver *Instituciones*, I, 5, 9) y con mucha razón. Él afirmaba que no podemos razonar ni filosofar acerca de Dios, ni comprender su esencia: sólo podemos adorarlo. No obstante, en la teología reformada todavía existen claras huellas de tal "teología natural," como hay otras huellas definitivas de la mentalidad naturaleza/gracia, sagrado/secular en las vidas de los cristianos reformados.

No importa su método, la filosofía de síntesis, siempre es un *intento* combinado, como para juntar la arcilla con el fierro. El resultado siempre es un entrelazamiento artificial, una mezcla forzada de dos principios mutuamente exclusivos. Nunca puede resultar en un concepto completamente unificado. Una verdadera síntesis, en el sentido de una unidad completa, entre lo que saben los creyentes de la Biblia y los conceptos del pensamiento pagano, realmente es imposible. Para usar las palabras de Alvin Plantinga, en el mejor de los casos el resultado es un menjurje desintegrado.

En conclusión:

Las luchas y herejías de la iglesia primitiva fueron causadas por síntesis. Por ejemplo, algunos de los primeros cristianos favorecían una postura monista, otro una dualista. Como hemos visto antes, este dilema no tiene nada que ver con el cristianismo. Los cristianos no pueden ser ni monistas ni dualistas, ni universalistas ni individualistas, ni subjetivistas ni objetivistas. Aun así los padres de la iglesia peleaban entre sí acerca de estos patrones de pensamiento.

Otro ejemplo es la lucha acerca de la Trinidad. Por ejemplo, algunos cristianos quienes fueron orientados hacia un monarquismo aristotélico, vieron a Dios el Padre como el "siempre más allá", el intocable, ni aun Jesucristo podía tocarle—de hecho le consideraban a Jesús como un mero humano dotado con un espíritu pensante supra-personal. Otros cristianos, orientados hacia el monarquismo platonizante, vieron la unidad del Padre, Hijo y Espíritu en el dios de Aristóteles, y la distinción de personas en los procesos pensantes de la Mente Universal. Tremendas batallas seguían. Además, algunos cristianos identificaron a Jesucristo con el *logos* estoico, o con la mente neoplatónica del Uno. Los variantes de estos y otros temas parecían interminables.

Ya nos hemos familiarizado con la situación en la iglesia primitiva. Hemos visto que el paganismo y la apostasía llegaron a infectar el mensaje cristiano. Hablando humanamente, la iglesia cristiana parecía un caso perdido. Hasta hoy día parece igual. ¡Fíjate en la irrelevancia e impotencia del cristianismo en nuestro mundo moderno humanista! Tal vez existe, pero ¿qué significado tiene? Muchos cristianos presumen una mentalidad de síntesis. Demasiado de nuestro pensamiento es completamente secularista. Parece que los que luchan por el bienestar de la iglesia cristiana se han equivocado.

La síntesis sólo ha causado a la iglesia cristiana puros problemas. Sería bueno reflejar sobre esta situación de la iglesia primitiva, y sobre el hecho que los cristianos, todos que creen en la Biblia, pudieran divergirse tanto sobre tantos asuntos simplemente porque sintetizaron. El poder reformador y renovador de la Palabra de Dios pocas veces se aplicaba al pensamiento filosófico durante estos años tempranos. Una reforma interior del pensamiento occidental no ocurrió, ni se desarrolló una mentalidad cristiana, para decirlo de otra forma. En vez de esto, el poder renovador fue minado y diluido por medio de una aceptación de construcciones no cristianas. La síntesis siempre rompe el poder de la Iglesia.

Aquellos que seriamente quieren promover la unidad de la Iglesia y llevar a cabo la tarea ecuménica no deben sacrificar la verdad por causa del amor. En vez de decir, "vamos a ser amigos y olvidar acerca de cuestiones doctrinales y credos", debemos unirnos a combatir la influencia de las ideas no bíblicas y no cristianas que han infiltrado nuestras mentes: "No se amolden al mundo actual, sino sean transformados mediante la renovación de su mente. Así podrán comprobar cuál es la voluntad de Dios, buena, agradable y perfecta", (Rom. 12.2). A la vez, tenemos que recordar que en hoy día, como en los tiempos antiguos, Jesucristo gobierna su Iglesia. Él ya ha logrado la victoria por nosotros, a pesar de nuestras debilidades, pecado y síntesis. Y es como respuesta a su llamado victorioso que debemos levantarnos y llevar a cabo nuestra tarea en su Reino.

3. El escolasticismo en la Edad Media

Introducción

La filosofía de la Edad Media (aprox. 500-1300) se caracteriza por el Escolasticismo. ¿Qué significa esto? El escolasticismo incorpora el pensamiento de los padres de la iglesia a los libros estándares y a los materiales didácticos. En otras palabras, los escritos de la iglesia primitiva adquieren un carácter didáctico, pero también sacrosanto. Como materiales didácticos, las obras de los padres de la iglesia y los filósofos paganos llegan a ser estándares *juntamente* con la Escritura. Esta situación requiere cierta cantidad de reflexión: ¿qué ocurre cuando la Palabra de Dios está tratada al nivel de un texto de estudio?

Tenemos que observar el contexto histórico. El mundo romano había desintegrado. Los bárbaros habían vencido a la sociedad y a la cultura. No obstante, los monasterios lograron salvaguardar libros. Estos libros—tanto paganos como cristianos—llegaron a ser la fuente de autoridad. Fueron coleccionados, compilados y estudiados con un cuidado extraordinario. En dónde los textos mostraron las diferencias en opinión, intentaron armonizarlos. Los eruditos medievales escribieron comentarios extensivos. Es fácil ver por qué la Edad del Escolasticismo a veces se llama la Edad de los Escolares.

Por supuesto la iglesia tenía su sede en Roma, pero se estaba estableciendo en todo el mundo en dónde tomaba el papel de custodio de la civilización occidental. La iglesia institucional casi dominó por completo la vida humana por un milenio. Seerveld describe cuán endeudadas estaban las personas.

"Los cultos de Navidad o la Semana Santa en una catedral de los siglos XII y XIII—una elevación tremenda en el interior, estatuas masivas de piedra, vestimentas bordadas en oro en las procesiones, con incienso, vitrales coloreando la luz, música meliflua e inquietante que crecía en el momento culminante de la hostia levantada y la celebración de la misa, el lugar atestado de todos los vecinos— representaba, por medio del encantamiento, el poder y la gloria para siempre y siempre de la iglesia. Sólo sus ritos sacerdotales garantizaban, como persona, una eternidad celestial; por lo tanto, estabas sumamente endeudado a ella. Y fue esta iglesia "Madre" que dio su bendición oficial y extraoficialmente, al hábito de suplementar la filosofía platónica con las percepciones de la revelación supernatural". (Seerveld, 1975, p. 277)

Con el sello de aprobación de la Iglesia, juntando los patrones de pensamiento de las mentes paganas con las verdades de la Escritura, llegó a ser el método incuestionable de los líderes preparados: reforzar los depósitos teológicos de la Iglesia por medio de combinarlos con los resultados más viejos (y en sus mentes más autoritativas) de la "razón natural" para llegar a una síntesis cumulativa y definitiva del conocimiento verdaderamente más confiable en todos los asuntos. Este espíritu dominante formaba la mente escolástica que controlaba el mundo occidental sin rival hasta el tiempo de Guillermo de Occam y la Peste Negra de 1348-1350.

Podemos distinguir tres periodos: el crecimiento, la cumbre y disminución del Escolasticismo. Trataremos a estos tres periodos en tres subsecciones.

El crecimiento del Escolasticismo

El periodo patrístico, mencionado anteriormente, se caracterizaba por una síntesis del cristianismo con toda clase de filosofías paganas. Sin embargo, una tendencia general manifestó que afectaba a toda la Edad Media. Esta tendencia consistía de una influencia predominantemente platónica (y neoplatónica). Por ejemplo, Agustín había sido influenciado fuertemente por el platonismo. Mientras, los padres de iglesia habían articulado, muchas veces y en gran detalle, sus posturas teológicas. En su lucha con las herejías, la Iglesia había adoptado cánones y credos, muchos de los cuales llevaban un sello claramente platónico. Mientras iniciamos nuestro estudio del escolasticismo, es importante recordar que la teología cristiana en ese momento tendía hacia el platonismo. Como veremos, cuando reviven al aristotelismo, un conflicto emerge no sólo con el dogma cristiano, sino también con el elemento platónico con el dogma. Es lamentable que esta situación complique seriamente el estado de la teología.

Hay algunos personajes importantes en este periodo inicial del escolasticismo que merecen nuestra atención.

Boecio (480-525)

Se han dicho que Boecio "era el último romano y el primer escolástico." Tuvo problemas con el emperador y después de un largo tiempo en la cárcel fue ejecutado en 525. Mientras estuvo en la cárcel, escribió su famosa *Consolación de la filosofía*. Sus reflexiones en esta obra se basaban en la convicción que conforme al nivel de espiritualidad de uno (es decir: la mayor capacidad mental que tenga uno), mayor es su consolación y libertad (de la naturaleza, el dolor y la maldad).

En sus escritos Boecio promovía las teorías platónicas de dios, la felicidad, la constitución del mundo y el concepto estoico de la naturaleza, la ley natural, el destino y la providencia. Se ven también tendencias aristotélicas. Se debe notar que durante el tiempo de Boecio la mayoría de los escritos de Aristóteles no estaban disponibles. Las obras de Platón sí fueron bien conocidas, aunque fueron escritos en griego como las de Aristóteles. El plan de Boecio fue traducir al latín todas las obras de Platón y Aristóteles porque estaba convencido que ambos estaban básicamente de acuerdo. De los libros de Aristóteles sólo el libro Órganon, sus escritos sobre la lógica, fue traducido, y sólo una parte de *Timeo* de Platón llegó al latín. (Y, por supuesto, lo que la gente no puede leer pronto lo ignora).

Boecio escribió un tratado pequeño sobre la Trinidad. En esta obra él explica la naturaleza de la Trinidad en términos estrictamente aristotélicos. Es un buen ejemplo de la síntesis escolástica y de la teología natural: se describe a Dios como la "Forma pura." El Dios de la Escritura se pierde totalmente en tal descripción.

Por mucho tiempo se consideraba a Boecio como el "maestro de la Edad Media." Sus traducciones de los textos clásicos de griego a latín, y sus escritos sobre la lógica, la aritmética y la música se usaban por siglos como manuales de instrucción en las nombradas "artes liberales."

Anselmo de Canterbury (1033-1109)

Se ha dicho que Anselmo era el "Padre del escolasticismo." Fue nombrado arzobispo de Canterbury (Inglaterra) y trataba de preservar una vida eclesiástica sana.

Anselmo era un pensador agustino. Aun su estilo de escribir muestra la influencia de Agustín. También pensaba conforme al patrón de Platón. Por ejemplo, él creía en la teoría de las Ideas. No obstante, las Ideas no están ubicadas en otro mundo no cambiable y eterno, sino, como en el caso de Agustín, en la "mente" eterna de Dios.

Anselmo se conoce más por su nombrado argumento ontológico. Este argumento supuestamente prueba la existencia de Dios. Como Agustín, Anselmo creía que la fe lleva al entendimiento (ver la cita adelante). Anselmo entendía que esto quería decir que era la tarea del creyente probar intelectualmente los misterios de la fe. Esta expectación explica el deseo de buscar maneras, de parte de muchos teólogos medievales, de "comprobar" la existencia de Dios. De tales pruebas, el argumento ontológico de Anselmo es uno de los más discutidos. De hecho, los filósofos hoy día todavía están debatiendo la validez del argumento.

El argumento en sí es muy breve. "Dios es el ser del cual nada puede ser concebido mayor. Por lo tanto, Dios existe." Es decir, si Dios no existiera, no podríamos concebir de un ser mayor, o sea alguien que sí existe. Un ser que existe es siempre mayor que un ser que no existe, no sólo en la mente de uno sino mucho más en la realidad.

Aun en el tiempo de Anselmo su argumento encontraba mucho debate. Diríamos más sobre estas pruebas de Dios cuando hablamos de Tomás de Aquino.

Una cita representativa de Anselmo:
"Reconozco Señor y te doy las gracias que tú has creado tu imagen en mí, para que yo pueda recordarte, pensar en ti y amarte. Pero esta imagen es tan desgastada y acabada por el vicio, tan oscurecida por el humo del pecado, que no puede hacer lo que fue diseñado hacer a menos que tú la re-

nueves y la reformes. No intento, Señor, lograr tus alturas porque mi comprensión en ninguna manera es igual a ellas. Pero sí deseo comprender tu verdad un poco, esa verdad que mi corazón cree y ama. Porque no busco comprender para creer, sino creer para que pueda comprender. Porque también creo esto, "a menos que crea, no puedo comprender".

"Ahora sí... Dios es aquel del cual nada mayor puede ser concebido. Quien cree esto realmente comprende claramente que este mismo ser existe que ni aun en el pensamiento no puede no existir. Por lo tanto, cualquiera comprende que Dios existe de tal manera no puede pensar en él como si no existiera.

"Doy gracias, buen Señor, te doy gracias a ti, porque lo que yo creía antes, por medio de tu dádiva gratuita, ahora comprendo por medio de tu iluminación, que si yo no quisiera creer que no existieras, no obstante, no pudiera no entenderlo...". *Proslogion*

En este primer periodo del Escolasticismo vemos varias concepciones paganas sintetizadas con el cristianismo. Anota que la historia del pensamiento occidental presenta un cuadro de corrientes y tipos. Acuérdate que estamos concentrándonos sólo en unos pocos individuos que representan tales movimientos. Esta investigación sólo presenta una pequeña parte de la historia del pensamiento.

Otro punto es que a través de la primera parte de la era escolástica ocurre una solidificación del tema naturaleza/gracia. Como crecía más y más la influencia aristotélica, más se solidificaba este tema. La noción que la filosofía (incluyendo la teología natural) pertenece al nivel menor de la naturaleza, mientras la "teología revelada" pertenece al nivel mayor de la supernaturaleza, amarra más y más la mente escolástica.

El apogeo del escolasticismo

El periodo del apogeo del escolasticismo (1100-1300) se hizo notorio por la invasión de las filosofías judía y musulmana desde el norte de África hacia Europa vía España. Hasta ese entonces el platonismo había sido el factor más influente en el pensamiento medieval. La mayoría de las obras de Aristóteles fue desconocida al Occidente latino. Sin embargo, los árabes habían obtenido estas obras perdidas, las tradujeron y las absorbían en su pensamiento musulmán. Mientras, los musulmanes andaban en la conquista y adquirieron España. De allí era fácil que una filosofía musulmana, bien desarrollada, llegara al resto de Europa.

Los contactos filosóficos no fueron logrados por medio de las Cruzadas. Los personajes de las cruzadas eran los caballeros, los soldados y los comerciantes que no tenían muchos antecedentes filosóficos o teológicos. Más bien, la invasión del pensamiento islámico se debía a los jóvenes de la Europa occidental quienes fueron a España para aprender lo novedoso en las tendencias intelectuales.

Se deben notar dos puntos. Primero, tenemos que recordar que la mayoría del aristotelismo que entró al Occidente en ese entonces, entró en una forma de una mezcla filosófica islamista-griega. Entonces, junto con Aristóteles vino una interpretación islámica de Aristóteles. Podemos mencionar que también habían traducido a Platón al árabe. Es evidente también su influencia en la filosofía musulmana.

Segundo, cuando los pensadores cristianos supieron que los árabes también utilizaban la filosofía griega, les fortalecía su creencia que la filosofía griega fuera la universal y perfectamente natural manera de pensar. Ellos concluyeron que toda la verdadera filosofía es filosofía griega. Como resultado el marco naturaleza/gracia llegó a ser más arraigado en el pensamiento medieval.

El conflicto entre el aristotelismo y el platonismo llegó a su punto de confrontación en la era de los maestros escolásticos. La mayoría de los teólogos querían mantenerse ortodoxos en su teología y tuvieron que rechazar ciertos temas paganos o adoptar posturas extremas tales como la teoría de la "doble verdad" de los nombrados Averroístas latinos. La teoría de la "doble verdad" hizo una distinción muy tajante entre la fe y la razón, permitía que el creyente pudiera mantener doctrinas que el filósofo tenía que negar. Refleja una postura paradójica sintética.

Los escolásticos a menudo fueron orientados hacia un universalismo parcial. Además, sus concepciones eran dualistas. Por ejemplo, su dualismo consistía de una perspectiva de Dios como una forma trascendente y pura, y un mundo material no trascendente. A veces las nociones de forma y materia fueron consideradas como dos constituyentes eternas que determinaban toda la realidad. Este dualismo en el pensamiento escolástico va de la mano con una tendencia de considerar la génesis sólo como un aspecto de la estructura. Se puede preguntar, ¿no creían los escolásticos en la creación, y por lo tanto no estaban preocupados con su origen? Sí, creían en la creación como acto de Dios como está revelada en la Escritura, pero restringía el tema de creación a la idea de estructura. Ellos creían que el acto de la creación habla acerca de la estructura de la realidad y nada más. Si Dios empezara algo y luego lo parara sugiere que él cambia y él no cambia. El mundo como está ahora no puede y nunca aparecerá como algo diferente.

El hecho que el pensamiento escolástico estaba lleno de problemas paganos creaba una situación enormemente tensa. Los juicios de herejías en la Edad Media fueron sólo un resultado. La tensión entre el poder Palabra-revelación y el intento de la filosofía pagana de restringir ese poder hacía mella a través de todo el establecimiento teológico y filosófico. Los efectos de esta situación se sentían en todos lados, también en las perspectivas distorsionadas de la relación entre el papa y el emperador, la Iglesia y el estado. Una vez más la síntesis sólo trae dolor.

Veremos a algunas de las figuras más importantes de este periodo.

La filosofía islámica y judía

Ninguna historia del pensamiento occidental puede dejar de mencionar los grandes pensadores árabes quienes sintetizaron los sistemas griegos con los del Islam y luego pasaron los resultados al Occidente latino. Hay dos personas en especial que son de primera plana, Avicena (siglo XI) y Averroes (siglo XII). Estos dos hombres ejercieron una influencia poderosa sobre el escolasticismo. Ambos, Avicena y Averroes eran monarquianos. Sin embargo, difieren en que el monarquismo de Avicena es de Platón, pero él de Averroes no lo es. Esta diferencia se manifiesta en que Avicena aceptó el tema neoplatónico de emanación, mientras Averroes lo rechazó. El carácter platónico del pensamiento de Avicena lo hizo más aceptable al occidente latino que Averroes—acuérdense de la influencia platónica sobre las primeras teologías medievales. Sin embargo, a lo largo, tuvo la mayor influencia Averroes.

Los filósofos judíos, tal como los pensadores islámicos, trabajaban duros para reconciliar sus argumentos con su fe. Para los judíos eso quería decir que su filosofía tenía que cuadrarse con lo que decía el Antiguo Testamento y su "guía de estudio", el Talmud. Moisés Maimonides era un contemporáneo de Averroes y uno de los grandes pensadores medievales judíos. Su libro, la *Guía de los perplejos* fue escrito para ayudar a la gente a armonizar la razón con su fe. Cuando no le parecían las cosas, urgía a sus lectores a interpretar lo que creían alegóricamente: porque entonces se encuadraría con lo que el gran maestro Aristóteles había escrito ya hace mucho tiempo. Los eruditos judíos conservadores pronto le nombraron a Maimonides hereje, pero eso no le impedía influir a eruditos cristianos, el mayor de ellos fue Tomás de Aquino.

Buenaventura (1221-1274)

En un sentido Buenaventura era un pez raro en el charco escolástico. Sí era escolástico, por supuesto, no obstante nos llama la atención—más o menos inconscientemente—para combatir la síntesis naturaleza/gracia. Aunque no podía librarse completamente de esa mentalidad, su énfasis sobre la fe tendía a contra oponer el trabajo de su contemporáneo Tomás de Aquino. Buenaventura sostuvo, que la fe determina el contenido del conocimiento. Él negaba la autonomía del pensamiento filosófico y a la vez cuestionaba seriamente el uso de la filosofía aristotélica. De hecho, él pensaba que ninguna filosofía pagana podría describir el área de la naturaleza. Él adoptó esencialmente la postura de Agustín. No obstante, como en el caso de Agustín, Buenaventura no podía ver que la filosofía como filosofía ocupaba una reforma interna. En vez de esto, él mismo también teologizaba la filosofía, es decir subordinaba la filosofía a la autoridad de la teología y le dio un contenido teológico.

Podemos comprender la oposición de Buenaventura a la influencia aristotélica monarquita cuando nos damos cuenta que su postura filosófica fue una con el semi-misticismo. El semi-misticismo simplemente quiere decir que (la parte más alta de) el alma humana tiene que lograr una unión mística con el *Logos*, con Jesucristo en el caso de Buenaventura.

Por otro lado, la filosofía de Buenaventura difería de la de Tomás por medio de su entendimiento de la estructura del ser humano. Buenaventura creía que no somos solamente una combinación unificada de materia y forma, sino que tanto el alma como el cuerpo están compuestos de forma y materia—en otras palabras, un tipo de un dualismo doble. De alguna manera misteriosa la sustancia-alma (compuesto de forma y materia) y el cuerpo-sustancia (compuesto de forma y materia) se mantienen juntos. Alberto el Grande y Tomás de Aquino negaban cualquier tipo de doble composición y decían que el ser humano es una unidad que consiste de forma y materia. Es difícil ver como tal unidad de dos elementos constitutivos puedan existir, y durante la Edad Media este asunto era un tema de debates feroces. Por supuesto, es claro que el debate es sencillamente pagano en carácter.

Alberto Magno (1206-1280)

La vida de Alberto Magno se extiende por casi todo el siglo XIII. Aun en su vida fue reconocido como una persona de muchísimo conocimiento. Sus escritos son importantes no sólo para la historia de la teología y filosofía, sino también para las ciencias, especialmente para la botánica y la zoología.

Alberto adoptó y defendió abiertamente lo escritos recientemente redescubiertos de Aristóteles. Debido al gran respeto que tenían los medievales hacia "Alberto Magno," como le nombraban, su actitud hacia Aristóteles hacía que ese filósofo griego penetrara al pensamiento medieval. Por supuesto, Aristóteles no podía ser tan malo si Alberto lo recomienda. Tomás de Aquino simplemente se referiría a Aristóteles como el "Filósofo".

Alberto Magno era uno de los primeros medievales que trazó una línea clara entre la teología y la filosofía. Su distinción refleja el alcance que el marco naturaleza/gracia había amarrado en el pensamiento de la Edad Media. Para Alberto la teología trabaja con la materia derivada de una revelación especial, mientras la filosofía dependía solamente de la nombrada "razón sola", es decir la razón sin el apoyo de la fe.

Tomás de Aquino (1225-1274)

Tomás de Aquino, el estudiante ilustre de Alberto Magno, puede ser considerado correctamente como el decano del escolasticismo. Sin duda este monje era el más significativo e influente de todos los teólogos medievales. Enseñaba en Francia e Italia. Su obra completa en latín abarca veinticinco volúmenes.

El tema de naturaleza/gracia llega a su expresión más articulada en la filosofía de Tomás Aquino. Para Tomás, la caída no es radical: no afecta la imagen de Dios en el ser humano, sino sólo remueve lo parecido de Dios en ciertos dones supernaturales. Básicamente la naturaleza humana se debilita por medio de la caída y desde entonces está dirigida por una "ley natural" o común y por la "luz natural de la razón". El cristianismo, la Biblia, la fe, la Iglesia son asuntos agregados (un *donum superadditum*). El ser humano natural no es un ser radicalmente caído como Pablo dice, sino un ser imbuido con "razón". Este don natural es el mismo para toda persona, y por lo tanto, es la base de todas las áreas comunes, autónomas ("naturales") de la vida. Como consecuencia la antítesis radical a menudo está ausente en el pensamiento de Tomás.

Implícito en este esquema naturaleza/gracia es la posibilidad del secularismo. Si es cierto que hay un reino entero de "naturaleza" y si esta "naturaleza" posee una cantidad de autonomía, entonces ¿cuál es el problema si el área de la naturaleza vuela solo? ¿Cuál es la necesidad que tiene esta área para la teología y la Iglesia? No hay ninguna razón en sí que las grandes áreas de la vida no pueden ser seculares, libres del control de la Iglesia y libres de la autoridad de la Palabra de Dios. Este proceso de secularización empezó a aparecer después de Guillermo de Occam.

Por supuesto, Tomás quería mantener juntas las dos áreas de naturaleza y gracia. Como dijo en su *Summa Theologica* (I, 8, 2): "La gracia no invalida la naturaleza, sino la perfecciona". La gracia se edifica sobre y presupone a la naturaleza. La naturaleza es básicamente excelente y buena en cuanto a su capacidad, pero no puede llegar a la totalidad de la experiencia humana. No puede llegar a un punto de competa realización en lo que busca. Es "imperfecta" en el sentido latín, es decir, incompleta o no terminada. Tiene que ser perfeccionada o completada por la gracia. Él escribe en otras partes, "Los dones de la gracia se suman a los de la naturaleza de tal manera que no destruyen a la naturaleza, sino la perfeccionan. Por lo tanto, también la luz de la fe, que está gratuitamente infundida en nuestras mentes no destruye la luz natural del conocimiento". Según Tomás la vida cristiana es el cumplimiento del orden natural, es el término del "deseo natural de conocer" manifestada en la herencia clásica filosófica.

El poder de la Iglesia podía mantener estos dos reinos, el natural y el supernatural, juntos a fuerzas por un tiempo, hasta que por fin la oposición llegó a ser demasiado fuerte y el proceso de la secularización comenzaba. Debemos notar que este proceso en un principio era algo bueno: la Iglesia institucional había usurpado demasiado poder y había creado una sociedad eclesiástica. La secularización empezaba a corregir esta situación distorsionada, pero se equivocó cuando empezaba a retirar áreas enteras de la vida no sólo del control de la Iglesia institucional, sino también de la autoridad de la Palabra de Dios.

El tema de naturaleza/gracia llega a su máxima expresión en su relación entre la fe y la razón. Anota que la ecuación naturaleza/gracia=razón/fe no es correcto: la razón se usa en ambas áreas, tanto en la filosofía como en la teología. No el uso de fe y razón, sino su fuente y punto de inicio que las distingue. Por medio de la razón conocemos "naturalmente." Decía la Iglesia que la razón empieza con los "principios naturales" tales como la ley de la no contradicción. Por otro lado, la fe nos da un acenso a lo que se conoce como lo "supernatural", a aquel que se conoce por revelación. Para decirlo de otra forma, la razón afirma lo que puede ser demostrado sin la Escritura; la fe afirma lo que se da en la Escritura. La diferencia entre estos dos reinos es aun evidente hoy día en los títulos que las universidades expiden. En aquel entonces cuando fuiste a una universidad tuviste una carrera en teología o en filosofía (que incluía *todas* las otras disciplinas no teológicas). Hoy día puedes recibir un Th. D. (doctor de teología), o un Ph. D. (doctor de filosofía).

El carácter insidioso de esta distinción. La autoridad de la Biblia, la Palabra de Dios, está limitada a un área de fe, de teología y de la Iglesia. "La Razón" es la autoridad principal en la "esfera natural". Es precisamente esta distinción escolástica que ha llevado a la impotencia del cristianismo de hoy día. El área de la política, el trabajo, la ciencia, la industria de la tecnología y el comercio, todos son del área de la "naturaleza", áreas "neutrales" en donde la antítesis supuestamente no se manifiesta. Presumiblemente el cristianismo es un asunto de fe, valores y moralidad, de vivir una vida decente y asistir los cultos de iglesia. Aquí se ve otra vez el esquema de naturaleza/gracia. Si el cristianismo va a sobrevivir en nuestra tierra debemos rechazar pronto este tipo de mentalidad y empezar a ver que Jesús es el Rey de reyes. Este reinado incluye las actividades culturales, no sólo la moralidad y las actividades de la iglesia. Es de una urgencia crítica que la comunidad cristiana confronte con una voz al mundo humanista con el pleno poder de la Palabra de Dios.

La distinción tomista entre la fe y la razón nos ha dado, entre otras cosas, una noción pervertida de la verdad. Esto sí involucra una situación bastante compleja, aunque su esencia es bastante sencilla. Había dicho Tomás que la fe da consentimiento a las cosas dadas, los "datos" de la revelación. La teología es el arreglo sistemático de tales "datos." Este método reduce la Escritura a una simple colección de "datos", de proposiciones que pueden ser manipuladas teóricamente. Pero la Palabra de Dios no es un conjunto de proposiciones lógicas, sino un poder que domina nuestros corazones y nos da la vuelta. La Palabra de Dios también se revela en la carne, Jesucristo revela la voluntad de Dios para la humanidad y exige que obedientemente doblemos la rodilla delante de él. Similarmente, la verdad principalmente no es lo que puede ser afirmada o negada lógica o proposicionalmente, sino es una estabilidad fiel y duradera, consistente y fielmente manteniendo momento por momento por Dios y por medio de Jesucristo. La *verdad* es últimamente la confiabilidad y fidelidad de nuestro Padre, no la coherencia lógica de todos los pensamientos de Dios juntos, ni la correspondencia de los pensamientos humanos con los de él. Debido a las influencias escolásticas hemos perdido de vista este significado de la verdad. A la vez, hay que ceder la cuestión de la verdad, en el sentido de "hacer lo correcto en cuanto a los reclamos cognitivos", es y permanece como un problema filosófico para que los filósofos cristianos lo consideren.

Como es de esperar, Tomás Aquino se profundiza en las áreas de la "teología natural". Sus pruebas de la existencia de Dios muestran su deseo de acercarse a Dios por medio de la luz natural de la razón. Tomás rechaza el argumento ontológico de Anselmo, y, en vez de esto, postula sus nombradas pruebas "cosmológicas". Brevemente las pruebas van así:

Hay movimiento. Todo movimiento tiene su causa. Por lo tanto hay un primer movedor quien es Dios.

1. Los eventos son causados por otros eventos. Debido a que no es posible una cadena infinita, tiene que haber una primera causa, que es Dios.

2. El mundo es un mundo contingente: fácilmente pudiera no haber existido o puede que no existiría mañana. Una serie infinita de eventos contingentes no es posible, porque eso hubiera dejado sin explicación por qué algo existe en sí. Por lo tanto, tiene que existir alguien que empezó todo, y ese es Dios.

4. Alrededor de nosotros vemos grados de bondad, belleza, etcétera. Tales grados presuponen un estándar último, que es Dios.

5. Hay diseño en el universo. Hay una fuente inteligente que regula los diferentes procesos ordenados, o todo depende del azar. Confiando en el azar no es satisfactorio, entonces hay una fuente inteligente, quien es Dios.

Estas pruebas han sido sujetadas a mucho análisis y discusión. Para nuestros propósitos basta decir que tenemos que rechazar una accesibilidad a Dios por medio de un argumento lógico. Dios no es el objeto de análisis. Dios es nuestro Padre a quien llegamos a través de Jesucristo. Las pruebas tomistas no prueban la existencia de nuestro Señor Padre, sino muestran a un dios aristotélico, un movedor inmovible. Con los atributos tradicionales de la sencillez, impasibilidad, inmutabilidad y eternidad, su concepto de Dios parece ser más de los griegos que de la Biblia. Tal movedor inmovible es una construcción lógica, una conclusión basada en la premisa que la inmutabilidad y la inmovilidad son divinas.

Un tema diferente es el pecado en la teología y la filosofía medievales. El concepto del pecado en la Edad Media se derivó mucho del neoplatonismo. Acuérdate que Plotino había construido un jerarquía de ser con el UNO más arriba, y la materia (no ser) más abajo. Esta cosa, la materia, decíamos, era el principio de la imperfección y la maldad. Esta misma noción fue llevada a la teología medieval y resultó en la idea de que la maldad es la ausencia de la bondad, una privación, un *privatio boni*. También Tomás adoptó esta postura. Es obvio que esta perspectiva del pecado como una privación es pagana y completamente no-bíblica. El pecado es un poder apóstata y parasítico que tiene que ser confrontado. Es una privación sólo en el sentido que constituye una alienación de Dios. Pero eso no es lo que los escolásticos tenían en mente.

Sólo hemos tocado brevemente unos puntos del pensamiento de Tomás. Tomás Aquino representa el pináculo de escolasticismo. Hoy día estamos asustados con el neo-ortodoxia y la teología liberal y con razón. No obstante, muchas veces tendemos a pasar por alto el hecho que nuestro problema principal no es el crecimiento de la teología liberal, sino el escolasticismo. Mientras pensamos dentro de un contexto escolástico, la comunidad cristiana continuará siendo más impotente e irrelevante.

Duns Escoto (1266-1308)

Duns Escoto (nacido en Escocia) fue el último de los grandes escolásticos. Ya en su pensamiento podemos detectar una tendencia crítica que presagiaba el declive del escolasticismo.

También Escoto estaba firmemente comprometido con el principio de naturaleza y gracia. Pero él permitía un papel menor a la filosofía en nuestro conocimiento de Dios que Aquino. Dio mayor prominencia a la fe. Además, difería con Tomás en que él afirmaba lo primario en la voluntad, mientras Aquino proclamaba lo primario en la "razón". Decimos entonces que Tomás mantuvo una postura intelectualista, mientras la postura de Duns se puede caracterizar como voluntarista.

Escoto, como los demás escolásticos, mantuvo un debate animado con sus contemporáneos. A veces es difícil seguir estos debates porque hablan de distinciones interminables que complican y oscurecen el argumento. Como resultado, parecía que los escolásticos nunca llegaban a ningún punto. Esta situación contribuía a una creciente insatisfacción con el escolasticismo.

El escenario de la Edad Media fue mucho más complejo que permitía describir este breve bosquejo. Otras corrientes de pensamiento (y combinaciones de corrientes) impactaba el pensamiento. El apogeo del escolasticismo constituye un periodo crucial en la historia de la filosofía. Los siglos anteriores forman un preludio. De aquí en adelante es un declive para el escolasticismo. A la vez, debemos recordar que los mismos problemas continuaban imponiéndose en la mente occidental.

Aunque el declive del escolasticismo entraba, y la Reforma seguía, no debemos olvidar que los efectos de este periodo de naturaleza y gracia continuaban a través de las edades. Basta con un ejemplo: después de la Reforma y el concomitante deterioro de la sociedad medieval, una teología escolásticamente orientada fue reintroducida a las universidades. Como resultado, la teología reformada también, a pesar del trabajo de Juan Calvino, se mantiene lejos de una libertad definitiva de la influencia escolástica. Hoy en día continuamos con una tendencia de teologizar acerca de Dios como si fuera un objeto de análisis teórica. Todavía estamos inclinados a ver la Escritura como una colección de proposiciones verdaderas o falsas. Todavía tendemos a creer en áreas supuestamente neutrales en la arena pública. Tenemos que remover este tipo de mentalidad escolástica de la fábrica cristiana de vida. Si no lo hacemos, entonces los secularistas humanistas crecerán más y más fuertes, y más y más intolerantes hasta que—y Dios no quiera—la voz cristiana ya no se escuche en nuestra tierra.

El declive del escolasticismo

En los siglos XIV y XV, detectamos una disminución tajante del escolasticismo. Varios factores contribuían a este declive incluyendo el desencanto con las interminables distinciones escolásticas, y un creciente espíritu de duda y escepticismo (y el subsecuente crecimiento del subjetivismo). Además, la tensión en la Iglesia y en la teología, provocada por la continua síntesis, estaba llegando a un punto de reventarse. No obstante, no debemos dejar al lado que en este punto de la historia había un decrecimiento en el interés en los cultos de adoración y en las prácticas "religiosas". Este declive de celo iba a la mano con la desintegración de la posición de poder que tenía la Iglesia. Eran tiempos problemáticos pero emocionantes: los estados nacionales estaban en crecimiento, empezaban a explorar al mundo. La ciencia se desarrollaba, y con la ruptura de la autoridad de la Iglesia, el proceso de la secularización empezaba. Todos estos factores señalaban el fin del escolasticismo medieval.

Sin duda la figura más influente—alguien que apuraba el decaimiento del escolasticismo—era Guillermo de Occam, un individualista. Además, otras tendencias y corrientes estaban presentes. Los conflictos entre las versiones platónicas y aristotélicas del universalismo parcial continuaron. El universalismo fue representado por el Maestro Eckhart. Mientras el tema de a priori preparó el camino para el carácter subjetivo de la edad moderna.

Maestro Eckhart (1260-1527)

Una de las respuestas al escolasticismo (parcialmente universalista) era un movimiento del *misticismo* universalista. El monje alemán Eckhart, un predicador dominicano de alto rango (no obstante de popularidad), representaba esta postura. Curiosamente él era uno de los primeros filósofos que escribiera en lengua vernácula, obras populares aparte de predicar (por supuesto sus tratados académicos fueron escritos en latín).

Como místico Eckhart insistía no sólo en que el alma humana debe buscar la comunión con Dios, sino una unión con él, y que en este momento de unión con Dios el alma debe ser "apática" (tranquila y absolutamente quieta). Porque para él Dios era el Origen de todo, es decir, él creía que el *ser* de la totalidad de la creación es el mismo tipo de *ser* que Dios, con la participación de toda criatura en el ser de Dios. A la vez las criaturas son diferentes que Dios en su esencia, en cuanto a sus características determinantes; por supuesto, los seres humanos no son como Dios. (La diferencia entre *ser* y *esencia* es típicamente una distinción escolástica). El universalismo de Eckhart es evidente: los individuos y las cosas son sólo derivaciones, retoños del único *ser* universal. Por ejemplo, cuando Dios hizo al hombre en su semejanza, Dios dio la chispa al alma humana para que fuera su eterna, activa e igual contraparte—un punto poderoso y espiritual que emana del eterno Espíritu. El proceso de emanación de lo universal a lo individual está acompañado con otro proceso: que de lo individual a lo universal. Por medio del alma activa, las criaturas están preparadas para ser y actuar como Dios. De hecho, parece que más (o menos) se muestra a Dios en el poder del alma, más (o menos) este Dios deviene. En cuanto a Eckhart, lo que quiere hacer como un alma cristiana, como la imagen de Dios, es regresar a Dios y de alguna manera llegar más allá de Dios al abismo interior escondido de la divinidad de la cual todo lo que existe proviene. Sería parecido a: Niégate a ti mismo y vacíate de todo lo creacional, por el amor a Dios, para que tu conocimiento sea la ignorancia pura, una conciencia oscura a la cual Dios vendrá y seguramente llenará el vacío. Te mezclarías con Dios en la Deidad cuando rechazaras esta vida presente de opuestos; porque por medio de morir para el mundo en el alma, llegas a ser singularmente vivo en el Ser, en el eterno Ser en dónde estabas antes de la creación. Este es el carácter místico del pensamiento de Eckhart.

Hay similitudes obvias entre la perspectiva de Eckhart y Heráclito. Acuérdate que Heráclito también postulaba dos procesos simultáneos: de fuego a agua, y de agua a fuego: dos opuestos que regresan a sí mismos. Nombramos esta perspectiva de Heráclito y del Maestro Eckhart la *coincidentia oppositorum* (la coincidencia de los opuestos). Tal forma de pensar es contradictoria porque los dos procesos "se contradicen" en sí; y en el caso de Eckhart, quien junta su amor hacia Dios con una falsa concepción monista contradictoria, que también es claramente de síntesis—un patrón de pensamiento pagano lleno de temas bíblicos. Seerveld bosqueja bien la tensión dentro del mundo de Eckhart:

> "Porque Eckhart ve el distanciamiento del hombre de Dios no como un llamado al hombre para que cambies a la obediencia a Jesucristo, sino como un regreso necesario en la estructura óntica del hombre directamente a Dios, se niega una realidad bíblicamente prevista. No puede haber ningún sentido del ser humano creado en un pacto con un Yahweh misericordioso, justo y fiel, plenamente revelado en Jesucristo y atestiguado en la Santa Escritura: Dios es fundamentalmente un Dios escondido quien revela su presencia como una persona en la oscuridad quien por accidente despeja la garganta. El pecado no es algo históricamente subsecuente a la creación que puede ser rectificado y sanado: para Eckhart, la maldad es de alguna manera una característica furtiva de la criatura, para que llega a ser o de la deidad o de la creación para el ser humano. Y el ser humano no es un hijo adoptado y servicial de Dios, por medio de la fe, gracias a la gracia del Señor: mas, gracias al *vünkelin* (chispa habilitadora), el ser humano está forzado hacer una tarea sobrehumana de trabajar sin fin intermediando, haciéndolo un Cristo realmente, y así cargándolo como un Sísifo en una cadena eterna de Llegar a ser perfecto. Los sermones geniales de ánimo de Eckhard tienen un sabor desconcertante y permanente en el fondo, y su "Libro de confort divino" está cargado con amargura". (Seerveld, 1975, 282)

Eckhart no era un místico quietista. Por un lado estaba convencido que aquellos que tratan de ganar su vida la perderán, y aquellos que la pierden desinteresadamente la encontrará para siempre, fluyendo directamente al corazón de Dios. Por otro lado la vida para Eckhart es una lucha continua de estirar y aflojar, un proceso natural sin interrupción, para que cada logro y pérdida sea radicalmente relativizado porque nuestra vida es simple y finalmente se vuelve.

Guillermo de Occam (1280-1343)

Guillermo de Occam preparó el funeral del escolasticismo. Era un pensador penetrante y un crítico radical, y parecía fuera de lugar en un contexto escolástico. ¡Con razón la Iglesia lo consideraba un hereje!

Ya hemos visto que la Iglesia mantenía por la fuerza la fusión de la naturaleza y la gracia. Sólo por medio de edictos y condenaciones de "herejías" podía mantener estas dos áreas juntas. Sin decir más, tal fusión era muy precaria. Después de todo ambas áreas eran bastante autónomas, aunque la perspectiva de Tomás, el reino de la naturaleza era el primer paso hacia el reino de la gracia, algo parecido a un porche "natural" a través del cual alguien puede pasar a los atrios de la gracia. Occam estaba determinado mostrar que no existiera tal fusión, tal conexión entre la naturaleza y la gracia. De hecho, quería negar la síntesis.

Occam era un excelente lógico. Así podía demoler una serie de falacias escolásticas. Además de la lógica él utilizaba otra herramienta para destruir el escolasticismo, "la navaja de Occam." Esta "navaja" es el principio de economía del pensamiento. "Una pluralidad no debe ser postulada sin necesidad". Por medio de aplicar este principio

Una perspectiva cristiana reformada

Occam astutamente desechó una multitud de (finas) distinciones escolásticas.

La posición filosófica de Occam se caracterizaba por un individualismo completo. Él negaba la existencia de cualquier tipo de universalismo. No hay tal cosa, decía él, como una forma o materia universal. No hay un "*ser* como tal", sólo el individuo hombre y mujer. Cada cosa individual es una entidad auto-contenida, un absoluto, sin relación por medio de características universales, a cualquier otra cosa. Además, los universales—la casa, la humanidad— sólo son conceptos de la mente formados por medio de abstraer características similares de varias cosas concretas e individuales—casas, gente. Por lo tanto, el nominalismo de Occam (=los universales son un concepto, un nombre, del latín *nomen*=nombre) es una consecuencia de su individualismo.

Occam era un empirista. Sólo por medio de nuestra experiencia podemos comentar cosas significativas. Lo demás, por ejemplo nuestro conocimiento de Dios, es simplemente fe. El resultado de este empirismo fue que Occam rechazaba las pruebas escolásticas de la existencia de Dios. Por ejemplo, si utilizamos el argumento de casualidad. Tomás había argumentado que los eventos fueron causadas, que tiene que haber una primera causa, y que esta primera causa es Dios. Occam no sólo cuestionaba la base de tal afirmación, que haya tal cosa como la causalidad (todo lo que experimentamos es una secuencia de eventos), sino que objetaba que no hay una razón convincente para considerar a Dios como la primera causa. Por ejemplo, ¿no podía ser la primera causa un cuerpo celestial? Concluía Occam, que todo lo que la "razón" sabe acerca de Dios o el alma es puramente conocimiento subjetivo sin ninguna base de certidumbre.

Occam era un voluntarista, es decir, él afirmaba la primacía de la voluntad, más que el intelecto, como lo hacía Tomás, quien reflejaba el pensamiento de los griegos. Occam creía que Dios es omnipotente y completamente libre. Realmente Dios es impredecible y caprichoso, por ejemplo libre para cambiar la ley moral cuando él quisiera. Dios puede cambiar el orden del mundo como quiera. De esta posición sigue la noción que todo es contingente: las cosas existen (ahora) no porque son racionales o buenas—como los escolásticos habían presumido—sino porque así lo quería Dios (en ese entonces). Esta perspectiva de la voluntad de Dios cancela cualquier idea de la fidelidad de Dios. La Escritura no respaldaba la teoría de Occam, no es de extrañar que para él la Biblia sólo fuera poco más que un manual eclesiástico.

Bajo los martillazos de la lógica de Occam, el escolasticismo empezaba a desintegrar. Antes de aplaudirlo sería bueno revisar lo que estaba haciendo realmente Occam. Estaba metiendo una cuña entre las áreas de naturaleza y gracia. En efecto esto inicia y da impulso al secularismo. El área de la gracia, incluyendo la Biblia y la fe, no tienen nada que ver con el área de la naturaleza, con el estado, la sociedad y la ciencia. La Palabra de Dios está restringida al área de la gracia. En la historia subsecuente esta área ha llegado a ser más y más chica y más y más irrelevante. Mientras el proceso de secularización se desenvuelve, muy efectivamente se pone a un lado la revelación de la Palabra, al parecer sin inherencia. Mientras, el mundo de la "naturaleza" está reclamado por la creciente fuerza del humanismo. Esta situación será el tema de la discusión en las próximas secciones.

Por hora los efectos desastrosos de la síntesis naturaleza/gracia debieran parecer tranquilos. El declive del escolasticismo significaba el principio de las fuerzas secularistas y humanistas. Acuérdate que las personas apóstatas suprimen la verdad con injusticia, y cuando los escolásticos articulaban una teología y filosofía que inherentemente contenía la posibilidad de limitar el poder de la Palabra de Dios, no había ningún titubeo: con ganas el nuevo espíritu humanista aprovechaba la oportunidad y reclamaba prácticamente todas las áreas de la vida, dejando sólo una pequeña parte para la comunidad cristiana. El resultado fue que la autoridad de la Palabra de Dios se eliminó de los asuntos públicos. Por ejemplo, hoy en día, muchos procesos políticos son inherentemente humanistas y no cristianos porque Jesucristo y el sentido bíblico de normatividad juegan un papel menos que marginal en la política. La labor científica es completamente secularista porque Jesucristo no está reconocido como el Rey de la ciencia y la tecnología en nuestro mundo moderno. Las escuelas y universidades públicas, por lo menos en Europa y en Norteamérica son baluartes del humanismo porque la Palabra de Dios está prohibida y ridiculizada. Hay que ser completamente conscientes que sólo una reforma moral no va a corregir esta situación malsana. No sirve decirles a las personas que se porten bien mientras las fuerzas de incredulidad continúan su control sobre casi la totalidad de la vida. Lo que se necesita es una *reforma interior* de la política, el trabajo, la industria y la labor científica. Esto requiere una acción comunal cristiana (el individualismo por demasiado tiempo ha sacado a la fuerza a la comunidad cristiana). ¡Qué tarea tan tremenda nos espera!

4. La síntesis al final de la Edad Media

Esencialmente este periodo representa un tiempo de transición. Ya hemos notado algunos de los factores que han contribuido al declive del escolasticismo. Los representantes de esa época estaban hartos del escolasticismo. Más importante, sin embargo, es el deseo de regresar al periodo patrístico. Podemos distinguir dos movimientos, y ninguno de los dos periodos produjo algún filósofo notable.

La Pre-reforma enfatizaba el elemento escritural en los padres de la iglesia. Este énfasis indicaba que no había ninguna intención de sintetizar. Debido a que Agustín era el más escritural de todos los primeros padres de iglesia, fue el más preferido.

El padre de la Pre-reforma era Bradwardine (1290-1349). Él estaba muy orientado hacia el pensamiento de Agustín y consecuentemente trataba de sujetar su filosofía a las normas bíblicas. No obstante, no podía escapar por completo al impacto del escolasticismo (por ejemplo, él adoptó el argumento ontológico de Anselmo).

Bradwardine tuvo una gran influencia en Juan Wyclif (m. 1384) y en Juan Hus (m. 1415). No como Bradwardine, estas dos figuras de renombre fueron influenciadas por el tipo de pensamiento del monarquismo. Esta es una de las razones que explica el fracaso de la pre-reforma: otro ejemplo sería cómo la síntesis quebranta el poder de la Iglesia.

También, los humanistas cristianos eran pensadores de la síntesis. Como la pre-reforma, el humanismo cristiano anhelaba el regreso al periodo patrístico. Pero el énfasis era diferente. Ellos no apreciaban tanto el elemento escritural de Agustín, como el hecho que él era a la vez cristiano y romano. En otras palabras los humanistas cristianos buscaban un regreso al mundo romano cristianizado. Petrarca (m. 1374) y sus amigos, de hecho, trataban de llevar a cabo este regreso. Querían ser romanos y no italianos. Estos humanistas cristianos creían que si pudieran restaurar la cultura clásica podrían mejorar su propio mundo.

El deseo de regresar al mundo patrístico fue algo muy malsano. Una restauración del pasado, lo que nombramos "restauración al estado original," no sólo es imposible, sino que está en conflicto con el primer principio de la reforma. Una reforma nunca es un regreso a un periodo cristiano anterior en la historia, sino que siempre significa un arrepentimiento y un regreso a la obediencia. Este deseo de regresar al pasado es otra razón por la cual estos movimientos fallaron.

Ahora hemos llegado a la conclusión del segundo periodo principal, el periodo de la síntesis. Debe ser claro que la Edad Media no fue un tiempo "oscuro". Al contrario, había presente una diversa variedad enriquecedora de tipos y corrientes de pensamiento en todos los siglos. En el próximo periodo principal consideraremos la respuesta negativa a estos siglos de síntesis. Esa respuesta marca la llegada de la Edad Moderna.

D. Una historia del pensamiento occidental que rechaza la síntesis

Introducción al tercer periodo principal

Para muchos historiadores contemporáneos del mundo occidental, el comienzo de la edad moderna parece un amanecer: los primeros rayos del humanismo y secularismo rompen la "oscuridad" de la Edad Media. La Edad de la Razón comienza. La Iglesia y las supersticiones se han acabado. Un futuro brillante llama.

Al decir que este cuadro sólo muestra un lado es decir poco, especialmente si alguien hace una mirada a los últimos 500 años para ver lo que la humanidad "madura" ha logrado. No sólo no se materializó el anticipado paraíso de la razón, sino que la razón misma ha sido reemplazada por varios espíritus irracionalistas, como veremos. Aunque lejos de producir la utopía que el renacimiento previó, la Edad Moderna ha dado una variedad amplia de intentos fascinantes para definir y redefinir los fundamentos y pináculos.

Sin decir, es obvio que el desarrollo del pensamiento moderno no constituyó un rompimiento claro con el pasado. ¡Por supuesto que no! De hecho, la nueva era dependía bastante en la precedente, como pasa con cualquier época. A veces un periodo nuevo en la historia retiene ligaduras muy fuertes con el anterior por medio de la tradición, o puede reaccionar muy violentamente en contra del anterior. Algo de la segunda alternativa caracteriza el ascenso del pensamiento moderno.

La respuesta de la filosofía moderna a la Edad Media es principalmente anti-sintética en su naturaleza. Ya habíamos encontrado un sentir *anti-sintético* al fin del previo periodo principal. Sin embargo, ahora constituye un carácter mucho más definitivo: la filosofía moderna habla muy fuerte en contra de la síntesis. Como tal, la filosofía no cristiana, moderna y pagana nunca puede ser yuxtapuesta al mismo nivel que la filosofía pagana pre-sintética. Tal como la antigua filosofía pagana fue afectada por el acomodo cristiano, así el carácter de la filosofía moderna pagana fue determinado, en gran manera, por su respuesta negativa al pensamiento cristiano de síntesis.

Se puede responder negativamente a los patrones del pensamiento de síntesis por dos razones: puede ser que el rechazo de la síntesis se motiva por una aversión hacia la Escritura, o por lo menos, un menosprecio hacia la sugerencia de que lo que cree alguien en base de la Escritura, tiene algo que ver con ciencia o filosofía. La concepción resultante llevará un sello que varía entre fuertemente pagana a indiferente. Por otro lado, la respuesta puede ser motivada por una reverencia santa hacia la Escritura. Cuando llegamos a ser más conscientes de los efectos terribles de los intentos de combinar los patrones de pensamiento pagano y los temas bíblicos, tales conflictos sobre pseudo-problemas y divisiones entre cristianos, entonces con gusto tomamos una posición contra de aquellos quienes han contaminado, desfigurado y diluido la Palabra de Dios.

Un enemigo común no necesariamente une perspectivas que difieren en principio. El movimiento subterráneo de la Segunda Guerra Mundial unía a diversas personas con el fin de oponer a la Alemania de Hitler, pero esta unidad negativa no trajo unanimidad después de haber ganado la guerra. Tanto cristianos como racionalistas estaban opuestos al pensamiento de síntesis. ¿Eso quita la antítesis? ¿Ahora está en lo correcto un "racionalismo cristiano"?

Puede ser instructivo trazar un paralelo de esta situación. A menudo se dice que nuestros partidos políticos realmente son "cristianos" porque están opuestos al crimen y a la inmoralidad, y están a favor de la ley y el orden, y desean contribuir a un mundo mejor. Por ejemplo, nadie que yo conozco está opuesto a la libertad (a los que la merecen). Por lo tanto, la pregunta no es qué cosas apoyamos y cuáles no, sino si Jesucristo está reconocido y obedecido.

Podemos distinguir tres corrientes principales en el periodo moderno: el preludio al periodo moderno (aprox.

1500-1600), el racionalismo (aprox. 1600-1900), y el anti-racionalismo (aprox. 1900-presente).

1. El preludio al periodo moderno (1500-1600)

Introducción

En muchas maneras el siglo XVI determinó el perfil de las cosas venideras, porque ocurrió en el tiempo de la lucha para el control cultural del Occidente. El escolasticismo ya estaba arruinado, y la seguridad prometedora de un cristianismo autoritativo en el cual la polilla y el orín no corrompen, había perdido su control incuestionable sobre los corazones y mentes de las personas. Una visión nueva tenía que suplirlo. ¿Cuál iba a ser? Tanto el humanismo creciente como la Reforma luchaban por el liderazgo. En otras palabras, las líneas de la antítesis fueron indeleblemente trazadas en el siglo XVI.

El pensamiento temprano no escritural de anti-síntesis

Debido a que todo el pensamiento moderno anti-síntesis no está en línea con la Escritura, podemos designar este periodo como "temprano". Podemos distinguir dos movimientos, el humanismo anti-síntesis (a diferencia del humanismo cristiano ya mencionado), y el Renacimiento.

El humanismo anti-síntesis es un tipo de humanismo no cristiano que se compara con el ya mencionado variante cristiano en que ambos comparten un anhelo hacia el pasado. Sin embargo, ahora el objeto de este deseo ya no es sólo llegar a los tiempos de los padres de la iglesia, sino a la antigüedad pagana misma. La cultura clásica llega a ser el modelo que debemos imitar, el ideal que debemos anhelar. El humanismo anti-síntesis no tenía ningún uso para la Iglesia y la teología escolástica, y en su regreso a la antigüedad, quería pasar por encima de todo ello.

Este tipo de humanismo se enfocaba totalmente sobre la "naturaleza": el área de la "gracia" no tenía ningún significado cuando se trataba de la ciencia y la filosofía. Esta actitud contribuía grandemente al creciente carácter secularista de la civilización occidental. Bajaron el cielo a la tierra y el ser humano llegó a ser "Dios en la tierra".

Un representante típico del humanismo anti-síntesis no cristiano era Boccaccio (m. 1375), un amigo y estudiante de Petrarca. La tendencia anti-cristiana es muy evidente en su famosa obra el *Decamerón*. Impulsada por el redescubrimiento de muchas obras antiguas de literatura, este tipo de humanismo hizo mucho para preservar y elevar la tradición clásica. El enfoque medieval de un destino ultra-mundo después de esta vida estaba siendo desplantado. Estaban revitalizando la conciencia humana y la cultura aparte de la iglesia.

La palabra "renacimiento" significa "renacer". Esto es esencialmente un concepto cristiano que llegó a ser un slogan secularizado. Por lo tanto, aun el término "renacimiento" sugiere el carácter apóstata del movimiento. Decían ellos, "tenemos que nacer de nuevo, pero no del agua y la sangre, sino en nuestra propia fuerza autónoma". El Renacimiento no debe ser confundido con el humanismo. Ambos, sí, elevaban al ser humano al centro de la realidad. Pero el Renacimiento era optimista y se enfocaba en el presente y futuro, sólo tenía tiempo para criticar el pasado. Los promotores del Renacimiento previeron un futuro brillante por medio de un proceso de auto renovación. Los descubrimientos científicos motivaban el deseo de combinar tal auto renovación con el progreso científico.

A veces se afirma que el Renacimiento llevaba un sello individualista. Es cierto que estaba presente el individualismo, y también el universalismo, pero la postura dominante era aquélla del universalismo parcial. Se nota esta postura especialmente en los grandes astrónomos del periodo, tal como Copérnico (m. 1543), Bruno (1548-1600) y Kepler (m. 1630). Por ejemplo en Bruno, un filósofo italiano quien fue quemado en la hoguera por la Iglesia durante la Inquisición; el universalismo parcial se muestra por medio de su vista de la realidad en términos de Dios como un alma mundial universal y un mundo compuesto de partículas individuales divinas nombradas "monadas". El hecho que Bruno habla acerca de Dios no debe llevarnos a pensar que su pensamiento era Escritural. Él permanecía como una figura del Renacimiento quien creía que Dios no puede ser hallado en una revelación especial, sino en el orden del universo—una perspectiva que por supuesto ha retenido una gran cantidad de seguidores entusiastas.

El inglés Francis Bacon (1561-1626) fue una figura del Renacimiento. Es famoso por el ímpetu que dio al desarrollo del método inductivo de la ciencia. La *inducción* es un método de razonar en el cual se sostiene por medio de casos observables y parecidos, para inferir que el mismo evento o propiedad va a recurrir en casos todavía no observados.

La postura de anti-síntesis de Bacon es muy clara, aunque todavía tiene cosas parecidas al cristianismo. Por ejemplo, él escribe en su *El avance del saber* (Libro 1.1.3):

> "...que nadie, por concepto pusilánime de la sobriedad o mal aplicada moderación piense o mantenga que se puede indagar demasiado o ser demasiado versado en el libro de la palabra de Dios, o en el

libro de las obras de Dios, esto es, en la teología o en la filosofía; antes bien aspiren los hombres a un avance o progreso ilimitado en ambas, cuidando, eso sí... de no mezclar o confundir, imprudentemente uno de estos saberes con el otro".

Qué la teología estudie su libro. Nosotros los científicos esconderemos a nuestros ídolos y estudiaremos el otro. Según Bacon, el progreso científico sólo puede ocurrir cuando nos libremos de los "ídolos", es decir los "ídolos de la tribu" (una naturaleza humana con una tendencia hacia opiniones rápidas), los "ídolos de la cueva" (las presuposiciones y prejuicios personales), "los ídolos del mercado" (el uso incorrecto de las palabras), y "los ídolos del teatro" (el deseo obstinante de aferrarse a sistemas filosóficos ya anticuados).

Bacon creía que el futuro de la humanidad yacía en el poder tecnológico, el camino a aquello es el conocimiento: "el conocimiento en sí es poder". En su *Nueva Atlántida* él describe a una sociedad ideal que se fija en la ciencia como la clave a la felicidad. El control técnico del orden creado constituye el bien más alto. Otra vez parece que todo suena tan bíblico: "El imperio del hombre sobre las cosas depende completamente en las artes y las ciencias... permita que la raza humana recupere ese derecho sobre la Naturaleza que le pertenece por medio de una dadiva divina" *(Novum Organum, Aphorismo 129)*. Sin embargo, un vistazo alrededor de nosotros es suficiente ver la devastación que la raza humana ha realizado con este "derecho dado por Dios a controlar técnicamente la creación". Con este énfasis sobre el poder científico cultural, Bacon queda muy lejos del mundo escolástico de las distinciones metafísicas.

El humanismo no cristiano y el Renacimiento fácilmente formaban un frente unido. Por supuesto, ambos movimientos estaban buscando una nueva vida, uno por medio del renacimiento de la antigüedad, y el otro por medio del renacimiento de los seres humanos mismos. Ambos fueron anti-síntesis, oponiendo la mezcla de "gracia"—fe, Escritura, creencias, la Iglesia—y la "naturaleza"—nuestra habilidad de estudiar y controlar el mundo en nuestro alrededor. Además, el humanismo no tardaba mucho en descubrir que un regreso al mundo antiguo era casi una imposibilidad. Consecuentemente fue absorbido en el movimiento general de renacimiento que iba a culminar en los grandes sistemas racionalistas de los siglos XVII y XVIII.

Cualquier fuerza que todavía llevaba el escolasticismo pronto fue destruida por el espíritu de la nueva edad. No quiere decir que el escolasticismo murió por completo. Los filósofos escolásticos continuaban produciendo, aun en el periodo del preludio a los tiempos modernos (p.ej. Suárez, 1548-1617), un pensador bastante original en la tradición de Duns Scoto. No obstante, ese fue un tiempo cuando el control cultural comenzaba a pasar a una mente humanista secularista. La civilización occidental con mucho ánimo buscaba el área de la "naturaleza", que prometía un futuro nuevo y brillante para la humanidad. Ese fue un tiempo cuando se levantó una nueva visión para la humanidad: el ser humano, el señor y maestro del universo, el formador de su propio destino.

La Reforma

La Reforma no era un movimiento filosófico. Más bien era una re-orientación religiosa hacia una obediencia renovada. En este sentido la Reforma estaba muy aliada con Agustín. Sin embargo, debemos notar que esta alianza no estaba tintada con un deseo malsano hacia el pasado como el movimiento pre-reformado había mostrado. Lutero y los otros reformadores entendían que el camino de la pre-reforma—con todas sus terribles revueltas en Inglaterra y las guerras de los husitas—no era un buen ejemplo. Por lo tanto, el énfasis reformador fue sobre la relación personal (y de la Iglesia) a Dios (especialmente fuerte en Lutero y Calvino) más que a otras personas.

Algunas cosas acerca de la Reforma permanecían dentro de la espiritualidad de la posterior Edad Media. Pero muchos puntos de desarrollo fueron refrescantes y vigorizantes. La gente una vez más entendía y diseminaba la visión bíblica de la majestad de Dios en una creación ley-ordenada, de su justicia y fidelidad, y de su amor a través de Jesucristo. Lutero vio que la persona estaba corrompida y necesitada del perdón de Dios. El problema no es uno u otro pecado que puede ser cubierto por medio de las acciones dirigidas por la Iglesia. Nuestras almas, nuestros seres ocupan la sanidad que sólo Cristo puede dar, y sólo por medio de nuestra fe en él podemos llegar a reconciliarnos con Dios. Aunque Lutero todavía estaba influenciado por Guillermo de Occam, no obstante, puso la *sola fide* (sólo por medio de la fe) ante el mundo occidental. Calvino compartía este énfasis y aparte postulaba el principio Escritural sobre la soberanía de Dios quien se mantiene fiel a su Palabra y Ley.

Desafortunadamente, el efecto de la Reforma fue severamente limitado por la contra-Reforma de la Iglesia Católica Romana, y por el Protestantismo liberal que pronto se sometía de nuevo a una mentalidad de síntesis.

Además, es muy lamentable el hecho que la Reforma no hubiera producido una filosofía cristiana reformacional. Esta falta resultaba en una desventaja tremenda y contribuía al éxito de los espíritus racionalistas, anti-cristianos. El mundo pagano siguió articulando visiones teóricas que—por falta de una filosofía cristiana propia—influenciaba fuertemente a la comunidad cristiana. Fue hasta el siglo XX que tal filosofía empezaba a tomar forma.

Hoy día como cristianos tenemos que aprender a levantar la bandera de la Reforma. El compromiso no se refiere a un regreso a la Reforma histórica del siglo XVI— ¡eso sería el mismo error que hicieron los de la pre-Reforma y del humanismo cristiano! En vez de eso, permitamos que el espíritu de la Reforma—una obediencia renovada al Rey Jesucristo—nos consuma para que podamos evaluar nuestros propios tiempos a la luz verdadera de la Biblia. Además, probemos a los espíritus dentro de la comunidad cristiana también, para ver si son de Cristo o de un estancado tradicionalismo escolástico. ¡Ecclesia reformata reformanda est! La iglesia reformada—no sólo la iglesia institucional, sino la comunidad cristiana en su sentido más amplio— debe estar reformándose continuamente.

2. Racionalismo (1600-1900)

Introducción

El racionalismo dominó al mundo occidental por unos tres siglos, aproximadamente de 1600 a 1900. ¿Cómo ocurrió esta situación?

Por una razón, la Reforma no había logrado producir una filosofía escritural y por lo tanto no podía combatir el pensamiento no escritural con una base filosófica, ni defenderse en contra de las influencias paganas dominantes. Como resultado, otra vez aparecía una mentalidad de síntesis. Mientras, los espíritus secularizados lograron contaminar el poder de la Reforma para que no pudiera continuar ser efectiva en la necesidad continua de reforma. Y en los círculos católico-romanos una anticuada tradición escolástica no podía recapturar el papel principal que jugaba en la Edad Media.

Tampoco no le fue tan bien al humanismo, como un movimiento histórico. La restauración de la antigüedad en una edad moderna era un sueño imposible. No obstante, debemos notar que el término "humanismo" es una palabra ambigua. Cuando hablamos del espíritu humanístico hoy día, nos referimos al espíritu que pone al ser humano en el trono que pertenece a Dios. Tal uso da al término un contenido religioso y no solamente filosófico. El humanismo secular es de carácter *religioso*. No es religión, ni es filosofía en el sentido correcto de la palabra.

El racionalismo del siglo XVII salió de los movimientos renacentistas. El optimismo arrogante del renacimiento se había tranquilizado; no obstante, la creencia en las posibilidades humanas no había decrecido en lo más mínimo. El ego individual iba a ser tomado como el auto-determinante centro del mundo. La autonomía—independencia, del griego *"autos"* (individuo) y *"nomos"* (ley)— estaba de moda. La sujeción—del latin *"subjectus"* (poner abajo)— pasó de moda, con la excepción de la sujeción de la "naturaleza", que pronto iba a ser el estrado de los pies del ser humano.

El término "racionalismo" significa exageración y sobre estimación de la *ratio*. ¿Qué significa *ratio*? Quiere decir "razón". Pero la razón realmente es un invento del humano. Ignorando a Dios y su Palabra, la comprensión humana, de la criatura, se acredita con *a priori* universalmente vinculados y absolutos que supuestamente garantizan la verdad y un significado confiable a cualquiera que les sigue. Entonces la racionalidad toma por sí misma el estatus de la Palabra de Dios, y también nos recuerda la afirmación estoica que el orden fundamental y una estructura base yacen dentro de toda la realidad y se evidencian en la obra de la mente humana. Como tal, ¡el término "razón" es un concepto pagano! Dios no dio "razón" a los humanos, sino la capacidad de distinguir, descubrir y comprender. El concepto "razón" con todos sus *a prioris* colgados al lado, es el producto de una ilusión apóstata.

Es claro que el pleno significado del racionalismo no se puede apreciar sin una comprensión del periodo helenista. En muchas maneras el Periodo del Racionalismo tiene su paralelo en la Edad Helenista. No sólo es la cuestión del *a priori "razón"* un elemento determinante, sino que también hay un marcado énfasis en la epistemología. Además, el carácter subjetivo del racionalismo fue preparado por el escepticismo tal como en el periodo helenista.

La complejidad de la relación entre el pensamiento antiguo y la filosofía moderna racionalista desafortunadamente es demasiado para aun tratarlo brevemente en este limitado estudio. Basta decir que los patrones de pensamiento monárquico y platónico, especialmente en sus interpretaciones helenistas, determinaban las variedades de movimientos racionalistas.

Otra vez, la diferencia exacta entre el *a priori* helenista y el moderno *ratio* va más allá del contexto de este estudio. En general, la postura helenista había "*a prioritarizado*" las Ideas de Platón. El *ratio* moderno incluía una gama más amplia de experiencia, y por lo tanto, es más subjetivista en carácter. El subjetivismo de los racionalistas debe ser evidente: el equipamiento *a priori* de nuestra "razón" determina el carácter de nuestra experiencia. Como vimos cuando estudiábamos la Edad Helenista, la mente humana según es la clave del mundo. Este tipo de situación produce una visión completamente distorsionada de la realidad creada.

Nuestra explicación del racionalismo va a variar de la mayoría de los textos y fuentes secundarias actuales. La razón por eso es que los historiadores secularistas no aplican consistentemente su criterio para distinguir tipos y corrientes. Por ejemplo, ¡varias tendencias del racionalismo a menudo están distinguidas sobre una base de geografía! El resultado es una distinción asistemática como los "empiristas británicos" y los "idealistas alemanes".

Para empezar distinguiremos dos etapas de racionalismo. La primera etapa, el racionalismo temprano de aproximadamente 1600-1830, se caracteriza por medio de un énfasis sobre el contenido de la razón *a priori*. La segunda etapa, el racionalismo posterior de 1830 a aproximadamente 1900, mueve el énfasis a la actividad de la razón *a priori*. Esta es una distinción técnica, por supuesto, pero aún muy útil, porque nos ayuda a comprender la naturaleza tan compleja del racionalismo. Trataremos estas etapas en dos subsecciones.

El racionalismo temprano

El racionalismo temprano cubre el periodo de 1600 a 1830 (Hegel murió en 1831). Dentro de este periodo podemos distinguir tres puntos de desarrollo racionalistas. El primero es que el *ratio* se creía tener una naturaleza científica. El crecimiento de las ciencias físicas y matemáticas y el espíritu del Renacimiento contribuían mucho a esa noción. El papel del conocimiento teórico y científico, especialmente en términos de matemáticas, llegó a ser muy sobreevaluado en este periodo temprano. Nombramos esta fase del racionalismo el "cientificismo".

Después de un tiempo algunos de los primeros racionalistas empezaban a ver que había tal cosa como el conocimiento práctico, en otras palabras, un conocimiento valioso que no era de una naturaleza teórica. Un área grande de conocimiento no presupone el análisis teórico. Estos racionalistas dieron a este conocimiento práctico el mismo valor que el conocimiento científico, incluso le atribuían aun más importancia. Así vemos el desarrollo de lo que llegó a ser identificado como la "razón práctica". Entonces tenemos una forma racionalista renovada de lo que habíamos visto en los tiempos de Sócrates: el practicismo. En los tiempos antiguos, antes del crecimiento de la teoría de *a priori*, el practicismo simplemente quería decir que una buena perspectiva garantiza una buena acción. Ahora requiere un tono racionalista: ahora la "perspectiva" es el *a priori* práctico, la "razón" práctica. Esta situación es característica de la Ilustración.

Lentamente una tensión se hizo entre el cientifismo y el practicismo. El cientifismo continuaba enfatizando, de primera importancia, lo teórico y el conocimiento científico. Los *practicalistas*—aunque no negaban el papel crucial del conocimiento científico—sentían que el aspecto no científico en nuestro conocimiento es la parte más importante. Cuando el conflicto se intensificó un tercer movimiento conciliador apareció, el idealismo, que intentaba reconciliar los dos oponentes como veremos.

Una palabra acerca de la distinción normal entre el racionalismo continental y el empirismo británico: estos dos no son mutuamente exclusivos, porque un empirista fácilmente puede ser un racionalista, como veremos. Por lo tanto, la agrupación tradicional de Locke, Berkeley y

Hume, como "empiristas británicos" pierde su valor, especialmente cuando tomamos en cuenta que Locke y Berkeley eran cientificistas, mientras Hume era practicalista.

Estos puntos del desarrollo racionalista están cubiertos en tres subsecciones. Mencionaremos sólo algunos de los representantes más importantes de cada movimiento.

Cientifismo

Esta corriente del racionalismo se construyó sobre un consenso compartido en cuanto a la razón, la naturaleza y la autonomía humana. Con la capacidad intelectual de comprender el orden fundamental del universo y formular objetivamente las mismas leyes de la naturaleza, la razón iba a pavimentar el camino hacia el poder de controlar y cambiar el mundo. Por medio de disfrazar este proyecto como un esfuerzo de comprender la mente de Dios por medio de descubrir cómo opera el reino de la naturaleza, esta manera de hacer la ciencia retenía algo de religión. Por otro lado, la disposición universal de estas "leyes naturales" transformaba la naturaleza en un juzgado común de apelación: llevemos a toda la vida a la conformidad con las leyes de la naturaleza como son descubiertas por la razón humana. Como resultado crecía un sentido de auto-certeza mientras la reverencia de una autoridad externa como árbitro de la verdad disminuía. La conformidad ya no está basada con una apelación a la Escritura o a la doctrina, sino por medio de adoptar las leyes universales de la naturaleza. Algunos de los más importantes representativos son Galileo, Hobbes, Descartes, Spinoza, Leibnitz, Newton, Locke y Berkeley.

Galileo Galilei (1564-1642) se conoce muy bien por su defensa de Copérnico y su subsecuente conflicto con la Iglesia. Su uso del telescopio y su demonstración matemática para argumentar la teoría heliocéntrica la Iglesia no paraba de censurar sus afirmaciones como contrarias a la Escritura. Una vez más esta situación muestra el problema que la síntesis trae. La despedida, de parte de Galileo, de la teoría geocéntrica (de Aristóteles) fue interpretada como un ataque hacia la Iglesia sólo porque la Iglesia había "bautizado" a Aristóteles y había adoptado mucho de lo que había dicho. (En 1992 el Papa Juan Pablo II declaró que la Iglesia había errado al condenar a Galileo en 1663 por haber afirmado que la Tierra rota alrededor del sol.)

Escribió Galileo lo siguiente en cuanto a la autoridad de la Iglesia y su interpretación de la Escritura:

> "Pienso que al discutir problemas naturales no debemos comenzar desde la autoridad de los pasajes escriturales, sino desde las experiencias sensoriales y las demonstraciones necesarias; porque la Santa Escritura y la naturaleza proceden igualmente de la divina Palabra, el primero como algo dictado de parte del Espíritu Santo y el segundo como el fiel ejecutor de los mandatos de Dios. Además, la Escritura, que se adapta a la comprensión al ser humano común, dice muchas cosas que parecen diferentes de la verdad absoluta en cuanto al significado más obvio de las palabras. Contrariamente la naturaleza es inexorable e inmutable; nunca trasciende los límites de las leyes impuestas en ella, y ella es indiferente si sus razones secretas y maneras de operar sean entendidas por los seres humanos. Parecería, por lo tanto, que nada físico que la experiencia sensorial pone ante nuestros ojos, o qué demonstraciones necesarias nos comprueban deben ser cuestionadas, y mucho menos condenadas porque algunos pasajes bíblicos tienen un significado aparentemente diferente. Las declaraciones escriturales no están

limitadas por reglas tan estrictas tales como los eventos naturales, y Dios no es revelado en ninguna manera menos en estos eventos que en las proposiciones sagradas de la Biblia". (182-183)

Obviamente estas son palabras de un cristiano. Pero anota lo que califica como la "verdad absoluta". ¿Qué es lo que Galileo encuentra ser confiable y permanente? Él quería sintetizar el pensamiento con el dogma eclesiástico del escolasticismo, para pagar una fidelidad incondicional a la "razón" en asuntos de este mundo, pero todavía honrar a Dios en el próximo. Este tipo de síntesis podría consolar la conciencia histórica de muchos, pero sólo aseguraba el control progresivo del secularismo en los corazones.

El cristianismo ha tenido que sufrir dolorosamente por cuestiones de la síntesis, mientras crecía su continuo conflicto entre la ciencia y la Iglesia. Aun hoy este "problema" está causando estragos en la comunidad cristiana, especialmente en conexión con los descubrimientos biológicos y geográficos. Otra vez, la mentalidad escolástica nos está dominando, y así hace que un debate sería infructuoso.

Parte del significado de Galileo yace en su contribución a la construcción de la filosofía, realmente a la ciencia de matemáticas, que fue diseñada para explicar los procesos ordenados en el universo. Su meta era la interpretación del mundo desde una perspectiva netamente cuantitativa.

"La filosofía está escrita en este gran libro—quiero decir el universo—que se mantiene continuamente ante nuestros ojos, pero no puede ser entendido a menos que uno primeramente estudia el lenguaje y los caracteres en los cuales fue escrito. Fue escrito en el lenguaje de las matemáticas, y sus caracteres son triángulos, círculos y otras figuras geométricas, sin los cuales es humanamente imposible comprender ni siquiera una palabra". (237-238)

El método de Galileo, canonizado por Isaac Newton (1642-1727), puede ser descrito como la observación de la realidad *inductiva, empírica, cuantitativa y mecánica*, con un ojo puesto para reducir lo que se encuentra en una fórmula matemática, que puede ser considerada como universalmente valida. También Galileo enfatizaba la distinción entre la apariencia y la realidad, en donde la apariencia supuestamente está hecha de cualidades "secundarias" (tales como color, sabor, emociones y sonidos) mientras la realidad actual consiste de cualidades "primarias" (tales como tamaño, posición, moción y densidad). Confiar en la apariencia es abrazar la ignorancia y equivocarse. La única realidad actual es aquella que puede ser explicada científicamente en términos matemáticos. Parece que el sol se levanta en el oriente, pero cualquiera que sepa algo, sabe que la ciencia sabe mejor. No obstante, por muchos años Dios todavía va a ser necesario para puentear las lagunas que la ciencia no puede explicar. Pero mientras avanza la ciencia va a haber menos necesidad por estas explicaciones milagrosas.

Las afirmaciones de Galileo y Newton llevaban a los pensadores modernos a rechazar una perspectiva orgánica del mundo y reemplazarla con un cuadro mecánico del mundo. La realidad pronto llegó a ser algo maravillosa pero aun un universo relativamente simple, estático y objetivo— un conjunto de elementos básicos o partículas elementales y fuerzas muy ordenados. La experimentación que arroja resultados cuantificables daba a los científicos el sentido de que estaban produciendo un conocimiento exacto e inequívoco que básicamente era divino, y hablando humanamente, casi tan poderoso.

La perspectiva del universo de Tomás *Hobbes* (1588-1679) le llevaba a la conclusión extrema que todo, incluso las emociones y creencias de las personas, se determinan mecánicamente. Igualmente, la suma y resta de la información sensorial es todo que se ocupa para explicar el pensamiento humano. La verdad termina siendo sólo una convención, porque condiciones sociales o políticas cambian, así también la verdad. Por lo tanto, su punto de vista es el determinismo.

Aparte de su determinismo, se conoce a Hobbes por su teoría política "de la ley del más fuerte". Él mantenía que la necesidad para un gobierno puede ser deducido de ciertos hechos acerca de la naturaleza humana. Cada persona está naturalmente inclinada hacer lo que mejor le conviene. La vida sin el gobierno—es decir, la vida en el "estado de la naturaleza"—sería sola, pobre, desagradable, bruta y corta. Sólo el gobierno, con su poder de castigar, puede alterar la conducta que está en el interés de cada persona. Si yo sé que si te ataco va a resultar en un castigo peor de lo que yo puedo ganar por el ataque, entonces no te voy a atacar. Y es igual para cada persona. Entonces, concluye Hobbes, la razón dicta la necesidad de tener un rey o un gobierno que es más fuerte que cualquier individuo o grupo de ciudadanos. Igualmente, porque estaba en el mejor interés de los ciudadanos que transfirieran su poder a la persona que gobierna o al gobierno, no tienen el derecho de resistir o destituirlo. Le han dado al gobernador el poder, y con él viene el derecho de utilizarlo.

La filosofía moderna llega a asumir su propia identidad con René *Descartes* (1596-1650). Él está considerado el racionalista por excelencia. Su tendencia era el escepticismo acerca de las afirmaciones basadas sólo por medio del testimonio de los sentidos, las opiniones anteriores, los prejuicios, la tradición o cualquier otra autoridad que no fuera la razón. Él elevó a las matemáticas como el modelo de un razonamiento "claro y distinto" y a las cadenas geométricas para razonar con los medios objetivos de una certidumbre metodológica.

Descartes era un universalista parcial quien pensaba que Dios fuera una sustancia infinita y que los humanos eran una sustancia finita. Aunque seamos finitos, según Descartes, somos en voluntad y comprensión no tan imperfectos. Nuestro conocimiento finito se relaciona con el conocimiento de Dios como parte de un entero infinito. El problema es que fácil o rápidamente afirmamos o negamos lo que no entendemos clara y distintamente. Pero Descartes encontró lo que él creía era un remedio.

En su esfuerzo de encontrar un fundamento seguro e indudable en su pensamiento, él escogió la ruta de la duda metódica como un tipo de purificación intelectual de uno mismo. En otras palabras, Descartes explícita y conscientemente quería eliminar toda la tradición filosófica y empezar de nuevo, desde cero. Con un esfuerzo sobresaliente para encontrar certeza en alguna parte, él empezó a dudar hipotéticamente todo lo que pudo. Todo lo que podía ser dudado lo hacía. Procediendo en esta manera él descubrió que podía dudar todo, con la excepción de: yo no puedo dudar que estoy dudando (que es, por supuesto, mi pensamiento). Por lo tanto, salió su famoso *"cogito, ergo sum"*: Pienso, por tanto existo. Esta creencia era tan "clara y distinta" que no la podía cuestionar. Según Descartes, este conocimiento cierto de la existencia de uno mismo como una sustancia pensante es innato y *a priori,* existía en la persona antes de cualquier experiencia sensorial. Pero algo raro apareció en ese momento: para poder evitar el temor (de *solipsismo*) que él mismo sólo estaba atorado dentro de las inmediaciones de su propia cabeza y lo que él *decía* es la verdad para todos *no* es verdad para cualquier otra persona (si es que realmente hay otras personas en el mundo), Descartes pronto se apoyó en una versión vieja del argumento ontológico para probar la existencia de Dios. Después de comprobar que Dios existe entonces podría demostrar que Dios, quien es bueno, no dejaría que Descartes estuviera decepcionado al abrazar algo como cierto que es tan claro y distinto en su mente. El resultado es una confianza divinamente sancionada en la razón humana.

El significado de Descartes y su método cartesiano no pueden ser sobreestimados. Su método de desmenuzar las cosas y luego recomponerlas, romperlas y luego reconstruirlas, que toma las pruebas geométricas como su estándar, es tan arraigado en el mundo occidental que la mayoría de la gente que lee sus *Reglas para la dirección de la mente,* están sorprendidos que Descartes tuviera que trabajar tan arduamente para formular lo que parece tan obvio.

> *Regla II.* "Sólo los objetos deben ocupar nuestra atención, hacia el conocimiento seguro e indudable del cual nuestros poderes mentales parecen ser adecuados". "La ciencia en su totalidad es verdad y una cognición evidente... Confía sólo en lo que es completamente conocido e incapaz de ser dudado... En nuestra búsqueda del camino directo hacia la verdad no debemos ocuparnos con ningún objeto del cual no podemos lograr una certeza igual que aquella que se demuestra en la aritmética y en la geometría".

> *Regla III.* "Los sujetos en que proponemos estudiar, nuestras indagaciones deben ser dirigidos, no hacia lo que los demás habían pensado, ni siquiera hacia lo que nosotros mismos hayamos conjeturado, sino hacia lo que podemos constar clara y perspicuamente y deducir con certitud; porque el conocimiento no se gana de otra forma.

Regla V. "El método consiste completamente en el orden y en la disposición de los objetos hacia el cual se tiene que dirigir nuestra visión mental si vamos a encontrar algo de la verdad. Cumpliremos con ello exactamente si reducimos las proposiciones obscuras y complicadas paso a paso [análisis] a aquellas que son más sencillas [resolución], y entonces empezando con una aprehensión intuitiva a todas aquellas que son absolutamente sencillas, intentamos ascender [síntesis] al conocimiento [composición] de todas las demás precisamente por medio de los mismos pasos [demonstración]".

Regla VII. "Si deseamos que nuestra ciencia sea completa, aquellos asuntos que promueven el fin que tenemos en vista tienen que ser escudriñados por el movimiento del pensamiento que es continuo y en ninguna parte interrumpido; también tienen que ser incluidos en una enumeración que es tanto adecuada como metódica".

Regla XIII. "Una vez que una cuestión está perfectamente comprendida, tenemos que librarla de todo concepto superfluo de su significado, afirmarla en sus términos más sencillos, y teniendo recurso a una enumeración, dividirla en varias secciones en las cuales el análisis no puede ser más minucioso." *(Reglas para la dirección de la mente, 3-49).*

"Aquellas largas cadenas de razonamiento, tan sencillas y fáciles que aparecen, de las cuales los geómetras utilizan para poder llegar a las demonstraciones más difíciles, me ha causado imaginar que todas estas cosas que están bajo el conocimiento del hombre muy probablemente pueden ser relacionadas en la misma manera; y así, a reserva de que sólo nos abstenemos de recibir cualquier como cosa de verdad aunque no lo sea, y siempre retener el orden que es necesario para deducir una conclusión de otra, no puede haber nada tan remoto que no podemos alcanzarlo, ni tan escondido que no podamos descubrirlo." (*Discurso del método*, 93).

Para Descartes, toda la certeza descansa en el *a priori ratio*, en la razón humana. El individuo es el sujeto pensante; y el individuo necesariamente percibe cualquier otro tipo de cosa como objeto. Por supuesto, esta postura pronto aparta al sujeto consciente del mundo y le pone arriba del mundo que es el objeto de su auto conocimiento. El racionalismo subjetivista es sumamente claro. Debido a la influencia de Descartes, el racionalismo científico ganó una presencia muy arraigada en la filosofía occidental.

Baruch *Spinoza* (1632-1677), un pensador judío y nativo de Ámsterdam, inicialmente se orientaba hacia Descartes. Sin embargo, difería en que él era universalista: Spinoza sólo reconocía una sola sustancia. Había un toque fuerte de misticismo neoplatónico en su pensamiento que explica su deseo de lograr intelectualmente una unión mística con Dios (=naturaleza). Consecuentemente su misticismo es de una naturaleza racionalista. Debido a su universalismo, su filosofía es panteísta en carácter: la substancia es Dios, de la cual todo en el mundo es una manifestación.

Como Spinoza, *Leibnitz* (1646-1716) pasaba por varias fases en su desarrollo filosófico. Era un hombre capaz que soñaba unir todas las mentes científicas de su tiempo. Como un paso en esa dirección él fundó la Academia de Ciencias de Berlín. Además, luchaba para unificar la Iglesia. Filosóficamente Leibnitz era un universalista parcial. Esta postura es clara por medio de su teoría de monadas, que se parece mucho a la de Bruno que ya hemos mencionado. ¿Qué son monadas? Monadas son núcleos de poder indivisibles y sin forma, con la capacidad de producir acción.

Dios es la gran monada central. Aparte de él hay un sinfín de monadas que juntas constituyen el universo. Leibnitz era un optimista que creía que nuestro mundo es el "mejor de todos los mundos posibles." Su optimismo hacía mucho para mantener la fuerza y vigor del racionalismo.

Juan *Locke* (1632-1704) y el obispo *Berkeley* (1685-1753) tradicionalmente están clasificados (junto con David Hume) como "empiristas británicos." De hecho Locke sí era un empirista, pero también un racionalista. A pesar de lo que dicen los historiadores seculares, el racionalismo y el empirismo no son mutuamente exclusivos. En el caso de Juan Locke, por ejemplo, el empirismo es distintamente racionalista en su carácter. Según su punto de vista, el proceso de saber o conocer empieza con las impresiones sensoriales; no obstante, las leyes de asociación a priori dan significado a tales impresiones. En otras palabras, las impresiones están ordenadas por medio de una estructura de pensamiento a priori, de la cual los resultados pueden ser confiables.

El énfasis de Locke sobre la introspección individual al fin le dio un argumento racional para la tolerancia religiosa (de todo menos ateos, enfermos mentales y miembros de la Iglesia católico-romana). También contribuía al crecimiento de la teoría de los "derechos naturales de la vida, la libertad y la propiedad", una teoría que iba a llegar a ser una fuerza muy poderosa en las revoluciones americana y francesa. Hoy es difícil para que la gente acostumbrada a las libertades de la democracia imaginar qué tan radical fue la afirmación de Locke que "la [razón] enseña a toda la humanidad, a los que la consulten, que todos son iguales e independientes y que nadie debe hacer daño a otra persona en su vida, salud o posesiones".

Un asunto importante en su época era la persecución religiosa. Siguiendo los caprichos del rey, Inglaterra se volvía anglicana o católico-romana. Además, había una variedad de sectas: luteranos, puritanos (calvinistas), bautistas, anabaptistas, etcétera. Locke quería comprobar que dada la naturaleza de la comprensión humana, la razón dictaba una toleración religiosa.

El argumento que hizo va más o menos así. Todas las personas nacen iguales, es decir, todos venimos al mundo desde cero sin ideas innatas, y la luz natural de la razón—"Suficiente luz para guiarles al Conocimiento de su Hacedor, y vista para comprender sus propias obligaciones". Como las marcas en el barro húmedo, los datos sensoriales hacen impresiones en la mente. Por ejemplo, casi todos en algún momento de sus vidas han sentido "rojo" "aquí" "ahora"—estas impresiones llegan a ser ideas sencillas singulares. Éstas y muchas otras ideas sencillas singulares se agrupan y se combinan, en una manera racional, en la mente de cada persona para formar ideas más complejas. Son estas ideas más complejas, tales como la "obligación", el "valor", la "paz", a los cuales la voluntad escoge cuando está tomando decisiones y persiguiendo consecuencias. El sentido de "justicia" y de "lo correcto" además de la "adoración" son ideas complejas y nunca han sido experimentadas así. Así, argumenta Locke, que cualquiera, cuyas acciones son el resultado del uso racional de la voluntad al escoger lo que el individuo sabe que es lo correcto y lo bueno, dadas las ideas complejas (racionalmente construidas) con las cuales aquella persona tiene que funcionar, está haciendo lo mejor que podemos esperar que haga alguien. Tales personas pueden no ser perseguidas por sus prácticas, porque están haciendo lo que (su) razón dicta. Y la coerción o persecución nunca les va a convencer que sus acciones son incorrectas. Por lo tanto, la razón requiere la tolerancia religiosa.

Y, ¿qué tal aquellas excepciones? Una vez que realicemos que el único criterio para la tolerancia es la razón y la racionalidad, las excepciones no son tan difíciles de comprender. Los ateos no son *tolerantes* porque muy obviamente la razón comprueba que Dios existe. Los enfermos mentales, que para Locke incluyen a los fanáticos y "entusiastas" religiosos, también no son aceptables porque no pasan la prueba de la racionalidad. Y los católico-romanos, mientras sean personas amables, realmente no son confiables porque en cualquier momento el Papa puede imponerse sobre lo que su propia razón había dictado y sencillamente decirles que es lo que tienen que hacer.

Locke era un empirista, pero también un racionalista. Que pasaba sus últimos años escribiendo paráfrasis de las Epístolas paulinas no debe sorprendernos. Otra vez él apela a la razón. La razón es el don de Dios a la humanidad para ayudarnos a determinar que constituye la revelación: "Yo creo lo que puedo entender".

El practicismo

No tardó mucho para que una reacción en contra del cientifismo empezara. Algunos racionalistas realizaban que hay más en la vida que la teoría científica-matemática. Hay tal cosa como el conocimiento práctico, un conocimiento que no necesariamente es la consecuencia de un análisis teórico. Por ejemplo, tal conocimiento es el conocimiento del lenguaje de uno, de las prácticas comerciantes, de cómo actuar correctamente en tal situación. Estos pragmatistas entendieron que las distorsiones inevitablemente ocurrirían cuando la teoría controle la vida práctica. Como tal ellos desarrollaron un punto de vista más amplio aunque racionalista. El resultado fue que el racionalismo pragmatista se extendió mucho y ganaba más control del que el cientifismo había logrado.

Tres de las más grandes figuras de la Ilustración eran tal pragmatistas: Hume, Voltaire y Rousseau.

David *Hume* (1711-1776), como Juan Locke, era un empirista racionalista, pero de una naturaleza más pragmatista que cientificista. La pregunta que él trataba de contestar era "¿cómo adquirimos nuestro conocimiento acerca de hechos conocidos?". Decía que el conocimiento acerca de las cosas, de los hechos, depende del conocimiento de las relaciones casuales. Entonces la pregunta llega a ser, "¿Cómo logramos el conocimiento de las relaciones casuales?". Pero Hume dice, es imposible saber que una cosa causa otra sin tener un conocimiento anterior del hecho. Sin decir, pronto resultó que Hume estaba persiguiendo su propio interés en este asunto.

Eventualmente Hume afirmaba que sabemos poco más que un fluir de impresiones. Por ejemplo, él cuestionaba la misma noción de casualidad como la realidad del mismo *yo* con la posibilidad de experimentar sustancia. Hume mantenía que todo lo que experimentamos es una serie de impresiones. Cuando tal serie parece ordenada, es decir, cuando las impresiones se siguen vez tras vez, postulamos las leyes de la casualidad, aunque nunca habíamos experimentado la casualidad misma. Así, lo que nombras "tú" no es nada más que un conjunto de impresiones que recuerdas. No obstante, para Hume tales postulados eran ficciones imaginarias. Él argumentaba que las conclusiones que logramos basadas en la experiencia, no son el producto de un correcto método de razonamiento, sino sólo el producto del hábito.

Esta crítica radical de Hume dañó mucho la fe en la "razón científica". Las verdades sólo llegan a ser nada más que asociaciones psicológicas. Las declaraciones universalmente validas están fuera del cuadro en cualquier ciencia menos geometría, álgebra y aritmética. En las demás la probabilidad es lo mejor que uno puede esperar.

Voltaire (1694-1778) y Rousseau (1712-1778) eran dos grandes figuras de la Ilustración. Ambos eran muy agudamente anti-cientificistas y anti-cristianos. Especialmente Voltaire ha llegado a ser famoso por sus ataques en contra del cristianismo. Era un deísta en teoría, realmente Voltaire tomó la ciencia como su "dios" y dejó la religión a las masas. Sin decir, su influencia fue una contribución más hacia la secularización de la vida diaria.

Voltaire y Rousseau diferían en sus perspectivas de la cultura. Voltaire creía que el desarrollo cultural humano constituía el progreso, mientras Rousseau decía que la cultura corrompe. Él decía que los seres humanos son básicamente buenos, que una vez en el "estado de la naturaleza" no había maldad ni problemas sociales. Por lo tanto, el grito en el cielo de Rousseau era: ¡Regrese a la naturaleza! Su postura anti-cientificista es evidente en su desprecio de la ciencia. La ciencia no puede sanar al mundo, decía, sólo la libertad y la igualdad, ambas situaciones prácticas. Las personas no deben ser sujetadas a otras personas sino sólo a la "voluntad general." Las ideas de Rousseau—especialmente su libro *El contrato social*—funcionaron como un catalizador poderoso en el proceso de estallar la Revolución francesa.

Idealismo

El idealismo trataba de reconciliar el cientifismo y el practicismo. El padre del idealismo fue el alemán, *Immanuel Kant* (1724-1804). Es probablemente uno de los filósofos más influyente de los tiempos modernos.

El método de Kant de filosofar—expuesto en su *Crítica de la razón pura*—lleva el nombre de "trascendental". Eso quiere decir que él quería investigar las condiciones que determinaban la posibilidad y la certidumbre del conocimiento científico teórico. En otras palabras, él quería demostrar lo que la mente humana podía y lo que no podía conocer con certeza.

Él creía que las impresiones que recibimos de las "cosas por allá" están formadas y determinadas por la estructura a priori de nuestra mente. Es decir, trataba de mostrar que nuestro conocimiento contiene componentes contribuidos por nosotros mismos antes de nuestra experiencia. Es la primera de todas nuestras formas a priori de tiempo y espacio que determina nuestras impresiones sensoriales. Entonces nuestras formas a priori de pensar, categorías tales como la unidad, la diferencia, la negación y la casualidad, delinean más las impresiones tempo-espaciales, formándolas con la apariencia de objetos según conceptos en el entendimiento. Según Kant, podemos conocer sólo la "cosa" de la experiencia sensorial (el *phenomena*), nunca la cosa en sí (el *noumenon*—el *"Ding an sich"* de Kant). En efecto, estaba rechazando la presunción convencionalmente aceptada que nuestro conocimiento depende de los objetos, y lo estaba reemplazando con la afirmación que los objetos dependen de nuestro conocimiento. Kant se refería a este cambio como "la segunda revolución de Copérnico".

Es la razón—el *cogito* atrás de las categorías—que ordena el caos de las impresiones recibidas. Los seres humanos hacen sentido de la realidad y traen orden al mundo.

Puede ayudar un ejemplo en este último punto. Kant toma el "uno después del otro" (característica temporal) y el "uno al lado del otro" (característica espacial) de las impresiones sensoriales como el resultado de nosotros ordenando nuestras impresiones sensoriales. En otras palabras, estamos inundados con un marea de impresiones sensoriales y lo que hacemos con ellas es ordenarlas en términos de "antes y después" y "al lado de y enfrente de". Las ciencias que tratan con este "uno después del otro" y "uno al lado del otro", es decir la aritmética y la geometría, realmente se enfocan en sólo lo que la mente contribuye a la percepción. Dice Kant que eso es por qué los resultados de las matemáticas tienen un carácter valido en ellos.

Entonces, ¿es la razón la condición última para Kant? ¿Es el "yo" pensante bajo menos condiciones últimas que el ser mismo? Kant decía que no; hay cosas como Dios, el alma y el mundo, que deben determinar el uso de la comprensión en la experiencia. No obstante, estas últimas condiciones o principios mismos, que Kant nombra "ideas", exceden la posibilidad de la experiencia y están más allá de nuestro conocimiento. Las personas pueden buscar el alma y el mundo, pero nunca los van a encontrar. Dios, el alma, la inmortalidad, la libertad en sí (*an sich*) no pueden ser conocidos. Por lo tanto, lo mejor que podemos hacer es actuar *como si* ya hubiésemos llegado a estos principios últimos, y permitir que estas "ideas regulativas" nos guíen en nuestras investigaciones posteriores.

En su segunda obra principal, *La crítica de la razón práctica*, Kant explora las condiciones para la acción moral.

Él encuentra que la moralidad es esencialmente un asunto de obligación y libertad. Él postula su famoso "imperativo categórico": Él cree que las personas son capaces de formular leyes de conducta para ellas mismas y que la ley fundamental es que uno debe actuar sólo como si uno quisiera que cualquiera en una circunstancia parecida haría lo mismo. Estaba convencido que cuando pensamos en hacer cualquier acto, siempre podemos distinguir entre el bien y el mal por medio de pensar acerca de tal acto desde una perspectiva más general.

La postura de Kant representa un intento de una reconciliación entre el cientifismo y el practicismo. Él lo dice así: yo he confinado un área de ciencia (=razón científica) para hacer un espacio para la religión (=razón práctica). En realidad, la religión a que se refiere Kant no es otra cosa que el moralismo de la Ilustración. La ley moral, siendo un resultado directo de la razón humana, retiene su a priori. La bondad moral se determina por sólo la razón. Por lo tanto, lo humanos, siendo racionales, saben a priori lo que es bueno sin ningún apoyo exterior. El bien y el mal yacen en la autonomía de cualquiera. Como resultado Kant afirma que todos los seres humanos tienen un valor intrínseco. Dada su autonomía, tenemos que tratar a las personas con respeto y nunca como un medio para llegar a un fin.

¿Cómo combinó el puro *ratio* (científico) y el *ratio* práctico? La respuesta está en la: "*Urteilskraft,*" es decir, en nuestra capacidad de juzgar, una capacidad que Kant expone en su tercera obra principal, *La crítica del juicio*. En ese libro él trata de juntar la razón teórica con la razón práctica en un nivel más profundo, es decir, en la imaginación. Se involucra una teoría compleja, y generalmente reconocida como infructuosa, que no podemos tratar en este estudio.

Vimos que en la Edad Media la filosofía se basaba en y fue determinado por el *motivo base* de naturaleza/gracia, es decir, un punto de arranque comprometido a la naturaleza/gracia. Este tema de la naturaleza y la gracia producía tensiones intolerables. El periodo moderno había adoptado un motivo base diferente a la naturaleza y libertad. El problema para la filosofía moderna es reconciliar los dos: por un lado hay "naturaleza"—concebida con un conjunto de leyes y procesos mecánicos científicamente discernido—y, por otro lado, hay la autonomía humana, la libertad humana. La pregunta es, ¿cómo podemos mantener nuestra libertad autónoma en un mundo mecánicamente determinado? Las obras de Kant ilustran la solución idealista. En la *Crítica de la razón pura*, Kant trata con la "naturaleza", es decir, con el problema del conocimiento en relación a las ciencias naturales. En la *Crítica de la razón práctica* él expone sobre la "libertad", su moralidad, la "fe", la relación con Dios, etcétera. Luego trata de reconciliar los dos en su *Crítica del juicio*.

La mayoría de los historiadores del pensamiento occidental enfatizan la *Crítica de la razón pura* de Kant, y a menor grado la *Crítica de la razón práctica*, mientras la *Crítica del juicio* está muy olvidada. Esta situación muestra una preocupación contemporánea con las ciencias naturales y refleja los prejuicios de muchos que, de alguna manera, el futuro todavía yace dentro de la iniciativa científica.

Otros prominentes idealistas del racionalismo temprano eran Fichte, Schelling y Hegel. *Hegel* (1770-1831) era un erudito cuya filosofía está generalmente reconocida como el pináculo del idealismo. Hegel creía que sólo hay una realidad última de la cual todo es una manifestación. Esa realidad es la identidad de ser y de pensamiento: la Mente o Espíritu Absoluto (en alemán: *geist*), al cual él se refiere como "Dios". Su sistema no es fácil comprender, en parte porque mucho de lo que escribe es bastante enigmático.

Un ejemplo: en su *Ciencia de lógica* Hegel empieza a estudiar esta última realidad racional. Leamos:

> La lógica debe ser entendida como el sistema de la razón pura, como el reino del pensamiento puro. Este reino es la verdad como no tiene velo y está en su naturaleza absoluta. Por lo tanto, se puede decir que su contenido es la exposición de Dios, como él está en su eterna esencia antes de la creación de la naturaleza y de la mente finita. (50)

El hombre—la mente finita—siendo uno con el mismo fundamento de las cosas, debe llegar a conocerse por medio de su propio desarrollo como está vinculado a la realidad más grande de *Geist*, que en la historia también está en el proceso de la diferenciación. La Mente Absoluta se desenvuelve dialécticamente con un esfuerzo para conocerse como la Mente—en la misma manera, dice Hegel, nuestra conciencia se mueve hacia la auto-conciencia por medio de ir y venir (=dialéctica) entre lo que decimos que somos y lo que realmente somos. Cada persona y cada comunidad son sólo un momento en el proceso cósmico del Ser en el devenir de la diferenciación histórica; las primeras son expresiones más pobres de lo que los posteriores representarán más adecuadamente. Dice Hegel, que la historia es últimamente una expresión del orden cósmico y está dirigida hacia la realización de la Mente como Mente (entendido como: la Razón como Razón). La historia alcanzará su culminación en una comunidad dinámica y viva (refiriéndose a Alemania) que está en conformidad con la razón.

Entre otras cosas, los puntos de vista de Hegel hicieron mucho para fomentar un espíritu de nacionalismo alemana. No obstante, su filosofía encontraba severas críticas que eventualmente fomentaban los espíritus irracionalistas.

El racionalismo posterior (1815-1900)

El idealismo del periodo temprano del racionalismo no satisfacía. Sin embargo, la centralidad de la historia, tan enfatizada por Hegel, permanecería. Una reacción llegó con el crecimiento del positivismo. Este cambio del idealismo al positivismo significaba la transición del racionalismo temprano al posterior. Anota que todos estos movimientos, incluyendo la reacción al idealismo, siguen siendo racionalistas. La razón permanecía siendo la totalidad de la adoración humana. No obstante, hay un cambio en el énfasis. Mientras el racionalismo temprano había especializado en el desarrollo de la teoría de la "Razón" en términos de su contenido a priori, ahora el énfasis caía más sobre la actividad de la "razón". El resultado fue un énfasis sobre el método. Este énfasis en el método iba a la mano con la expansión y la diversificación entre las ciencias especializadas. Durante el periodo del racionalismo temprano el término "ciencia" era sinónimo con "matemáticas y física". Pero en el siglo XIX vemos la iniciativa científica iniciando investigaciones en otras áreas también. La biología, la psicología, la historia, la lingüística, la economía y la sociología, como ciencias distintas, "nacieron" en el siglo XIX.

El periodo del racionalismo posterior consiste de tres movimientos. Son parecidos a las tres etapas del racionalismo temprano. Son: 1) el cientificismo de los positivistas, luego 2) el practicismo de los neopositivistas, y finalmente 3) el neo-idealismo, un movimiento que trata de combinar los primeros dos.

El positivismo

La naturaleza del cientifismo se ve claramente por medio de la postura del francés, Augusto Comte (1798-1857), el "padre del positivismo," para quien lo más seguro, *el entendido positivamente,* es la base segura de todo conocimiento. Su preocupación principal era la reestructuración de la sociedad sobre una base de una ciencia re-estructurada. Las ciencias tienen que determinar exactamente como la sociedad debe ser re-ordenada. Comte reconocía sólo seis ciencias: matemáticas, astronomía, física, química, biología y la más importante, la sociología.

Según Comte, la historia ha progresado en tres etapas: primero había una etapa mitológica o teológica, cuando los seres humanos explicaban los eventos naturales en términos de causas sobrenaturales. En aquel entonces las sociedades fueron gobernadas por militaristas feudales. Comte incluía al cristianismo en esa etapa. La segunda fase era la fase metafísica, en la cual los eventos se atribuían a principios abstractos tales como la forma y la sustancia. Durante esa etapa las sociedades eran jurídicas, basadas en los nombrados "derechos naturales". Ahora, afirmaba Comte, una nueva etapa había comenzado, la etapa de la ciencia positivista—la razón había madurado. Si todo procede como es planeado, una sociedad saldrá guida por especialistas, economistas e industrialistas, y supervisados por (un hecho positivista) los sociólogos. El trabajo de la filosofía en esta nueva era es la promoción de un método unificado de todas las ciencias. ¿Cuál es ese método?

Como hemos notado anteriormente, el método es una manera de proceder. Para Comte, la ciencia positiva es la ciencia que procede por medio de tomar "lo dado positivamente"—lo que aparece y es perceptible por los sentidos— como la base de todo conocimiento. La ciencia positiva no pide motivos, razones o intenciones. No tiene interés en el "por qué" de los eventos y las acciones humanas. Los positivistas se enfocan en el *qué* y en el observable *cómo*. Sistemáticamente observan los siguientes pasos. Por medio de extraer lo independiente lógicamente, los factores constantes—los hechos plenos recurrentes—en los eventos examinados y por medio de buscar relaciones constantes secuenciales—conexiones casuales—entre estos hechos, llegan a los hechos científicos o leyes. Estas leyes, a la vez, llegan a ser los medios propuestos por los humanos para fines ya declarados: para predecir y controlar altruistamente—a re-estructurar—lo que acontece, también en la sociedad. (El conductismo y la metodología del siglo XX de B.F. Skinner son ejemplos notorios del positivismo en acción, tanto teórica como prácticamente.)

El positivista británico John Stuart *Mill* (1806-1873) tenía mucho en común con Comte. Mill trabajaba para dar al positivismo un fundamento lógico/epistemológico. También percibía que la ciencia de la psicología fuera la base de la filosofía. Según él la filosofía tenía que investigar los asuntos "dados", "los datos" elementales de la conciencia, en otras palabras, las impresiones y sus "asociaciones" según el ejemplo de las ciencias naturales.

Mill era un defensor aguerrido del *utilitarismo*. El utilitarismo es el punto de vista de que el último principio de la moralidad es "Busca la manera de producir la mayor felicidad posible". Él argumentaba que lo que sea deseado es deseable; que a fin de cuentas las personas desean la felicidad y nada más; por lo tanto, la felicidad es la única cosa verdaderamente deseable; y así, la felicidad debe ser maximizada. No es de sorprenderse de la apreciación que Mill tenía de la teoría epicúrea de la vida.

Aunque ya no está prevalente en Europa, el método del positivismo sigue prevaleciendo en la mayoría de las escuelas, universidades e instituciones profesionales de Norteamérica. Por ejemplo, el punto de vista predominante entre los científicos sociales en Norteamérica, en términos de números, es la adherencia a algún tipo de metodología positivista. La presencia poderosa del positivismo requiere pocos comentarios de una crítica negativa. El concepto "hecho" es de hecho mucho más complejo y mucho más estructurado de lo que el positivismo quiere reconocer.

En primer término, el movimiento sugerido de los hechos o datos concretos a los hechos o leyes científicos, es, por un lado, mal construido. No hay hechos neutrales sin la propia ley que los mantiene, tanto para el conocedor como para lo conocido. Ni las leyes científicas son un tipo específico de un hecho. Por otro lado, la legalidad (modo de expresar la ley) en realidad tiene una manera mucho más poderosa, dinámica y variada de que lo que se determina en la uniformidad e inflexibilidad de la "secuencia" y la "similitud" (o la asociación). Para los positivistas, las leyes son las fórmulas matemáticas fijadas, y las normas no son más que un medio (promedio) cuantificable y fluctuante— como si la mayoría de la gente, los eventos, los matrimonios o cualquier otra cosa pudiera poner el estándar.

En segundo término, los hechos son muchos y muy diversos. Diferentes hechos tienen diferentes significados. Como hechos pueden tener algunas huellas en común, pero un hecho emocional no puede ser reducido a un hecho físico. Un hecho lingual no puede ser reducido a un hecho histórico. Un hecho de justicia no puede ser reducido a un hecho religioso. La diversidad es aún más variada si pensamos, por ejemplo, cómo tener el manejo de un lenguaje y tener poder político, aunque ambos son tipos de "control", no pueden ser mezclados. Similarmente, hay diferencias importantes entre las maneras comunes de pensar, de hábitos de compra, de hábitos sociales y de rituales tradicionales.

El positivismo se desarrollaba en varias formas y producía unas consecuencias importantes, sólo vamos a mencionar cuatro aquí.

La primera consecuencia involucra el desarrollo de *evolucionismo*. No todos los positivistas podrían subscribir a esa teoría porque requiere una serie de condiciones. Por ejemplo, el evolucionismo nunca se encuentra entre los pensadores estructuralistas porque el evolucionista piensa genéticamente. Además, el evolucionismo presupone una postura monista. Después de todo, el evolucionista está tratando de explicar una multitud de eventos en términos de derivación de una sola fuente. Un dualista no puede ser un evolucionista.

Carlos Darwin (1809-1882) era un positivista evolucionista cuyas teorías fueron filosóficamente sistematizadas por Herbert Spencer (1820-1903). La actitud anti-cristiana de Spencer hacía mucho para que el término "evolución" fuera una palabra grosera para los cristianos. Nosotros cristianos debemos mantener en mente que hay una distinción entre evolución y evolucionismo. La evolución se refiere al hecho que ocurren cambios en la vida de plantas y animales, por ejemplo cuando los botánicos producen todo tipo de rosas bonitas o cuando el piscicultor produce guppies (pececitos) con colas anchas. Sin embargo, cuando tales cambios se consideran tener la última explicación de toda la vida en el planeta, entonces el evolucio*nismo* es el resultado; algo que contiene algo de la verdad está elevado como la verdad de todo.

La segunda consecuencia del positivismo es que abrió la puerta a una crítica *marxista* de la sociedad y del estatus quo. El comunismo, el socialismo y el anarquismo, unos movimientos ya presentes en una forma limitada entre algunos sofistas griegos, empezaron a florecer.

Cuando Karl Marx (1818-1883) llegó al escenario, la sociedad europea estaba en una situación de una conmoción política y económica—esto en contraste al sistema totalitario de Hegel que afirmaba ver todo en su lugar racionalmente ordenado. La pregunta de Marx era, "¿Qué valor tiene la filosofía en la realidad de la sociedad?". Su respuesta: para intensificar una auto-conciencia crítica de quiénes somos y de qué nos tratamos, más bien que huir de nuestra auto-conciencia en unas interpretaciones racionales y religiosas de la sociedad. Él escribió enfáticamente. "Los filósofos solo han interpretado el mundo en varias maneras: el punto es cambiarlo".

Marx rechazaba la noción de que los humanos son lo que son. Marx veía al ser humano como un ser que produce; un ser que, a través de producir, históricamente se produce a sí mismo. La gente compone a la sociedad. Esta auto-producción se caracteriza por los deseos y fuerzas dinámicos (que Marx finalmente interpretaba ser de una naturaleza económica). Hay tanto discontinuidad como continuidad en este desarrollo. Hay que aceptar a la revolución como una necesidad cuando en el transcurso del desarrollo histórico nuevas fuerzas (de producción) no pueden ser incorporadas en la presente relación social (de producción). Aquí está la tarea de la filosofía según Marx: hablar acerca del "establecimiento" y contradecirlo, y así abrir las posibilidades del cambio.

Marx apela a la realidad histórica y a lo que él llama la "auto-alienación de la humanidad". Las personas están alienadas de las otras personas, son extranjeros, como los barcos que pasan en la noche, sin ningún sentido de estar unidos, juntos. Pero también las personas se alienan ellos mismos. "¿Yo mismo soy o soy lo que otros me han hecho o quieren que yo sea?". Dice Marx que la auto-alienación describe tanto a los capitalistas (los que tienen) y la clase obrera, el "proletario" (los que no tienen). Pero es especialmente el proletario que más obvia y completamente representa esta negatividad de la realidad histórica, en su sufrimientos y en la radicalidad de ese sufrimiento, en esta situación limítrofe, yace el punto crítico en dónde la posibilidad de un auto-reconocimiento radical y un auto-redescubrimiento llegan a ser reales. El proletario vive este sufrimiento y descubre en él, el fondo de su existencia. La persona del proletario se descubre como un ser con necesidades reales, un ser que requiere a otras cosas y personas fuera de sí mismo. Lo descubre él mismo. Y su lucha de realizar esas necesidades es una lucha hacia la auto-realización. Creía Marx que esta filosofía no pudiera haber salido antes. Sólo ahora, en medio de la situación negativa universal podría levantarse esta clase servil y deshumanizada.

En este momento tenemos que notar una ambigüedad y tensión en el pensamiento de Marx. Por un lado, la filosofía de Marx apela a la existencia negativa del proletario que el curso "natural" de la "historia" ha traído a la existencia, mientras, por otro lado, la tarea de descubrir el significado de esta existencia negativa y de concientizar a la gente de su sufrimiento (y así experimentarlo más intensamente) pertenece a la filosofía. Es decir: (su) filosofía llega de afuera como la revelación—revelando el misterio de la historia al proletario—para llegar a ser el maestro de la emancipación práctica del proceso de la historia.

Para Marx, "histórico" inmediatamente significa "dialéctico". La historia es un desarrollo en oposiciones por medio de polaridades: entre fuerza (de producción) y relaciones (de producción), últimamente entre la persona y las demás cosas y personas; entre mis necesidades y mis posibilidades, por un lado, y aquel y aquellos que se necesitan para realizar esas necesidades y posibilidades. En el fondo, esta dialéctica yace dentro de la existencia humana en sí. Así es porque la auto-alienación no es simplemente un accidente histórico. La auto-alienación es un elemento irreemplazable para continuar el desarrollo histórico. Aun así Marx permanece ambivalente sobre este punto. Ve algo mal, algo anti-normativo en la auto-alienación. Por eso Marx fijó en una situación de total comunismo humano, un "reino de libertad", en la cual se vence esta auto-alienación. (No obstante, esta culminación implicaría que la historia tendría que terminar. Aunque a veces Marx parece sugerir que esto sería el principio de una historia "verdadera", haciendo que todo lo que precedía fuera la "pre-historia".)

Otro intento del siglo XX para abrazar solamente lo "dado positivamente" es el ideológicamente motivado Positivismo Lógico. Su meta era establecer una actitud seria, empírica y científica por medio de hacer de la física el modelo para todo el conocimiento humano. Estos positivistas fueron convencidos que al unificar las ciencias en un solo método sólido, produciría un sistema unificado de conocimiento significativo y válido. Su primer paso requería que clarificara el lenguaje de la ciencia, y con este fin ellos desarrollaban un estándar para clarificar, un criterio que probaba cuales oraciones sí expresaban una proposición genuina y cuáles no lo hicieron, acerca de la realidad de un hecho. Su famoso principio de verificación afirmaba que el significado de una declaración es el método de su verificación. Dicho negativamente, cualquier declaración que no puede ser verificado empíricamente (sea acerca de Dios o éter o ética) no tiene significado. El lenguaje consiste de palabras y tiene significado en cuanto a que estas palabras representen hechos reales. Entonces ellos empezaban a analizar lógicamente las proposiciones (=conocimiento) y lo que dicen en sí (=hechos), porque el verdadero conocimiento es proposicional. Las afirmaciones acerca de cosas y hechos que no pueden ser observados, sea directa o indirectamente, fueron declaradas de no ser afirmaciones. La última agenda de reducir lógicamente todo (verdadero) lenguaje a declaraciones observables, no obstante, sirvió para acabar con esta idea. No sólo que no podían verificar el principio de verificación, sino tuvieron problemas tratando de decidir cuál es una declaración observable y cuál experiencia (subjetiva) acerca de un evento físico realmente sería válido.

 Un pariente cercano al positivismo lógico que hoy día parece tener más vitalidad es lo que lleva el nombre General Systems Theory (Teoría de sistemas generales) o simplemente Análisis de Sistemas. Esta filosofía es más atenta y se presenta tanto para diagnosticar como para resolver los peligros y los problemas de nuestra aldea global. Sin embargo, el progreso ya no es una alternativa; lo mejor que podemos hacer es trabajar para sobrevivir. Curiosamente, normalmente señala, con gran énfasis, la culpabilidad de los híper-especializado y lo científico en el acercamiento a las cosas, y una ciencia "holística", que abarca todas las ciencias como el remedio adecuado.

Egbert Schuurman, un filósofo cristiano de tecnología, explica algo de las dinámicas involucrado en este asunto:

> "En la teoría de sistemas el *todo* permanece central *como un sistema*. *Que el todo es más que la suma de sus partes*. Una consideración más detallada muestra que el todo es la suma de sus partes más la interacción entre esas partes. La interacción se controla por medio de más información, comunicación, retroalimentación, equifinalidad, auto-estabilización y auto-organización. Este método también asiste al sistema y a su ambiente en términos de la aportación (cuantificable) y producción de material, energía e información. Vemos de esto que aunque el método es nuevo cuando se compara a otros métodos, el resultado lleva a una continuación incrementada de la tecnología moderna en la tecnología informática, la tecnología computacional y en la tecnología de los sistemas integrados".
> (48)

Veremos más adelante que tan importante es tener un sentido del todo, pero en este caso es crucial recordar que el todo que ve el análisis de sistemas es un sistema construido de aportación cuantificable, producción, retroalimentación, etcétera. El mapa que produce a veces puede ayudar. Pero no se debe olvidar que tal sistema está construido, un todo simulado, y que como la mayoría de los mapas inevitablemente deja fuera del cuadro muchas cosas importantes.

Neo-positivismo

El neo-positivismo estaba críticamente en contra del cientifismo de los positivistas ya a fines del siglo XIX. Decían que hay más vida que los puros hechos positivos de las seis ciencias de Augusto Comte. Hay conocimiento práctico y experiencia práctica también. El hacer es tan importante como el conocer.

En este sentido Karl Marx llegó a ser un neo-positivista. En sus últimos años Marx perdió interés en su deseo de producir un "socialismo científico." Él empezó a concentrarse sobre la actual lucha de clases en un sentido práctico y a dirigir sus pensamientos filosóficos pragmáticamente hacia la agitación y la estrategia de esa lucha. Este cambio de positivismo a neo-positivismo tal vez contribuía significativamente al éxito del comunismo durante mucho del siglo XX.

El padre real del neo-positivismo era William *Dilthey* (1833-1911). Su distinción entre las ciencias psicológicas y naturales era importante. Dilthey afirmaba que el fenómeno psicológico (mental, espiritual) no puede ser explicado en términos de leyes científicas (naturales), sino sólo puede ser entendido intuitivamente como tipos de conducta. Los seres humanos tienen el llamado de pensar, tener voluntad, sentir y vivir creativamente en el flujo histórico de la vida.

Dilthey era un proponente del historicismo y ayudaba a articular una "conciencia histórica" que crecía en el siglo XIX. Mientras crecía el interés en la historia, también crecía la perspectiva de la determinación histórica. O sea, en dónde estás en el tiempo tiene su importancia. La historia no es simplemente la suma de cosas más o menos interesantes que hayan pasado a la humanidad en el pasado y están presentadas a nosotros en las generaciones presentes. Según Dilthey, la historia es el desfile de posibilidades y el ser humano es la unidad mente-cuerpo que vive en interacción con el ambiente físico y social. Toda la experiencia, y por lo tanto, todo el pensamiento provienen de esta interacción del ser individual con el mundo. Y de esta interacción el ser individual construye una cosmovisión histórica y socialmente condicionada (*Weltanschauung*).

Se puede conocer al ser humano de la historia, pero el ser humano no representa un tipo constante. Dilthey escribió, "El tipo 'hombre' se derrite en el proceso de la historia," que significa: en la historia nos encontramos en una de las formas que la humanidad puede asumir. Habían existido y hay otras; y aún habrá otras más adelante. La conclusión: ¡no hay un solo camino correcto! Tenemos que reconocer que nuestras experiencias del mundo son finitas y tenemos que evitar los reclamos de decir que tenemos la verdad completa y exclusiva, no importa la cosmovisión que construimos. No hay ningún orden social dictado por la naturaleza de las cosas. Las cosas pudieran haber salido diferentes. ¡Todo es relativo!

Para el historicista, la relatividad de tiempo y lugar y la finitud de cada quien realmente no es el problema. El historicista retiene adentro un tipo de complejo de superioridad que es el resultado de creer poder entender a todos los periodos históricos y a todas las culturas extrañas. El intento de comprender ilimitadamente esta diversidad permite que uno pueda tomar una postura afuera o arriba de la historia, esto sugiere, que, por lo menos, algunos pueden ser observadores desinteresados del drama humano. Sin embargo, sólo aquellos pueden recuperar el pasado como realmente fuera y descubrir el significado de la historia como un todo.

Similarmente el lingüista suizo Ferdinand de Saussure (1857-1913) afirmó que el lenguaje es un fenómeno social cambiante que no se refiere a las cosas del mundo ni a las ideas que tenemos de ellas en nuestras mentes. Para él, el lenguaje es lo que está dentro de una conversación que ocurre dentro de una comunidad de discurso. En otras palabras, estaba en desacuerdo con sus precursores quienes miraban al lenguaje como un fenómeno natural que se desarrolla según leyes fijas, que la estructura de nuestras oraciones reflejan la lógica de nuestros procesos de pensamiento, y que las palabras simplemente sirven como etiquetas para "hechos" independientemente dados. Sugiere Saussure que debemos concebir que el lenguaje es una red de sonidos y significados interrelacionados que están determinados por sólo la convención social. No hay razones lógicas que explican por qué las palabras significan lo que significan; así es como cualquier lenguaje particular funciona. El idioma de uno, y últimamente sus valores y cosmovisión también dependen de estas convenciones y relaciones sociales que operan en un momento dado. El movimiento que surgió de las opiniones de Saussure fue llamado el "estructuralismo". Sus seguidores procedieron con un compromiso hacia un sistema cultural objetivo y universal, que "estructura" nuestros procesos mentales y que esta estructura es evidente tanto en el lenguaje humano como en las instituciones sociales.

Franz Brentano (1838-1917) era otro neo-positivista bien conocido. Como Dilthey, Brentano enfatizaba el fenómeno psicológico y mental. Él nombraba estos fenómenos "actos intencionales", que significa que los actos siempre son referenciales y relacionados a algún objeto. Según Brentano, esta intencionalidad es el elemento determinante en toda la conducta psicológica.

Neo-idealismo

Como en el racionalismo temprano, ahora se levanta un movimiento que trata de reconciliar estas escuelas conflictivas de positivismo. Kant ha sido la persona que "logró" esta reconciliación en el racionalismo temprano; y así él era el ejemplo para los neo-idealistas (a menudo se refieren a ellos como los "neo-kantianos"). Otra vez la filosofía trascendental llegó a ser de moda.

Wilhelm Windelband (1848-1915) trató de traer paz y armonía entre la "razón" teórica y práctica por medio de insistir que las ciencias tienen que dividirse en dos grupos, ninguno de los dos debe gobernar al otro. Él afirmaba que hay ciencias "nomotéticas" que investigan el proceso ordenado de la naturaleza, y que hay ciencias "ideográficas", que exploran el marco cultural-histórico y se involucran con los juicios de valores. Heinrich Rickert (1863-1936) trabajaba junto con Windelband. Él también reconocía dos grupos de ciencias, es decir, las ciencias naturales y las "humanidades". Supuestamente el primer grupo trata sólo con los "hechos", y el segundo con los "valores". Esto fue el intento de Rickert de salvar el abismo entre el cientifismo y el practicalismo.

La distinción entre "hechos" y "valores" todavía es muy contemporánea. Sin embargo, pocos hoy en día se dan cuenta de dónde viene esta distinción. Según los neo-kantianos, los hechos son cosas que pueden ser conocidas objetivamente y con certeza, mientras los valores son creaciones de la mente que no tienen validez aparte de la necesidad humana de dar sentido al mundo. De que el número atómico de bario es 56 es un hecho y cualquiera que piense diferente está equivocado. Pero es sólo un "valor" creer que deben castigar el crimen, que el adulterio no es correcto, o que Jesús es el Cristo. Las personas pueden pensar diferentemente acerca de estos asuntos, pero no pueden equivocarse. Los hechos son verdad en sí; los valores son verdad sólo al nivel en que estén aceptados en términos generales. Esa distinción neokantiana ha llegado a ser tan penetrante, también en las ciencias sociales; aun los cristianos se detienen cuando hablan de las ordenanzas divinas y el orden moral como decían hace un siglo, pero esta frase "seguir la corriente" muestra sus "valores cristianos". Por supuesto, al hacer eso, implícitamente están concediendo el punto de sus convicciones en estos asuntos que no tienen validez objetiva o estatus factual. Dado la manera en que la mayoría de gente platica acerca de "valores" y lo que generalmente estas pláticas implican, es casi imposible que los cristianos, especialmente en una situación académica, pueden creer que "no matarás" es tan factual que el "agua hela a 0 centígrados". Este patrón humanístico de pensamiento continúa propagándose en nuestros días.

Una resolución más radical, para reconciliar el abismo entre el cientifismo y el practicalismo, fue propuesta por Ernst Cassirer (1874-1945), conforme a ideas neo-idealistas, que enraizó los hechos tanto físicos como históricos dentro de un círculo de humanidad: decía él, ¿no son las ciencias naturales la actividad humana? La verdad factual física no es tanto un asunto de duplicación mental de datos de impresión de los sentidos sencillos: los sentidos mismos son una forma mental a priori del espíritu humano y cualquier conocimiento de los sentidos siempre depende del acto de juicio (subjetivo). En otras palabras, las ciencias físico-matemáticas deben ser entendidas en términos de unificar la actividad cultural del ser humano en general.

Sin embargo, aunque él alaba la constancia de la ciencia como el logro más elevado posible de la cultura humana, Cassirer también afirmaba que hay más en el universo que ni siquiera puede ser pensado en categorías matemáticas. El reino de significado y de la vida humana es mucho más importante y original que cualquier mundo bruto de "hechos" o "existencia". Los hechos históricos y la realidad viva del lenguaje no son fenómenos naturales y deben ser tratados diferentes. Por lo tanto, además de una crítica de la razón, este neokantiano pidió una crítica de la cultura: su objetivo era una fenomenología de la cultura humana, una exposición rigorosa de las maneras poli-dimensionales en las cuales percibimos, constituimos, y de hecho, construimos la realidad.

Cassirer, al dar esta exposición, era un *subjetivista* comprometido, que para él significaba que "objetivo" y "intrínsecamente necesario" describen correctamente lo que está configurado culturalmente. El ser humano, cuya misión es la Utopía, después de todo, está atrás del volante y el señor de la realidad. De hecho, "cosas" y "el mundo físico" sólo son construcciones teóricas, tales como las ideas regulativas (Dios, alma y mundo) del abuelo Kant. El lenguaje, el mito, la religión, el arte, la ciencia, la historia: todo esto forma parte del proceso de una auto-liberación progresiva. Ellos componen los varios sectores del "círculo de la humanidad," los elementos de los cuales el mundo de la "realidad" y el espíritu humano se construyen para nuestro beneficio.

Como señala Seerveld, proclamando la posibilidad de libertad por medio de la fortitud, no es una idea nueva del siglo XX:

> "Tal fe en la humanidad es una religión ya antigua, y los tomos de Cassirer son una confesión excepcionalmente grande al respecto. Cualquiera, cuya visión está formada por la Palabra bíblica de Dios, sin embargo, percibe inmediatamente que el Rey Cultural en la procesión de Cassirer no tiene ropa. El culturalismo tan penetrante e intrincado, tan motivador e investigativo de Cassirer es un no-dios hecho por la mano del ser humano, y aquellos que se sienten seguros con tal "dios" brillante, hecho por su propia mano,

dice el Salmo 115, serán como él (Salmos 115.4-8): súper activos, con principios, idealistas antigüitos conscientes de la tradición, abiertos a la innovación, fuertes por el positivismo, curtidos de los excesos del romanticismo, pero convencidos, incurablemente de construir, por medio de los subes y bajas, los avances y las reversas, una Babilonia más rica y más noble en los corazones y vidas de la humanidad. Este tipo de adoración idólatra no permite el descanso sabatino… No hay espacio para la sanidad del Espíritu Santo, la reconciliación de Cristo, el Señor Dios estableciendo el principio de Su gobierno tierno sobre la tierra (ver Isaías 65.17-25): sólo un imperialismo (cultural) combativo propiamente de este universo de pensamiento genetista, contradictorio y monista". (Seerveld, 1975, 293-294).

Cassirer no favorecía la cultura a la exclusión de la naturaleza. Ni pretendía evolucionar la cultura fuera de la naturaleza. Pero lo contradictorio, la unión polar, en la cual la cultura llega a ser la revelación salvífica de la naturaleza, que, a su vez, llega a ser la fuente de vida para la cultura, tampoco no serviría. Es una postura inmanentemente limitada que condena a la humanidad a una búsqueda inquieta hacia un significado final que siempre va a ser frustrante.

Edmund Husserl (1859-1938) pasaba por un desarrollo filosófico interesante, en parte era un seguidor del neo-idealismo. Fue muy influenciado por la teoría de Brentano de la intencionalidad. Husserl desarrollaba el método de la fenomenología, que iba a influenciar bastante a otros movimientos filosóficos posteriores. Husserl quería que la fenomenología fuera la ciencia de la conciencia, en la cual todas las otras ciencias, como modos de conciencia, fueran basadas. La fenomenología trata de ver al fenómeno en una manera completamente "objetiva" y "sin prejuicio", para describir y revelar la situación real. Su grito en el cielo fue,

"¡regresa a las cosas como realmente son!". Por medio del nombrado "epojé" (bracketing), o la reducción de la experiencia subjetiva incidental, el fenómeno presumiblemente puede ser descrito de tal manera que resulta un conocimiento científico universalmente válido.

La fenomenología no es tan fácil entender, en parte porque Husserl, quien era el primero en postular este método, cambiaba su postura filosófica frecuentemente.

Repaso

El racionalismo básicamente monopolizado el escenario filosófico por más de 300 años y su influencia continúa. A principios del siglo XX parecía que los racionalistas iban a tener la palabra final, parecía que la única filosofía real era la filosofía racionalista. Sin embargo, las cosas empezaron a cambiar. Como pronto veremos, algunas voces irracionalistas empezaban en el siglo XIX. Y otras venían en camino. La Edad Moderna de la Razón, más que mostrar unas arrugas del tiempo, estaba empezando a destruirse lentamente. Pero antes de trazar ese camino, un breve repaso de la visión de la Ilustración, de su sentido de la verdad, y del "modernismo" en general, sería apropiado.

Un tema principal de la Ilustración fue la *autonomía* humana, con el *método* que servía como el modo principal del sujeto cognoscitivo: "¡Atrévete utilizar su razón (*sapere aude*)!" era su lema. Toma "x", lo que fuera, y sujétala al escrutinio de la razón humana, calificándola en base de ese criterio, y grandes cosas ocurrirán. La presunción general fue de que la objetividad racional abriera la puerta a la absolutamente cierta, universal, supra-cultural, eterna verdad: un tipo de conocimiento justo, sin prejuicios de valores, libre, progresivo y desapasionado que últimamente sería para el bien y ventaja de todos. Newton decía que podríamos "pensar los pensamientos de Dios después de Él". Pero con el reclamo en la mano de poder ver al mundo como observadores sin condicionamiento, desde una perspectiva tras-histórica fuera del fluir de la historia, no tardó mucho para que la plática acerca de Dios terminara. Con la ciencia y la educación ayudándonos a librarnos de nuestra vulnerabilidad hacia la naturaleza y para salvarnos de la servidumbre a otros, muchos confiaban más en lo que B.F. Skinner todavía predicaba en el 1971: "Todavía tenemos que ver lo que el hombre puede hacer del hombre".

Para los racionalistas la verdad es teórica y objetiva, una representación confiable de cómo el mundo realmente es. La verdad es el reclamo de tener el conocimiento que puede ser validado por medio de procedimientos diseñados por la comunidad apropiada y por expertos académicos. Así se puede verificar lo correspondiente entre nuestras afirmaciones y el mundo objetivo acerca del cual se hacen. Este mundo es real y muestra un orden inherente a sí mismo e independiente de la actividad humana. Sin embargo, la mente humana es capaz de entender la realidad como un entero, de reflejar esta realidad externa con una certeza creciente, y, por medio del lenguaje declarando adecuadamente cómo es el mundo. Realmente son estas proposiciones que son verdaderas o falsas y determinadas así por medio de compararlas con el mundo "afuera". Más proposiciones verdaderas que podemos compilar, más conocimiento tenemos.

La meta del modernismo fue abrir los secretos del universo y así dominar la naturaleza para el beneficio de la humanidad, logrando eso el auto-definido sujeto podría crear un mundo mejor en libertad. En el siglo XX a menudo eso significaba traer una creciente administración monolítica a la sociedad y a la cultura, mientras, a la vez, promoviendo un relativismo altamente individualista de "cada quien por su lado"—que creía una obvia tensión.

Las problemáticas antiguas paganas continuaban determinando los varios tipos de racionalismo, no en sí cosas nuevas, sino adaptaciones en el contexto moderno. Por ejemplo, está el subjetivismo de todos los racionalistas. Había pensadores monistas y dualistas, universalistas, universalistas-parciales e individualistas. En otras palabras, las problemáticas que estudiamos en el relativamente sencillo contexto griego todavía están presentes en la edad del racionalismo. Esta situación demuestra su carácter pagano. En ninguna parte del campo racionalista está permitido penetrar la luz de la Palabra de Dios al pensamiento filosófico. De vez en cuando hay ocasiones cuando se presenta algún tipo de moralismos. Y había un número de cristianos que han intentado una apologética racionalista que parece lógica acerca de las pruebas de la existencia de Dios o por la historicidad de la resurrección de Jesús. En otras palabras, algunos han intentado entrar al ruedo y jugar conforme a las reglas del racionalismo. Pero si nos preguntamos, "¿En dónde detectamos en los más de 300 años de racionalismo una verdadera voz cristiana filosófica?". La triste respuesta es: casi nunca.

Como una comunidad cristiana tenemos que trabajar a articular una alternativa viable a los métodos filosóficos actuales para los asuntos que afectan a los cristianos. Una filosofía cristiana tiene que confrontar poderosamente a los espíritus apóstatas en el mundo académico. Tal filosofía cristiana ha empezado a formularse, por lo cual estamos agradecidos. No obstante, estamos apenas al principio. Estamos muy atrasados. Una tarea gigantesca nos espera. Pongamos confiadamente nuestras manos al arado, nuestros dedos al teclado y nuestras mentes al trabajo.

3. Irracionalismo

Introducción

En primer lugar vamos a ser claros, "Este irracionalismo no significa una filosofía desprovista de razón y privada de buen juicio". Algunas de las mejores mentes y los análisis más penetrantes de asuntos fundamentales han sido empleados al servicio del irracionalismo. En este contexto el irracionalismo es el ambiente filosófico que creció como una respuesta negativa al racionalismo. Como tal el término denota el anti-racionalismo. De hecho, aquí podemos equivaler el racionalismo con el modernismo, actualmente podemos describir nuestro tiempo como el posmodernismo.

El irracionalismo ha sido el espíritu filosófico más profundo del siglo XX. Las razones para esa situación son muy complejas. Sin duda, los cambios drásticos y no provistos en el desarrollo del Occidente producían una cierta cantidad de desilusión con el racionalismo. En varias ciencias crecía la realización que la vida es más que un asunto de factores lógicos e independientes que se relacionan casualmente. Tal vez la vida no es tan racional y ordenada como la Edad de la Razón había creído. Por ejemplo, el desarrollo histórico no parece seguir las reglas tan estrictas de la casualidad, y el dialogo humano es mucho más que externar, aportar y retro-alimentar la información. Hay elementos de compromiso, de misterio, de lo impredecible, de lo irracional.

Muchos cristianos se juntaban con el coro para criticar el racionalismo y se juntaron con los irracionalistas. Ha habido un buen número de "existencialistas cristianos." Vemos aquí una situación parecida a aquella en el Preludio a la Edad Moderna. Notábamos entonces que un movimiento anti-síntesis puede ser motivado por dos principios, uno cristiano y el otro no-cristiano. De vez en cuando, muchos cristianos adoptaron el dilema racionalismo/irracionalismo, como si fueran las únicas alternativas. De hecho, un cristiano no puede escoger ni el racionalismo ni el irracionalismo, porque ambos son expresiones del subjetivismo. Por lo tanto, las corrientes irracionalistas no son cristianos en lo más mínimo, a pesar de algunos bien intencionados filósofos morales.

La crítica irracionalista del racionalismo no es tan radical que se supone a veces. Hasta hace poco el irracionalismo no suplía un análisis completo del concepto "ratio", y aquellos que hicieron el intento no han podido salir con una alternativa viable. El irracionalismo todavía es el subjetivismo y acepta, sin crítica, la existencia del *ratio*. En efecto, la gran diferencia es que ahora el significado de "razón" está relegado a un área menor. Por supuesto, la razón ha sido derrocada de su trono, pero todavía sigue funcionando. Entonces, podemos decir que la crítica del racionalismo es sólo superficial: sigue siendo el *ratio*.

Primeros posmodernistas

Aun en el siglo XIX vemos a algunos precursores del irracionalismo. Soren Kierkegaard (1813-1855) a menudo está considerado como el "padre del existencialismo". Este danés arremetió en contra del hegelianismo y la condición tan diluida de la iglesia del estado. Él trataba de entender lo que el cristianismo realmente significaba. Viendo la hipocresía y el secularismo del cristianismo, hizo un llamado para que todos los verdaderos cristianos dejaran de ir a la iglesia. Se murió como un hombre solo y ridiculizado.

La filosofía de Kierkegaard se motiva por dos razones: el deseo de servir al Señor y el ideal de la autonomía. Más que un entendimiento desinteresado del gran plan de todo, su pregunta era, ¿Cómo puedo llegar a ser a yo mismo?". El entendimiento sin fin, en el mejor de los casos, termina en un conocimiento sin fin, y en el peor, una alienación sin fin. Para Kierkegaard la *vida* significaba vivir auténticamente, es decir, ser lo que uno es por medio de una serie de decisiones libres. La decisión mayor que tal existencia puede hacer es la decisión por la fe.

Kierkegaard es un individualista. Todos estamos solos, solos con uno mismo y con Dios. La comunidad verdadera sólo puede encontrarse en el cielo. Según Kierkegaard hay tres etapas de existencia que son posibles. Hay una fase de estética, en la cual uno vive irresponsablemente por pura diversión. Luego está la etapa ética, caracterizada por un estilo de vida más responsable, por ejemplo cuando uno tiene una familia. Sin embargo, la fase más importante, es la fase religiosa, en la cual uno acepta a Dios como la paradoja absoluta. Al escoger la vida religiosa, el ser humano reconoce su estado como pecador y aun Cristo como aquel que no pecó, lo que produce la combinación paradójica de una existencia pecaminosa y una eternidad bendecida sin pecado.

Las ideas de Kierkegaard tardaron casi medio siglo para llegar a tener una penetración en ciertos sectores. Entonces dos grupos de seguidores lo reclamaron como su "padre". Por un lado estaba la teología dialéctica, representada por Karl Barth. Esta rama se orienta en el aspecto cristiano del pensamiento de Kierkegaard. Por otro lado, están los existencialistas quienes reclaman la filosofía de Kierkegaard de la existencia.

Otra voz temprana en el irracionalismo era la de Friedrich Nietzsche (1844-1900), quien ultimadamente ha sido proclamado como el "santo patrón" del posmodernismo. Como Kierkegaard era un hombre solitario. Sus ideas chocaban en todas partes con las tradiciones actuales. Él proclamaba la "muerte de Dios", que quería decir que la civilización occidental ya no era influenciada por la tradición cristiana como había sido anteriormente. La creencia en Dios y en los premios y castigos divinos por la conducta humana había perdido el poder que una vez tenían y no había otra cosa que podía tomar su lugar. A la mayoría lo trascendental simplemente no tenía relevancia.

Nietzsche quería ser la voz del anticristo, predicando el evangelio del nihilismo. A él la vida significaba la aceptación de los instintos de uno, la fijación de las normas propias, y la destrucción despiadada de los enemigos, especialmente la "razón", la moralidad tradicional y el cristianismo. Él proclamaba un nihilismo activo y estético, es decir, que no tenemos, en ninguna manera, acceso a la realidad. No hay ningún "mundo verdadero" en ninguna parte. Todo es apariencia de perspectiva, de un punto de vista que nosotros mismos hemos construido. El lenguaje puede ser una expresión de un deseo innato humano para la creación estética, pero nuestras grandes ideas terminan siendo metáforas disfrazadas, ficciones que componemos. Todos los valores y normas de la civilización occidental no valen nada: no hay ideales, no hay esperanzas, no hay ningún propósito en la vida.

Lo único que queda en el vacío de la muerte de Dios es un grupo de instintos primitivos dirigidos hacia la auto-preservación y auto-promoción, de los cuales el más importante se llama "la voluntad hacia el poder": el deseo de ser perfecto y trascender la propia persona por medio del ejercicio del poder personal creativo más que una dependencia en cualquier cosa externa. Nada fundamenta los valores humanos excepto la voluntad de la persona que los retiene. Entonces, en cuanto al uso pragmático de lenguaje, de valores y del sistema moral para el avance personal y social— ¡acostúmbrate! las cosas no son así. Las cosas sólo tienen un valor al grado que les damos valor. (El deseo explícitamente tiene que ser creativo, en vez de ser meramente de la criatura). Sin embargo, por medio del proceso de aceptar los mismos instintos de uno, él estaba confiado que un nuevo tipo de hombre saldría, un Übermensch, un súper hombre. No debe sorprendernos que las ideas de Nietzsche también contribuían al crecimiento de la mentalidad nacionalista-socialista alemana.

Llegando al siglo XX, podemos distinguir tres movimientos dentro del campo del irracionalismo, es decir, el pragmatismo, el vitalismo (*Lebenphilosophie*) y el existencialismo. Después de un breve relato de estos movimientos, concluiremos con un resumen del posmodernismo.

Pragmatismo

El pragmatismo es típicamente un fenómeno americano. Procedió de los Estados Unidos y sus efectos más importantes, hasta hace poco, fueron limitados en gran parte a Norteamérica. El padre del pragmatismo es William James (1842-1910), un profesor de la Universidad de Harvard y un renombrado psicólogo y filósofo. Según James, la verdad no puede ser expresada sólo en conceptos teóricos. Tiene significado la teoría sólo cuando promueve una utilidad práctica. Un concepto o idea no es verdad hasta que llegue a ser verdad en una situación práctica.

Un segundo famoso e influente pragmatista americano era John Dewey (1859-1952). Dewey fue influido por el positivismo de Comte, que se nota, por ejemplo, en su creencia que la realidad consiste sólo de lo que pueda ser experimentado. Por ejemplo, la religión y la metafísica son puras fantasías, según Dewey. La filosofía y las ciencias deben tener sólo una meta en mente, es decir, el aumento del control humano sobre la naturaleza. El conocimiento es simplemente un instrumento para la vida práctica, por lo tanto él nombraba la postura epistemológica el "instrumentalismo". Como James, Dewey enmarcó las preguntas sobre lo *correcto* en términos de lo que sea útil. La verdad es lo que funciona. El criterio aplicable a la verdad es la utilidad práctica.

La teoría de Dewey de la "educación práctica" es bien conocida. El propósito de la educación, según él, es preparar al niño para una sociedad dedicada a controlar la naturaleza. Por lo tanto, la educación debe ser amplia y debe incluir la adquisición del conocimiento práctico. En cuanto a la ética, vemos otra vez que se determina por medio de su utilidad. Si algún hecho promueve el bienestar del público en general, es bueno.

El pragmatismo ha infectado por completo los procesos políticos, pero también ha penetrado las teorías tecnológicas y educativas. Por ejemplo, el contexto pragmático ha socavado sutilmente la efectividad de la comunidad cristiana en Norteamérica. El pragmatismo rechaza un método con principios morales de aquellos que creen que la verdad debe guiar las acciones. Muchas veces lo que entienden los cristianos como una "situación normal" en realidad no es otra cosa que un producto de la mente pragmatista. Por ejemplo, a menudo se afirma que un partido político cristiano no debe ser considerado por la comunidad cristiana porque es "impráctico" y no conforme al estilo americano: el sistema de dos partidos ha funcionado mejor para los americanos, por lo tanto, es bueno que sigamos por ese camino. Este tipo de razonamiento, como puedes ver, refleja el contexto del pragmatismo americano. El criterio de lo que funciona es el factor determinante.

Esta actitud, desafortunadamente, ha llegado a ser tan común en todo el mundo como el CNN. No importa en dónde viven, los cristianos deben recordar que el pragmatismo es un movimiento subjetivista, irracional y no cristiano que continúa convenciendo a muchos, pero ahora en un contexto neo-pragmatista posmoderno. Sería bueno que los cristianos recordaran que un método con valores correctos puede causar resultados desagradable a corto plazo ("sin dolor no hay ganancia"), pero eventualmente produciría beneficios a largo plazo.

Vitalismo

En alemán, el vitalismo se traduce como *Lebenphilosophie*, "la filosofía de la vida". El vitalismo está en contra del pragmatismo y del racionalismo. El enfoque cae sobre lo fugaz, lo único, lo individual, lo irracional, lo experimental en vez de sobre lo estático, lo lógico, lo universal y lo esquemático.

El padre de este tipo de irracionalismo es Henri Bergson (1859-1941). Según Bergson, la razón está limitada a la esfera de la ciencia de matemáticas. La vida real sólo se ve cuando las matemáticas y las ciencias naturales quedan atrás. Entonces se puede entrar en el área en dónde el instinto y la intuición dominan. La intuición entiende la experiencia humana como una duración pura (*durée*), en la cual alguien está continuamente desenvolviéndose para alcanzar y actualizar las nuevas posibilidades. Esta fuerza de desenvolvimiento dentro de nosotros es parte de un poder creativo que envuelve toda la realidad que Bergson nombra el élan vital (el impulso vital). La sociedad, la moralidad y la religión todas son productos de esta fuerza vital.

Dice Bergson que el ser es vivir, y la vida es superior a la materia. Por lo tanto, si el ser es vivir, y la vida es el alma y la conciencia, entonces la vida es la conciencia. El ser es la auto-realización que es la experiencia, el impulso, la duración, la libertad y la inventiva. No hay nada que simplemente *existe*, todo *deviene*: él lo nombró la evolución creativa.

El existencialismo

El existencialismo como movimiento es tan optimista como el vitalismo es pesimista. Se arraigó especialmente en la Europa continental. También representa una réplica al racionalismo. Al rechazar los sistemas elaborados por los racionalistas, el existencialismo se enfoca en la existencia humana. El existencialismo radicalizaba al historicismo de Dilthey por medio de tomar la finitud de la raza humana al extremo. La condición humana tan desesperada, especialmente después de la segunda guerra mundial en Europa, proveyó un terreno muy fértil para el movimiento existencialista.

El existencialismo viene en muchas variedades. La mayoría de ellas se motivan por un deseo de, en alguna manera, llegar a ser el yo auténtico. No obstante, son todos subjetivistas e irracionalistas. Muchos existencialistas son ateos empedernidos. Por otro lado, algunos cristianos, ya cansados del racionalismo, buscaban su salvación filosófica en el existencialismo y con gusto lo abrazaban, produciendo una síntesis llamada el "existencialismo cristiano".

Karl Jaspers (1883-1968) era uno de los más representativos del existencialismo. Él creía que la filosofía se trata de la existencia. La existencia es más que sólo datos, como las ciencias investigan. Jaspers nos dice que la existencia "es algo que nunca puede llegar a ser un objeto simple; es la 'Fuente' de dónde sale mi pensar y actuar." Tomando esto en cuenta, la filosofía es más que una teoría científica. El pensar existencial, decía él, es "la práctica filosófica de la vida." Jaspers es un dualista que habla de una existencia trascendental, una "totalmente otra" de la cual las personas tienen que concientizarse. Mientras, estamos en libertad y tenemos que buscar la plenitud del ser auténtico de nosotros por medio de una serie de decisiones libres. Sólo entonces podemos vivir auténticamente cuando afirmamos nuestro conocimiento de una existencia trascendental.

Martín Heidegger (1889-1976) adoptó el método de Husserl de fenomenología. Creía Heidegger que la tarea de la filosofía consistía en el estudio del *Ser*. Las respuestas tienen que estar buscadas en el concreto humano *"Dasein"*, el "ser" de la vida. En vez de pensar en el ser confrontando a su objeto, el "ser-en-el-mundo" tiene que abrir el camino a un entendimiento más holístico de la comprensión de la realidad. La verdad para Heidegger no consiste en la correspondencia entre nuestras afirmaciones y una realidad plenamente formada fuera de nosotros. La teoría de correspondencia de la verdad nos lleva a una dirección equivocada. Él argumenta que la verdad no es absoluta y autónoma, sino relacional. La verdad no llega a nosotros por medio de nuestra búsqueda de la certidumbre de las proposiciones, sino que requiere una "apertura hacia el misterio", que permite que la presencia del Ser ilumine. Heidegger argumenta que Descartes y Kant habían llevado a la filosofía moderna por un camino ilegítimo: el ser humano no es el principalmente un ser pensante, un sujeto que se involucra en actos cognitivos. Somos sobre todo seres-en-el-mundo, prácticamente involucrados y enredados en redes sociales.

Con Nietzsche, Heidegger apunta sus esperanzas hacia el arte, no sólo como un vehículo hacia la revelación de la verdad/Ser, sino también como una manera de crear la verdad. Sin embargo, él rechazaba la noción del ser logrando en alguna manera una esencia trascendental. Él no conocía ninguna esencia que se llevaba más allá de la vida en el mundo. El proyecto de Heidegger de auto-descubrimiento pronto llegó a ser nostálgico, cansado del mundo, y un intento último para encontrar el ser como un todo unificado. Él estaba convencido que mientras podemos ser realmente unidos con el pasado y el futuro sólo en la hora de nuestra muerte, esta última unidad puede ser, por lo menos, anticipada en el presente.

Heidegger tuvo mucha influencia en Jean-Paul Sartre (1905-1980). Las novelas y dramas de Sartre contribuían mucho a la popularización del existencialismo. Él es un ateo por completo y también un individualista. Su teoría de existencia se enfoca en que el hombre se convierta en sí mismo.

El hombre nunca es, siempre está llegando a ser. Por lo tanto, su máxima: *la existencia precede a la esencia*. El hombre no es en primer lugar una expresión de una naturaleza humana definida, porque entonces no sería posible que la persona pudiera devenir. El ser humano no está constreñido a la condición estática de ser una esencia. En primer término todos somos de una existencia dinámica, en libertad continuamente trascendiendo a uno mismo.

Hay obvios conflictos entre las convicciones de los existencialistas y los objetivos de la ciencia. Para Sartre el mero pensamiento de la psicología como ciencia del ser humano es una manifestación de "mala fe". Una vez que alguien empieza a calcular la conducta, ya no puedes adscribirla a alguien. Las sumas y predicciones de la ciencia nos roban de nuestra responsabilidad moral. Si la conducta es sólo una colección de variables que, como condiciones iniciales y efectos eventuales, están ligados por leyes generales, entonces ¿en dónde deja la libertad humana?

Es claro de estas breves descripciones que el existencialismo no es fácil de entender. En muchos respectos representa un tipo de vida más que un sistema filosófico, como muestran las novelas y dramas de Sartre. Muchos intentos americanos de popularizar el existencialismo han fracasado porque los autores—a menudo orientados hacia una mentalidad positivista—han fallado por completo en la comprensión de lo que quiere decir realmente el existencialismo.

Posmodernistas confesados

El posmodernismo no es ningún movimiento unificado y todavía está realmente en proceso. Por un lado, como una presencia reaccionaria, depende de y aún tiene cosas en común con la modernidad: algunas ideas de la Iluminación (p.ej. la autonomía humana, la libertad, el poder de criticar y la emancipación) todavía están presentes en maneras sutiles y oscuras. Pero sus voces también muestran muy claramente la fuerza del ser posmoderno. Rechazan, en primer instancia, que haya un domino de verdades objetivas que son universalmente válidos para todos. El enfoque pronto va al lenguaje como un medio flexible de la comunicación intersubjetiva y de la comprensión personificada.

En segundo lugar, hay una crítica penetrante de la centralidad del sujeto en la era moderna. La presunción que el sujeto humano simplemente puede separarse objetivamente del objeto está expuesta como falacia. Y en tercer lugar, los pensadores posmodernistas consideran como muy prácticas las dimensiones socio-políticas de la vida cotidiana como cruciales a la tarea del filósofo. Ultimadamente las abstracciones no históricas se consideren anatema.

Porque es muy difícil ver de lejos algo que está a la mano, podemos aseverar varios métodos a esta mentalidad contemporánea. El primero es un chiste, medio chistoso, de tres arbitros conversando en un bar después de un juego de beisbol, y el segundo es una mirada de un aula posmoderna en dónde el conocimiento es sólo una construcción humana arraigado en un consenso negociado. Entonces moveremos a Gadamer y a su "círculo hermenéutico" y concluir mencionando tres posmodernistas de renombre.

Walsh y Middleton, en su libro *Truth is Stranger Than It Used to Be* (La verdad es más rara que era antes), mencionan una ilustración acreditada a Walter Truett Anderson, y luego la comentan. El primer arbitro dice a los demás, "Hay bolas y hay strikes y yo los canto como son". Otro arbitro replica, "Hay bolas y hay strikes, y yo los canto como yo los vea". El tercero dice, "Hay bolas y hay strikes, y no hay *nada* hasta que yo los cante.". ¿Quién de estos tres tiene la razón? La pregunta fundamental aquí es, "¿Qué es la realidad? ¿Realmente existen estas bolas y strikes objetivamente? ¿O es el segundo arbitro el más honesto? Los posmodernistas estarán de lado con el tercero. Walsh y Middleton explican:

> "El primer y el tercer árbitros pueden estar de acuerdo en que el picheo debe ser cantado como strike, pero la creencia funciona diferente por cada quien (con el segundo arbitro ocupando una postura

en medio). El primer árbitro es un *realista directo*, creyendo que el conocimiento humano es un asunto de buscar una correspondencia directa entre el mundo externo y los juicios epistemológicos. El segundo árbitro sabe que el acceso al mundo externo siempre está mediado por la perspectiva del conocedor. Él puede ser llamado un *realista perspectivo* (o tal vez un realista crítico), porque reconoce que la manera en que él vea el mundo invariablemente afecta sus juicios epistemológicos. El tercer arbitro empuja esta perspectiva al extremo. Su perspectiva es todo lo que hay, o por lo menos, todo lo que tiene significado. Este *perspectivismo radical* epitomiza el cambio posmodernista. Si quieres decir, es el perspectivismo sumamente exagerado". (31)

Ahora, la Edad helenista está mucho más lejos que los jardineros beisbolistas de home, y por supuesto diferentes, pero hay una similitud marcada entre el cambio de la filosofía griega a la filosofía helenista y el pensamiento moderno al posmoderno. En aquel entonces las personas estaban llamando a cuentas el mundo de las Ideas de Platón y el Movedor inmovible de Aristóteles, los absolutos de su día; también empezaban a hacer cuestiones básicas acerca de la naturaleza de conocer, y su enfoque llegaba a ser más práctico. Y, por supuesto, la pregunta, "¿Existen realmente las bolas y los strikes o simplemente están en mi cabeza?", debe recordarnos del temor de Descartes del solipsismo (Doctrina filosófica que defiende que el sujeto pensante no puede afirmar ninguna existencia salvo la suya propia). Él regresó a la prueba medieval para comprobar la existencia de Dios y para asegurarse que pudiera confiar en lo que era claro y distinto a su mente (que Dios, a fin de cuentas, creó para que confiáramos). Pero ¿a quién o a qué regresará el posmodernista para esta seguridad?

Una creciente manta de seguridad popular es la "creencia socialmente justificada". Aquí estoy pensando en Kenneth Bruffee, un teorista educativo quien ha sostenido mucho sobre el punto de vista no fundacional del conocimiento. Al ser "no fundacional" él quiere *negar* que la "autoridad del conocimiento" pertenece en cualquiera de los siguientes aspectos: "la mente de Dios, piedras de toque de verdad y valor, el genio, o las bases del pensamiento, la mente humana y la realidad" (130). Como lo ve él, la autoridad del conocimiento pertenece a la "conversación de la humanidad", porque todo el conocimiento es principalmente local, un artefacto colaborativo en que las creencias de uno se justifican por medio de comprobarlas en contra de las creencias de otros. Al traer esta noción del conocimiento como una ocurrencia social al proceso educativo, Bruffee hace que la maestra del aula ponga asuntos apropiadamente limitados delante de los estudiantes quienes tienen que discutir cada uno de ellos con el ojo puesto en un consenso "por su propia autoridad", en primera estancia dentro de un grupo pequeño y luego a grupos más y más grandes. Él explica:

> "El conocimiento construido por cada grupo pequeño de consenso sólo tiene la autoridad de un grupo de cinco estudiantes [pero]... es mayor que la autoridad de cualquier estudiante individual... Los grupos pequeños aumentan la autoridad de su conocimiento cuando comparan sus resultados con el consenso de otros grupos y negocian un consenso dentro de la clase entera... El último paso... ocurre cuando la clase entera compara su consenso sobre aquel asunto limitado en la tarea con el consenso sobre este asunto de la muchísima más grande y compleja comunidad lingüística y disciplinaria (tales como químicos, historiadores o escritores de in-

glés estándar) que la maestra representa... [Este] proceso modela el proceso colaborativo por el cual la autoridad de todo el conocimiento aumenta [una conversación en la cual]... los miembros de la comunidad justifican socialmente sus creencias los unos a los otros". (50-1)

Por lo tanto, entonces, el aprendizaje significa que uno deja a una "comunidad" que justifica ciertas creencias por un lado y se junta con otra comunidad que justifica otras creencias en otras maneras. Quiere decir que "x es y" es conocimiento aquí; y "x es z" cuenta como conocimiento allá. La presunción fundamental es que la única realidad que cuenta es la realidad social: "construimos y mantenemos el conocimiento, no por examinar al mundo, sino por medio de negociar los unos con los otros... [Similarmente,] el aprendizaje ocurre entre las personas, no entre las personas y las cosas" (202).

El segundo árbitro, ya mencionado, reconocía que la manera en que él veía el mundo invariablemente afectaría sus juicios, que influiría lo que experimentara y cómo él viera esa "realidad". Similarmente, la disciplina académica llamada "hermenéutica" trata con la interpretación y acomodación de los textos (tales como la Biblia, poemas medievales, o últimamente cualquier actividad o producto que tenga un significado más profundo). Aun en el siglo XIX había ciertas directrices que dictaban que el entendimiento correcto requería cierta atención a los aspectos (género) gramaticales, históricos, individuales y genéricos de los textos, el contexto cultural, aun en los libros de la Escritura y creación. Una de las preguntas más antiguas en cuanto a esto tiene que ver con el hecho que enteros complejos y sus partes siempre están entrelazados inseparablemente.

Se puede comprender el entero por comprender las partes, pero las partes adquieren su significado sólo por ser parte del entero. El beisbol es un juego de pelotas y bates, de bolas y strikes, de foules (faltas) y jonrones. Pero el significado del bat y la pelota sólo son evidentes en el contexto del significado del juego entero. Igualmente, se puede entender el significado de una persona sugiriendo que "vamos a la *Parroquia* (un restaurante) a tomarnos un café" sólo cuando se entiende que significa cada una de estas palabras. Pero es imposible entender el significado apropiado de cada una de estas palabras como "parroquia", "tomarnos" y "café", hasta que se entienda qué es lo que significa la oración completa (en este contexto). Este sentido inductivo, de estirar y aflojar el movimiento de palabras o partes del entero con el entero, se llama el "círculo hermenéutico".

Hans-George Gadamer es uno de los muchos que ha luchado con este tipo de cuestión. Él pregunta, cuáles son las implicaciones cuando se realiza que el estudio de la historia es nada más que un diálogo con el pasado conducido desde un tiempo y lugar históricamente definidos de uno. La historia es un proceso continuo que también nos abraza; nadie puede separarse de ella para estudiarla. También la idea de que una verdad sencilla universal existe independientemente en algún lugar, esperando que la descubriéramos, tiene que ser abandonada. Todo acerca de nosotros en el mundo, la existencia humana es totalmente histórico, y nadie puede escapar su contexto, es imposible. Pero, ¿puede entender el uno al otro? Naturalmente las personas desarrollan diferentes perspectivas acerca del mundo. ¿Cómo no podemos hacerlo? Las diferentes interpretaciones son inevitables. No obstante, el relativismo no necesariamente tiene que ser nuestro destino, dice Gadamer. Atrás de los conflictos de interpretación hay un mundo compartido, un lenguaje y una tradición efectiva, que él cree, legitima la anticipación de saber algún día, de experimentar una "fusión de horizontes" para los que tienen la voluntad de entrar metódicamente en ese diálogo.

Sin embargo, no todos están convencidos. La etiqueta general de "pos-estructuralistas" se refiere a un número de pensadores influyentes que han dejado atrás los problemas conectados con el círculo hermenéutico, por medio de rechazar por completo cualquier pretensión al conocimiento. Lo único que saben con seguridad es que es imposible saber. Aquí podemos nombrar a Jacques Derrida y Michel Foucault, ambos franceses, y Richard Rorty, un americano. Derrida ha trabajado duro para subvertir la teoría clásica de significado que se mueve desde el pensamiento a la expresión verbal a la palabra escrita. Foucault perseguía el "juego de lenguaje" de los posmodernistas a su última conclusión en la disolución del ser. Y el neo-pragmatista Rorty llegó a la conclusión que lo mejor que podemos hacer es mantener nuestra conversación "etno-céntrica" en pie simplemente por el placer de hacerlo—no sea que la vida como la conocemos desista.

La *deconstrucción* surgió como una extensión y reacción a la afirmación que el lenguaje es una construcción social que posee una estructura común e invariable en todas las sociedades y culturas. El movimiento estructuralista, siguiendo a Saussure, había argumentado por un lado que las personas desarrollan "textos" para proveer estructuras de significado que les ayuda entender el "sin significado" de su experiencia. Pero, por otro lado, también abrazan la esperanza, similarmente como lo hacía Gadamer, que un sistema cultural universalmente objetivo, debe estar evidente atrás de cada intento.

Sin embargo, Jacques Derrida (1930-) y sus estudiantes negaban que sólo un significado esté inherente a cualquier texto, sin decir que todos los textos muestran algún tipo de estructura común e invariable. Estos de-construccionistas afirman que el significado nunca se da una vez para siempre y emerge sólo mientras el intérprete entre en diálogo con el texto. Esta afirmación implica que el significado de un texto (sea una epístola paulina o cualquier otro texto) siempre depende de la perspectiva del intérprete y que un texto tienen múltiples significados como ha tenido o tendrá a los lectores. Lo mismo es cierto por lo que nombramos la realidad: no hay un significado o centro del mundo, sólo diferentes y cambiantes perspectivas o puntos de vista. Como resultado, ellos concluyen, que tenemos que deferir o posponer la tendencia de atribuir significado a los textos, eventos o aun a la historia.

Realmente el mandato de Derrida a "des-construir" pertenece a los eruditos. Si el lenguaje construye el significado, entonces el deber de ellos es desarmar ese proceso de hacer el significado y posiblemente romper su control sobre nuestros pensamientos y acciones. Una repercusión para el aula ha sido que el enseñar ya no es sólo la transmisión de una disciplina o de conocimiento que otras personas más experimentadas tienen antes de entrar al salón de clases; la enseñanza, para ser legítima, debe incluir también la producción activa (también la de-construcción) del significado.

Michel Foucault (1926-1984), también, a menudo, está nombrado como un "pos-estructuralista". Muchas de sus investigaciones trataban, con una micro-vista, en problemas concretos de la sociedad, la historia, la política y la cultura. Sin embargo, su enfoque común era el "poder"; y él más y más identificaba el deseo de saber con el deseo de poder. Él estaba tratando de documentar el "lado oscuro de la visión de Francis Bacon", que toda interpretación de la realidad, cualquier afirmación de conocimiento, es una afirmación de poder y un acto de violencia.

Además del "deseo de poder" de Nietzsche, Foucault también subraya el énfasis de Nietzsche sobre la riqueza y la variedad de la realidad. Un problema con la razón y el discurso racional es que obligan que la variedad salga fuera de la realidad a una homogeneidad artificial que acomoda el intercambio conceptual. El resultado es que la diferencia y "variabilidad" sufren por causa de la universalidad y lo común. Una razón por la cual sus escritos se enfocaban en lo específico y en lo especial fue para avanzar esta "variabilidad" y para negar la universalidad e intemporalidad que tan frecuentemente fueron atribuidos a nuestras categorías por medio de traerlos otra vez a la fluctuación histórica.

Los estructuralistas afirmaban que el lenguaje de uno y su experiencia subjetiva están constituidos por medio de factores socio-históricos que uno internaliza subconscientemente. Foucault estará de acuerdo, pero entonces exige que el "orden" sea expuesto por la estructura de poder que es. Las reglas básicas que implementan sin saber tienen que ser expuestas porque ellas refuerzan qué y cómo ellos piensan, viven y hablan. Por lo tanto, la tarea del académico es traer a la luz el sistema de pensar que no tiene autor, ni sujeto y realmente es anónimo, que existe dentro del lenguaje de una época. Sin embargo, no estaba tratando de reemplazarlo con otro orden, sino desafiar la mera noción de orden. Aparentemente, por un lado Foucault estaba esperando lograr la libertad de la fe en la racionalidad, y, por el otro lado, esperando abrazar o ver realizado, de alguna manera, el último ideal existencialista de la auto-determinación individual, más allá del cual la historia no tiene significado.

El neo-pragmatismo de Richard Rorty, al cual Bruffee abiertamente apela, deja la puerta abierta a la verdad, pero sólo dentro del ambiente de un relativismo cultural. Él mantiene que es imposible encontrar un punto de arranque para el discurso humano que radica más allá de las contingencias del contexto temporal de uno. Cualquier clase de perspectiva trascendente ("ojo de dios") de las cosas está fuera de consideración. Todo lo que dice una persona, incluyendo lo que se dice acerca de la verdad y la racionalidad, está incrustado en el entendimiento de uno y en los conceptos peculiares a la cultura y a la sociedad en las cuales alguien es parte. Lo mejor que podemos anticipar es hacer de nuestras creencias y deseos comunales más coherentes y consistentes. La coherencia es la meta penúltima al lado de la sobrevivencia, y nuestra heredad de los otros seres humanos y nuestra conversación con ellos son las únicas fuentes de dirección.

Rorty está de acuerdo, por lo menos en un sentido, que él es un irracionalista. Él se ha resignado a la conclusión que la mayoría de los medios y fines no tienen promesa: encontrando contentamiento por medio de subjetivarse a las semillas de la razón o a la religión, descubrir la certidumbre por medio de vaciar la mente de lo dudoso, o por medio de poner su esperanza en la búsqueda por alguna estructura fundamental de investigación, de lenguaje o de una vida social, no tienen caso. Todo esto para él es perseguir al viento. Por otro lado, él abraza por completo la búsqueda de hacer su red de creencias tan coherente y estructurada tan transparentemente posible. Él confía que esto sólo pasará cuando juntos estamos comprometidos a entrar en una conversación continua y de conformarnos a las limitaciones que surgen por medio de nuestras conversaciones con otros buscadores. Cualquier universo de discurso que se calla también desaparecerá. De igual manera, nuestra tarea en el Occidente es hacer de nuestra cultura—la cultura de los derechos humanos—más auto-consciente y más poderosa. Demostrar a otras culturas que el Occidente es mejor o superior por medio de una apelación a algo trascendental o transcultural nunca puede ser una opción. El único fundamento viable es y tendrá que ser el estirar y aflojar de la conversación entre las competitivas interpretaciones.

En resumen: El proyecto posmodernista es un intento valiente para navegar las aguas más allá del modernismo sin la pretensión de conquistarlo. Como dice Rorty en su *Philosophy and the Mirror of Nature* (La filosofía y el espejo de la naturaleza), "[La filosofía posmodernista tiene que] condenar la noción de haber tenido un punto de vista mientras evita tener un punto de vista acerca de puntos de vista" (371). El posmodernismo incorpora un deseo resuelto de destronar al racionalismo por medio de celebrar otras rutas válidas hacia el conocimiento, mientras al mismo tiempo no se rinde por completo en cuanto a la razón. Rara vez promueve la oportunidad hacia el progreso, y en cuanto a que los problemas mundiales más difíciles pueden ser acercados, parece que lo mejor que podamos hacer es esperar una sobrevivencia a través de la cooperación.

El mundo ya no es simplemente un objetivo—un asunto asumido "que existe". No puede ser una fuente común de autoridad. La realidad es contingente, ambigua y participativa; y nuestro conocimiento de ella—nuestra narrativa—siempre es condicionada histórica y culturalmente, y así incompleta y fragmentada. No hay una "meta-narrativa", no narrativa grande, ningún rompecabezas en dónde caben todas las piezas. Cada tipo de narrativa totalizante tiene que ser disuelto. Así, cómo vemos la verdad y lo que aceptamos como la verdad dependen de y son relativos a las comunidades de las cuales son parte. Estos mitos o reglas básicas incorporan el núcleo central de los valores y creencias culturales (y en este sentido son fundamentalmente religiosos). Pensar que hay un marco estructural que abarca todo, algún lenguaje descriptivo neutral, algunos estándares inmutables de racionalidad a los cuales cualquiera pueda apelar es engañarse profundamente. "¡Despiértate y huele el café!" nos dicen—un punto de vista del "ojo de dios" de las cosas, buscando el mundo *sub specie aeternitatis,* es simplemente de tontos. Lo que está por allá es nada más y nada menos que unas múltiples realidades construidas y encimadas.

Una complejidad de corrientes filosóficas y contracorrientes marcan nuestra edad contemporánea. Además de la prolongada tradición lingual-analítica, una poderosa presencia positivista, y el antiguo neo-tomismo, hay muchas nuevas y revitalizadas teorías trabajando: el psicoanálisis, el feminismo, el neo-marxismo, el pos-estructuralismo, el des-construccionismo, el constructivismo y muchas más. Pero más y más, en lo que describimos como nuestro contexto "posmodernista", las personas están empezando a desesperarse de cualquier vista de la vida integrada. Una unidad intelectual, una idea completa y una coherencia comprehensiva parecen que están fuera de consideración. Muchos ya están empezando a resignarse a una actitud de "cada quien con su idea." El colapso del significado, una pérdida del "centro," parece condenar a uno a la auto-responsabilidad y a la innovación creativa, cuando se trata de tener un buen sentido de lo que es el mundo.

Para que los cristianos pudieran adoptarse al ritmo del posmodernismo, tendrían que ver a la modernidad, el proyecto de la modernidad, como una señal fundamental. Pero, ¿es posible eso? ¿Está nuestro lugar en la historia determinado por nuestra postura en cuanto a la modernidad? ¿O está definido, como decimos en un principio, por nuestra postura en cuanto a la Palabra y los poderosos hechos de Dios?

Algunos han sugerido que las historias de detectives son la mejor representación de la ficción moderna: el detective lleva al lector por un camino de intriga para descubrir la verdad oculta escondida debajo de la superficie de la realidad y siempre resuelve el misterio al final con lógica y eficiencia. En contraste, las historias de espías están llenas de múltiples mundos y niveles de decepción e ilusión, y dicen que caracterizan la condición posmoderna. Sin embargo, los cristianos, a la luz de las Escrituras, saben que la historia que nos incluye a todos nosotros, empezó, continúa y culminará con la Palabra de Dios. Lo que traiga el día de mañana los cristianos no saben ni temen. Pero mientras prueban los espíritus de una edad que ya no se opone, ni siquiera ridiculiza las Buenas Nuevas de la resurrección de Jesucristo y aún tolera una fe en el Señor resucitado, juntamente con otras formas de fe que la gente sincera perpetua, los cristianos pronto van a reconocer que están atestiguando el amanecer de la edad pos-cristiana.

La razón entronada o destronada no nos va salvar. La elección no es entre el modernismo o el posmodernismo, entre el racionalismo o el irracionalismo. Tal como los cristianos deben rechazar radicalmente el mover modernista hacia un sujeto auto-reflexivo, auto-determinante y autónomo que existe fuera de cualquier tradición o comunidad y no está sujeto a nadie o a nada, también deben rechazar la celebración posmodernista de construcción, collage y prácticas yuxtapuestas. La multiplicidad y polifonía discordante de las voces últimamente descontextualizadas que la llaman a la existencia no es más opción que el compromiso del modernismo a la verdad no histórica y al método científico. Como queremos articular en la próxima unidad, hay, a pesar de afirmaciones molestas y desesperantes en contra, un fundamento confiable y un centro unificador para el mundo además de una narrativa grande que testifica de la promesa de una esperanza y de una realidad de un juicio justo.

E. Conclusión

Hemos llegado al fin de nuestro resumen de la historia del pensamiento occidental. ¿Qué significa? Y, ¿a dónde vamos después de aquí? Son preguntas legítimas que requieren una breve discusión para concluir.

La historia del pensamiento occidental desenvuelve para nosotros una plétora de respuestas arquitectónicas hacia la condición humana. La diversidad ordenada, las dimensiones y la interrelación de la creación de Dios repercuten en toda experiencia humana y exigen una respuesta. Cada persona reconoce lo dado por Dios y contesta el mandato de la creación de un modo u otro. Sólo algunos lo hacen con una precisión metódica y articulada, pero lo que ellos entienden marca el paso y da el patrón a los demás. Hemos visto que una pregunta mal presentada generalmente resulta en una respuesta equivocada. Igualmente, al formular algunos de los problemas básicos—rechazando la Palabra de Dios—la gente distorsiona la verdad de las cosas, con el resultado que tanto las preguntas como las soluciones llevan un sello de apostasía. Como consecuencia, el panorama del pensamiento occidental generalmente presenta un cuadro de apostasía: el ser humano como un supuesto ser autónomo, como un auto-proclamado creador de su destino, no ocupa otra fuente que su propia creatividad inherente. Por ende, tenemos el carácter trágico del pensamiento occidental: las soluciones no son soluciones, las promesas que han hecho no se han materializado, ni siquiera hay descanso en ninguna parte.

Estudiar esta historia también nos permite ver y comprender el papel de la revelación de la Palabra en la civilización occidental. La Palabra antecede todo, en la Palabra todas las cosas se mantienen ordenadas y juntas, y en la Palabra encarnada encontramos el evento central de la historia. Todo esto provoca la pregunta, "¿Cómo podría recibir la Luz una humanidad apóstata?". La historia que hemos contado suple la respuesta. Hemos intentado describir la historia del pensamiento occidental desde una perspectiva cristiana. Tal esfuerzo claramente presupone una comprensión cristiana de las cosas, lo que podemos llamar una filosofía cristiana sistemática. Los contornos de tal filosofía escritural será el tema que trataremos en la última unidad.

Estudiar la historia del pensamiento humano no es simplemente un hobby interesante o alternativo. En cambio, es un asunto de mucha urgencia. Vivir sin memoria deja a la persona perdida, sola y disfuncional. Para llevar a cabo la tarea cristiana en nuestro mundo tan complejo requiere un entendimiento de los espíritus de todas las edades. A menudo, estos espíritus de aquel entonces, o los actuales, llegan a tener un fundamento de una naturaleza religiosa. Además, la ignorancia de estos procesos formativos del pasado, aun dentro de los últimos cincuenta años, a menudo amarran al cristiano a un tradicionalismo ciego o a una medio-inteligente superficialidad que los previene de llevar a cabo su trabajo en una forma realmente reformador. No es que todos tenemos que ser historiadores o filósofos. No obstante, sería irresponsable, si no riesgoso, adquirir una educación, aparecer preparado para los retos de la vida, y asumir su papel y llamado sin tener la menor idea de los espíritus que han determinado la naturaleza de la civilización al alba del siglo XXI. Esta unidad sobre la historia del pensamiento occidental ha tratado de hacer una contribución hacia un entendimiento de estos espíritus.

Antes de terminar este capítulo, otra vez quiero dirigirme a algunas preguntas, en cuanto a una narrativa histórica y bíblicamente sensitiva, del pensamiento occidental.

Mucho del material de la segunda unidad se basa en el trabajo de Dirk Vollenhoven. A través del mundo hay un grupo de cristianos continuando el trabajo de Vollenhoven y su asociado Herman Dooyeweerd en un esfuerzo de promover una erudición comunal cristiana, particularmente en el área de la filosofía. Están convencidos que las perspectivas de Vollenhoven han preparado la posibilidad de una narrativa completamente sistemática de la historia de la filosofía desde una perspectiva cristiana. El método utilizado en la formulación de tal narrativa—originada por Vollenhoven—es el *método problema-histórico*. Este método provee un resumen de los conceptos filosóficos basados en tipos de ontología y sucesivas corrientes históricas. No sólo está arraigado este método en una filosofía cristiana sistemáticamente formulada y consecuentemente presenta la historia del pensamiento occidental en una perspectiva bíblica, sino también aclara la inmensa confusión que los historiadores seculares han podido crear. Se espera que el "método problema-histórico" pueda encontrar una recepción entusiasmada entre un creciente número de académicos cristianos y estudiantes de filosofía.

En sus escritos Herman Dooyeweerd ha llamado la atención a otro aspecto de la historia del pensamiento occidental. Más que analizar minuciosamente los conceptos filosóficos en términos de un método rigoroso, como lo hace Vollenhoven, Dooyeweerd se enfoca más sobre las condiciones trascendentales para el pensamiento teórico. En su *New Critique of Theoretical Thought* (Una nueva crítica del pensamiento teórico) él mostró plenamente los compromisos básicos religiosos de los filósofos además de mostrar los límites del pensamiento teórico. Dooyeweerd seguía a Calvino al expresar el compromiso que "la religión define al hombre". Toda la actividad filosófica, de hecho toda la vida humana, se motiva por medio de *motivos básicos* religiosos. Dooyeweerd ha encontrado cuatro motivos básicos religiosos, todos identifican la naturaleza religiosa y el impulso de la actividad teórica en el mundo occidental. Tres de los cuatro motivos básicos son apóstatas en carácter y muestran una tensión interior que ninguna cantidad de teoría pueda resolver.

El primero de los cuatro motivos básicos Dooyeweerd llama el motivo religioso forma/materia. La dialéctica forma/materia caracteriza a toda la filosofía griega pagana y no debe ser identificada inmediatamente con los conceptos aristotélicos de forma y materia. Para comprender lo que esto significa para Dooyeweerd debemos considerar primero el trasfondo de la civilización griega.

Durante el periodo temprano de la historia griega, la adoración se centraba esencialmente alrededor de los poderes naturales. La religión griega era una "religión de la naturaleza". Estos primeros griegos adoraban a un flujo de vida sin forma del cual periódicamente salieron generaciones de seres—todos sujetos a la muerte, al destino y a la pudrición. Les parecía a ellos que las cosas llegaron a ser de este flujo constante de vida y que también fueron acabados por el mismo flujo. Hay un proceso continuo de llegar-a-ser y desvanecerse. El flujo de la vida sólo puede continuar si los individuos, al final del tiempo que les está proporcionado, están absortos otra vez en él. Por lo tanto, los individuos y las cosas están condenados a morir y podrirse para que el ciclo pueda continuar. Lo que gobierna el proceso son fuerzas ciegas impredecibles como es el *anangke*—necesidad, y *moira*—destino, lo que es la porción permitida.

En una fase posterior de desarrollo un nuevo tipo de religión se presentó, es decir, una "religión de la cultura", representada por los dioses homéricos que moraban en el Monte Olimpo. Estos dioses habían dejado a la "madre tierra" con su eterno ciclo de vida y muerte, y habían adquirido una forma personal e inmortal de belleza espléndida. Llegaron a ser dioses de una forma, medida y armonía constante.

Estas dos religiones combinaban a dar pie a la dialéctica interior del motivo griego de forma/materia. La religión de la naturaleza contribuía al principio de "materia", es decir, a la moralidad y el cambio. De la religión de la cultura, el motivo básico griego heredaba "la forma", es decir, existencia continua, luz y esplendor celestial, y también la razón. Dooyeweerd dice que estos dos principios, mutuamente exclusivos, controlaban la totalidad del pensamiento griego. Por ejemplo, el dicho de Heráclito que "todo es flujo" es claramente orientado hacia el motivo "materia", mientras las formas continuas de Pitágoras de matemáticas reflejan el principio de "forma". Platón postula las Ideas continuas (forma) en contra del mundo cambiante de primer plano (materia). Aristóteles intenta puentear el abismo entre la materia y forma por medio de inventar la relación entre potencial y acto.

Al mundo griego de forma y materia el Evangelio inyectaba un motivo básico radicalmente nuevo y bíblico, la creación, la caída en el pecado y la redención por medio de Jesucristo en comunión con el Espíritu Santo. Este tema central de la Escritura constituyó para Dooyeweerd el "punto de Arquímedes" y la unidad radical de significado en sí, en el cual está arraigado el compromiso del corazón que determina toda la actividad cristiana. Es el poder controlador que gobierna una vida dirigida por el Espíritu Santo. Es el motivo básico religioso de los cristianos, más allá del alcance de la investigación teórica o exégesis. "Afecta el verdadero conocimiento de Dios y de nosotros mismos, si nuestro corazón está realmente abierto al Espíritu Santo para que se encuentre en el poder de la Palabra de Dios y se ha hecho prisionero de Jesucristo". Este motivo básico es una presuposición religiosa para cualquier teoría o ciencia que afirma correctamente un fundamento bíblico.

La filosofía medieval de síntesis se caracteriza por un tercer motivo básico: naturaleza/gracia. Ya hemos mencionado varias implicaciones de este motivo. En esencia el motivo naturaleza/gracia es el producto de la mentalidad de síntesis que adoptaba, por cuestiones de tanta tensión, el motivo forma/materia de los griegos y lo incorporaba como si fuera la "naturaleza". Por lo tanto, el carácter dialectico del motivo naturaleza/gracia está más complicado. Por ejemplo, es bueno saber cómo la perspectiva de Dooyeweerd acerca de la naturaleza de los motivos básicos clarifica los problemas tradicionales. Por ejemplo, las comprobaciones de la existencia de Dios postuladas por Tomás de Aquino han estado sujetas a una variedad de críticas, en su mayoría por cuestiones lógicas. Sin embargo, Dooyeweerd muestra el carácter religioso de estas pruebas por medio de señalar que la teología natural de Tomás está orientada hacia el motivo básico griego de forma/materia.

Por medio de nuestra discusión de Kant ya hemos estado familiarizados con el cuarto motivo, llamado naturaleza/libertad, que todavía existe hoy día, ahora entre los posmodernistas, representa el poder controlador. Tan pronto que se eliminaba "gracia", la "naturaleza" tenía conflicto con la "libertad". Si la "naturaleza" es un universo mecánicamente determinado, decían los del Renacimiento y los primeros racionalistas, entonces, ¿dónde está el campo para una libertad autónoma humana? Los racionalistas estaban muy fuertemente orientados hacia la "naturaleza", aun al grado de excluir la "libertad" (ver Hobbes). El irracionalismo contemporáneo ha ido al otro extremo. Se enfatiza la "libertad" al grado que prácticamente no queda nada de "naturaleza" (p.ej. el existencialismo).

Dooyeweerd ve la historia de la filosofía como un péndulo moviéndose entre dos polos antitéticos dentro de motivo básicos apóstatas. Esta perspectiva reveladora ha contribuido inmensamente a nuestro entendimiento de lo que la filosofía cristiana debe ser. Además, clarifica los problemas y antinomias que resultan cuando alguien filosofa fuera de la luz de la Palabra de Dios o en una síntesis no santificada con pensamientos apóstatas.

Con este desafío en mente, volvemos nuestra atención a articular algunos contornos básicos de una perspectiva teórica, más bien una filosofía, que está en línea con la Escritura y está movido por el poder del Espíritu Santo de Dios y en la realidad de la creación, la caída y la redención.

III

Contornos de los patrones de pensamiento conformes a la Escritura

A. Trasfondo

La filosofía como la hemos definido, es la "investigación teórica y narrativa de la diversidad, las dimensiones y la interrelación del cosmos". Ésta es una afirmación atrevida en el sentido de que hay tantas definiciones de "filosofía", como hay diferentes filosofías (conceptos filosóficos). Pero la diversidad de definiciones no es exclusiva de la filosofía. Lo mismo pasa con la psicología, la sociología, la teología, la biología y las matemáticas, etcétera. Como veremos, estas diferencias de definir el lugar y la tarea de las varias ciencias y disciplinas, últimamente están arraigadas en las diferentes cosmovisiones de las personas que toman el tiempo de definir lo que están haciendo.

Normalmente las personas están muy ocupadas en su disciplina por un tiempo antes de tomar un descanso, reflexionar y considerar exactamente lo que están haciendo; ¿Cuál es la naturaleza de mi disciplina? ¿Cómo es diferente mi área de estudio de (o similar a) otras disciplinas? ¿Hay una relación entre lo que estoy haciendo en mi carrera y lo que alguien más esté haciendo en la suya? Muchas veces, aceptamos, sin pensar, sin cuestionar y en confianza, las descripciones dadas en cuanto al lugar y la tarea de la ciencia o disciplina que nos ocupa. Esa adopción no es necesariamente mal. Tenemos que empezar en algún lugar. No obstante, por lo menos esperamos que las personas que están dando las definiciones tengan alguna responsabilidad en cuanto a las presuposiciones que sus definiciones dan.

Cualquiera que quiere ayudar a otros para que comprendan una disciplina en particular debe aclararla en cuanto a la naturaleza y la tarea de tal disciplina. Pero hacerlo si presenta algunos problemas: por ejemplo, ¿dónde empezamos, con la "gallina" o con el "huevo", con el "bosque" o con los "arboles individuales"? Por ejemplo, una definición de la "psicología" presupone una concepción o teoría más o menos bien definida de esta disciplina en la cual se toma una postura con respecto a las otras teorías acerca de la psicología, cada una de las cuales tiene su propia definición de "psicología" (p.ej. freudiana, conductista, Gestalt). ¿Por dónde empieza uno? ¿Con las psicologías (y definiciones) de otros y luego moverse hacia la dirección del punto de vista de uno mismo de la psicología (y su definición)? ¿O al revés? Sin mencionar el hecho de que la psicología de uno presupone, entre otras cosas, una perspectiva o cosmovisión de la humanidad, una antropología. Las mismas dudas pedagógicas confrontan a cualquiera que enseña un curso de introducción a la filosofía, cuyo propósito es proveer más que un resumen de lo que esté "en venta" en el "mercado" filosófico. Cualquiera que hable ingenuamente acerca de "filosofía" como si fuera el común denominador más grande de las filosofías actuales, introduce un obstáculo a la perspectiva sistemática antes de empezar. Y lo mismo es cierto para la recreación, la sociología y la teología, entre muchas otras disciplinas.

Por ejemplo, nuestra definición de filosofía con que empezamos nuestro estudio, no está aceptada por todos. De hecho, muchos están en desacuerdo con esa definición. Sin embargo, no es una definición arbitraria. Esta definición se fundamenta en el concepto básico de la realidad, de ser un humano, y del conocimiento, cuyas raíces remiten a personas como Abraham Kuyper (1837-1920), Groen van Prinsterer (1801-1876), Juan Calvino (1509-1564) y Agustín (354-430) todos ellos buscaban la forma de reconciliar y confiar la Escritura en sus vidas y pensamientos. Hemos conocido a algunos de ellos anteriormente, pero ahora podemos conocer a algunos más.

GROEN VAN PRINSTERER

Groen van Prinsterer era abogado, estadista, historiador y confesor de Cristo en la ciencia y en la política. Él luchaba en contra de la incredulidad y en contra del espíritu de revolución que definía la actualidad del siglo XIX en Europa. En su libro *Incredulidad y Revolución* (1847), Groen tipificaba la revolución como un pensamiento y convicción al revés. Él tenía un buen sentido del mundo de su tiempo y no le sorprendía saber que ridiculizaban la Palabra de Dios como mitología, como un texto fuera de tiempo. También sabía que el trabajo teórico, hecho a la luz de esa Palabra, sería ridiculizado; después de todo, la naturaleza de la incredulidad exige que las personas actúen y hablen como les digan los supuestos expertos. Eso sí entendía, lo que no podía entender; era el entendimiento de los cristianos. ¿Por qué no presentaban más resistencia a estos ataques? ¿Era pereza? ¿Era un deseo de ser parte de su actualidad? ¿Era una necesidad de ser aceptados por los demás? O, ¿creían que, disculpándose por el hecho de creer, por medio de la gracia, fuera suficiente? Groen vio alrededor de él la idolatría, la pudrición y la manera de pensar que a fin de cuentas era infértil. Pero en su día a día también descubrió una afirmación de las palabras bíblicas: "El Señor conoce el camino del justo, pero la senda del malo perecerá" (Salmo 1).

Según Groen, toda la historia está empotrada en un orden divino. Ni siquiera los revolucionarios pueden existir sin la estructura de y para la creación. Él ve este orden que define la historia especialmente en conexión con la iglesia, la religión y la moralidad, pero también en cuestiones del gobierno, la administración y la justicia. Los principios bíblicos de las "ordenanzas de creación", que yacen en la raíz de estas instituciones, están desarrolladas o negadas en la historia. Para Groen, además de investigar "los hechos", el historiador cristiano *tiene que acercarse* a la historia en la luz de las verdades y principios que la Escritura menciona. La respuesta humana a Dios y a su Palabra, que constituyen la historia, no están evidentes principalmente en una forma objetiva de eventos e hitos, sino deben ser vistas en conexión con su dirección e intento religioso, porque están arraigadas en la elección y convicción del corazón. Groen estaba convencido que la historia y la Escritura están juntamente ligadas, "¡está escrito!" se manifiesta en "¡ya sucedió!" La Escritura y la historia, ambas tienen que ser leídas, pero en ese orden.

Después de Groen siguió Abraham Kuyper. Kuyper fue preparado como pastor, pero pronto avanzó para influir al mundo en otras maneras: fundó y editó un periódico cristiano, *The Standard*; que ayudó a iniciar un partido político (llamado el "Partido Antirrevolucionario"); inició el establecimiento de una universidad cristiana la Universidad Libre de Ámsterdam; dirigió un movimiento de reforma eclesial; después, más tarde, llegó a ser el primer ministro de los Países Bajos de 1901-1905. Más que cualquier otra persona, Kuyper movilizó a los calvinistas holandeses en los cuarenta años alrededor del cambio de siglo a que reclamaran toda área de la vida para el servicio obediente a

Dios. Su propia carrera reflejaba la amplitud que él mismo atribuía al Reino de Dios.

Kuyper habló de los diferentes tipos de música, de las ciencias y la política; habló de cómo estaban peleados lo "normal" y lo "anormal" en cada campo. Por ejemplo, en la Universidad de Princeton en Estados Unidos en 1899 él pronunció estas palabras:

> "El calvinismo ofrecía una solución rápida al conflicto al cual el libre ejercicio de la ciencia llevaba inevitablemente. Ya entienden a cuál conflicto tengo en mente: el poderoso conflicto entre aquellos que se aferran a la confesión del Dios Trino y su Palabra, y aquellos que buscan la solución a los problemas del mundo en el deísmo, el panteísmo o el naturalismo. Acuérdense que no estoy hablando del conflicto entre la fe y la ciencia. No hay tal cosa. Toda la ciencia procede de la fe. Toda la ciencia presupone que nosotros mismos creemos; presupone una creencia que las leyes para pensar que están en lo correcto; presupone creencias acerca de la vida; presupone sobre todo una fe en los principios de los cuales procedemos. No, el conflicto no es entre la fe y la ciencia, sino entre la afirmación que el presente estado del cosmos es normal o anormal. Si es normal, entonces está procediendo hacia su destino final, hacia su ideal. Pero si el presente cosmos es anormal, entonces un disturbio ha ocurrido y sólo un poder regenerativo puede garantizar que llegue a su destino. Entonces, no es la fe y la ciencia, sino dos sistemas científicos que están parados, cada uno con su propia fe, en conflicto con el

ABRAHAM KUYPER

otro. Ni se debe decir que es la ciencia en contra de la teología, porque aquí estamos tratando a dos tipos absolutos de ciencia, ambos afirman que sólo ellos poseen el campo total del conocimiento humano. Ambos están muy en serio, disputando uno con el otro por todo el domino de la vida y no pueden desistir del intento de tumbar el edificio entero de las afirmaciones contradictorias de cada uno".
(*Calvinismo*, 1898)

Los agresores son vulnerables. El programa de Kuyper era valiente, a veces también atrevido. Se puede cuestionar si el objeto es realmente con el fin de romper la creencia del incrédulo científico. Pero cualquier cristiano por supuesto debe estar de acuerdo con la convicción de Kuyper que no hay ningún centímetro cuadrado de nuestras vidas en particular y de la creación en general que Dios Todopoderoso no reclama como suyo.

Groen y Kuyper, por supuesto, no estaban solos en su confianza en la Escritura. Lo que distingue su pensamiento de él, al de muchos otros cristianos es lo que podemos llamar "reformacional": la Creación, el pecado y la redención son para ellos realidades bíblicas de inmensas proporciones. La gracia de Dios no es algo agregado a la creación o a nuestras vidas, sino que tiene el propósito de restaurar ambas. Adán toma su nombre de la tierra (*adamah*), el cielo no es nuestro hogar, y Dios, por medio de Jesucristo busca la forma de reconciliar todo con él mismo. Así, no estamos llamados a ser padres de familia o estudiantes

D. H. Th. Vollenhoven

o banqueros y *también* cristianos, sino estamos llamados a ser padres cristianos, estudiantes cristianos y banqueros cristianos— en este sentido, comparando al mundo, *anormal*. Por lo tanto, la santificación ni siquiera es un concepto teológico sino la realidad de ser hechos santos para el Señor por medio de una renovación progresiva desde lo más interior hacia el exterior en la vida y obra de los cristianos, por medio del poder del Espíritu Santo. Dios es soberano en todo aspecto de la vida. Él requiere la obediencia a su palabra y a su voluntad divina, y promete bienestar a aquellos que edifican sobre principios que están arraigados en la Escritura y que son intrínsecos a la tradición reformada.

Por una variedad de razones, muchas muy buenas, las personas hoy en día a menudo se refieren a la tradición, en la cual pertenecen, como su *cosmovisión*. Por ejemplo, Alberto Wolters ha escrito una introducción que nos ayuda a comprender y repasar la tradición reformada en su *Creación recuperada*. En este libro él define "cosmovisión" como el marco comprehensivo de creencias básicas acerca de las cosas que uno tiene, y afirma que todas las personas (sean cristianos o no) tienen una cosmovisión. Todos vivimos conforme a presuposiciones básicas y todas las cosmovisiones se basan en un compromiso hacia una fe. En el libro de Walsh y Middleton, *Una visión transformadora*, ellos están de acuerdo y explican este compromiso con la fe como la manera de contestar cuatro preguntas básicas recurrentes: ¿Quién soy? ¿Dónde estoy? ¿Qué está mal? y ¿Cuál es el remedio? Hoy se reconoce generalmente que la cosmovisión que uno tiene impacta su vida en una variedad de maneras.

En las páginas que siguen, queremos enfocarnos sobre la diferencia que el pensamiento reformacional provoca en el hacer y en el definir de la filosofía o si quieres decirlo de otra manera, como articula un punto de vista bíblico de la realidad, de un ser humano y del conocimiento humano. En este proceso, otra vez me apoyo mucho en los escritos y el trabajo de Dirk Vollenhoven (1892-1978), pero también en Herman Dooyeweerd (1894-1977) y otros que se han juntado alrededor de lo que hoy día se llama la "filosofía reformacional". Debido a ellos, muchos hoy en día apenas están llegando a darse cuenta que la cosmovisión y la religión hacen una diferencia aun cuando se trata de reflexiones teóricas y científicas, lo que Groen, Kuyper y sus estudiantes estaban abogando hace ya más de un siglo.

Herman Dooyeweerd

B. El lugar y la tarea del pensamiento y del conocimiento en el cosmos.

A primera vista, tratando de pensar acerca del "pensar" puede parecer tan útil como el significado de levantarse por medio de jalar sus propios tirantes hacia arriba. Sin decir, ha habido personas que han creído que pudieran entender todo, en cuanto al pensamiento, de todo lo que pudieran ser y así podrían convertirse en cualquier cosa o persona que quisieran. Sin embargo, el pensamiento humano no es un poder auto contenido. Ni puede entender por completo ni explicar o hacer cualquier cosa que quiera. Pero sí es posible para nosotros que pensemos acerca de lo que se trata la actividad humana y los resultados del pensamiento.

1. Pensando acerca del conocer y lo qué es conocible

Enfoquémonos un momento sobre la actividad de pensar y qué tiene que presuponer esa actividad para ser significativa.

Cuando hablamos acerca de pensar, nuestros primeros pensamientos son acerca del pensamiento humano. Si los animales piensan o no, puede ser un tema de discusión. Pero si definimos tentativamente el pensar, particularmente en su aspecto analítico, como *aquél que distingue lo que es diferente en su contexto*, entonces mi perro puede distinguir la diferencia entre una marca de calidad de comida para perros (que no le gusta) y una marca corriente, es por supuesto, una instancia de distinguir, pero no de pensar. No tiene el sentido del precio, de ganancia y del valor de las marcas corrientes—ningún sentido del contexto económico. No tiene ningún sentido de la fibra dietética, las vitaminas y el contenido de carne o soya—ningún sentido del contexto biológico-físico. En lo que sigue vamos a limitarnos a las características generales que son verdaderas para las personas pensantes.

¿Es el proceso del pensamiento en Dios diferente que el proceso en los seres humanos? ¿Lo que decimos del pensar humano sería igual que el pensar de Dios? Al contestar esa pregunta presupone que sabemos cómo piensa Dios, es decir, que su actividad divina es *conocible* para nosotros. Entonces, tal vez debemos dirigirnos a esa pregunta primero: ¿Qué es lo que se puede conocer o saber, y qué no? ¿Qué es lo que pueden saber o conocer en su capacidad pensante los seres humanos y qué está más allá de esta capacidad?

No todos están de acuerdo en lo que es conocible y qué no. Pero la mayoría de los cristianos estarían de acuerdo que Dios, su ley para la creación, y el cosmos (creación) sí son conocibles, por lo menos en parte.

Por supuesto, *Dios* es conocible, porque no sólo se ha revelado en Jesucristo, la Palabra hecha carne, sino que también nos ha dicho acerca de él mismo en muchas palabras, algunas de las cuales se encuentran en la Biblia, su palabra escrita. Toda la creación también, con todas sus criaturas, confiesa que es una manera muy importante de la auto-revelación de Dios. Por supuesto, Dios es conocible por medio de la Escritura, la encarnación y la creación. Pero no es completamente conocible. Dios sólo es conocible a nosotros los humanos al grado que se haya revelado en su Palabra y en sus obras. Y aun así pocas personas ven a Dios actuando. De hecho, la *actividad* divina de revelación de Dios en el crear, el hablar y en el guiar está más allá de nuestro ojo analítico. Más a menudo son los resultados de sus acciones que reconocemos. Y, por medio de ellas, llegamos a conocerle a él mejor.

También la *ley de Dios* es conocible. A través de comprender a Dios en lo que dice, sabemos que obediencia; significa amar a Dios más que a cualquier otra cosa y amar a nuestro prójimo como a nosotros mismos. Pero la ley de Dios tomada en el sentido de la totalidad de sus actos ordenadores, con respecto al cosmos, también es conocible. También aquí, como con Dios mismo, su ley es conocible al grado que está revelada en su Palabra y en sus obras.

Las cosas y relaciones que componen el *cosmos*, es decir; la creación como la conocemos, también son conocibles. Por supuesto, el cosmos incluye las criaturas celestiales y terrenales. El Cielo—el mundo de los ángeles—es conocible por medio de la revelación de estas cosas en la palabra de Dios. La Tierra, o universo, es conocible al grado que leemos acerca de ella en la Biblia o en cuanto investiguemos su pasado, presente y futuro.

Por lo tanto, a la luz de la Escritura, los cristianos valientemente afirman que Dios, su ley y el cosmos puedan ser conocidos—aunque no por completo. Pero Dios, su ley y el cosmos son conocibles al grado que se revelan a nosotros en la Escritura y en la revelación creacional.

Pero entonces: hay conocimiento y hay conocimiento. La mayoría de los matemáticos saben qué es la inducción completa y cómo puede ser aplicada para confirmar varios teoremas. La mayoría de los niños saben qué es el lodo y cómo puede ser aplicado a diferentes superficies. No sólo es diferente el conocimiento en cada caso (en el primer caso el conocimiento es sólo algo que se puede ver con el ojo de la mente, mientras en el segundo caso el conocimiento es algo que la mayoría de las personas, por los menos una vez en sus vidas, haya experimentado con el lodo en el ojo). El tipo de conocer en cada caso es diferente. El conocimiento matemático de un matemático es un tipo de conocer *científico*, mientras el conocer de un matemático de evitar el lodo en su ojo es un tipo de conocer *común, a diario*.

El conocimiento que tenemos de los padres, los hermanos, los parientes y los vecinos, también de los animales, plantas y cosas físicas con que tenemos contacto, sólo para mencionar algunas cosas, es un tipo de conocimiento *a diario*. Este tipo de conocimiento no científico es el conocimiento ordinario concreto que todos tenemos. Es fundamental para todos los otros tipos de conocimiento. Como todo conocimiento, el conocimiento a diario no es algo que teníamos desde un principio o instantáneamente. Siempre viene como resultado de la actividad humana: por medio de experimentar, escuchar, confiar, ver, pensar, aprender—

por medio de llegar a conocer. El percibir, el recordar y el esperar son factores importantes que contribuyen a este proceso.

Llegando a conocer, en un sentido a diario, puede ocurrir en el contexto del conocimiento comunicado por otros o por medio de una investigación o descubrimiento personal. Sin embargo, es cierto que las verdades que recibimos de aquellos en quien tenemos confianza, establece la "base fundamental" de la cual procedemos cuando iniciamos la investigación de algún punto o problema.

El conocer científico es diferente del conocer no científico en que la actividad humana que precede el conocer científico procede metódicamente y no está dirigido principalmente a cosas concretas o a relaciones específicas, sino hacia un campo definido (limitado) o dominio. No obstante, es importante notar que el prominente conocimiento científico ha devenido, nunca está solo sino continuamente está sostenido y motivado por el conocimiento no científico que cronológica y lógicamente lo precede. El tiempo y el lugar existían desde el principio. El conocimiento humano presupone y edifica sobre mucho más de lo que conoce completamente.

El conocimiento no científico de uno mismo (los deseos y necesidades), de otras personas, de padres, de esposos e hijos y lo que ellos puedan esperar de nosotros, de lo que se requiere para ser importantes en la vida, constituye lo que podemos llamar el lugar de inicio factual o existencial para toda la actividad científica. Este punto de partida, que no cuestionamos, por lo menos en este momento, no se disipa, y permanece presunto cuando se vuelve a los asuntos teóricos y a cuestiones científicas.

Entonces, la ciencia es una manera de llegar a conocer. Presupone, edifica sobre y nace por medio de muchos tipos de conocimiento no científico. La ciencia nos ayuda a ver lo que no se podría ver si no existiera, y nos ayuda a articular lo que no se podría decir de otra manera. Sin embargo, el conocimiento científico no es necesariamente un conocimiento mejor. Aquellos que creen esto tienden a poner su esperanza y confianza en la ciencia. Aun así, esa fe es como toda fe, una cuestión del corazón, de un compromiso y convicción, no una prueba científica.

Los cristianos saben, no científicamente, pero en la manera concreta a diario, en quién deben creer, y están persuadidos que sólo él—el Rey de reyes y Señor de señores—tiene la clave de la vida. Pero al saber eso no quiere decir que la ciencia está fuera de lugar para los cristianos. Creyendo en Dios, ya saben que él exige la obediencia a sus ordenanzas en todos aspectos de la vida, también cuando se trata de asuntos académicos, desde el arte hasta la zoología.

Igualmente, la ciencia involucra a *alguien* (una persona conmovida por el amor o por la rebeldía, es decir, con una dirección de corazón obediente o desobediente) *pensando metódicamente acerca de* (es decir, investigando y analizando correcta o incorrectamente; distinguiendo aquel que es diferente, o fallando en este aspecto; y manteniendo en mente u olvidando el contexto en que estas diferencias ocurren) similitudes, diferencias y relaciones, de las cuales por lo menos algunas son normadas, dentro de algún *campo limitado de investigación*. Como ya hemos notado antes, estos campos de investigación son diferentes por las diferentes ciencias. La filosofía y la pedagogía son *ciencias generales*, viendo la totalidad de las cosas. Otras ciencias se ocupan con una faceta o aspecto del entero. Llamamos a estas *ciencias especiales*. Entre estas ciencias especiales son las ciencias modales, como la biología, la física, la sociología o la teología, que tratan de patrones generales de legalidad y conducta normada. Las ciencias individuales, tales como la geografía, la zoología, la anatomía, la botánica y muchas formas de la historia, se enfocan en configuraciones particulares—en la dimensión formativa, física y orgánica de las cosas.

En resumen, podemos decir que el *pensar* humano siempre involucra a (a) alguien (b) pensando (c) acerca de algo, como cuando alguien piensa correctamente, es decir, cuando alguien analiza exitosamente algo—distinguiendo aquel que es diferente en su contexto—el resultado será el conocimiento acerca de algo, lo que fuera. En cambio, cuando alguien piensa incorrectamente, el resultado no será conocimiento sino el error. En este proceso lo que ya sabe la persona queda como fundamento, particularmente lo que sabe en su corazón (o cree que sabe) como sea el caso. El pensamiento científico o teórico y el conocimiento son diferentes del conocimiento no científico, sobre el cual es fundado, pero no necesariamente mejor. Además, si nuestro pensamiento resulta en conocimiento o error, podemos decir que las cosas que estamos pensando eran conocibles o no conocibles antes de que hubiéramos pensado en ellas. Después de todo, hay algunas cosas que de plano no podemos saber nada—por lo menos no de este lado de la tumba. Por ejemplo, no tenemos la menor idea si Adán tuviera un ombligo.

Cuando dos cosas son diferentes, podemos preguntarnos acerca de la relación entre estas dos cosas. En ese caso hay una diferencia entre el conocer filosófico y no filosófico. Sin entrar en mucho detalle, podemos comentar algunas cositas sobre este punto, no sólo en términos negativos, sino en un sentir positivo. Por el lado negativo podemos decir que el conocer filosófico, aunque es diferente en su naturaleza, no puede ignorar ni el conocimiento a diario (común) ni el conocer especial científico. Por el lado positivo, la relación entre los dos es una relación doble: 1) la filosofía presupone ambos tipos de conocimiento y se edifica sobre ambos, y 2) la filosofía tiene que reflexionar sobre el lugar y la tarea tanto del conocer a diario como del conocer especial científico y debe tratar estos puntos con más detalle en sus investigaciones epistemológicas.

2. La ciencia y la creencia

Cuando hablamos de "creencia" en el sentido activo de "creer", se puede entender como la aceptación de la palabra-revelación de Dios o de cualquier otra cosa que alguien toma como la última palabra de esta vida. En otras palabras, la fe o creencia no es siempre cristiana; usualmente no es. Esta oposición—de creencia o incredulidad—por supuesto es muy importante y el pensamiento cristiano sólo puede lograr algo por medio de respetar estos pensamientos. Sin embargo, por el momento es suficiente anotar que mientras esta creencia no ha sido minada por ciertas influencias, cada humano cree en algo, de hecho cree en alguien o en algo. El creer, en este último sentido—dando su corazón a alguien o a algo—viene con el paquete de ser humano. En otras palabras, hay multitudes de creyentes cristianos, aún más que no creen en el cristianismo; pero no hay humanos sanos y maduros que no creen en algo.

Tomando en serio la palabra de Dios o rechazándola es finalmente de lo que se trata la fe o la creencia. Este creer no es simplemente cognitivo, pero sí forma un elemento del conocimiento (o error). Este conocimiento que viene con la creencia en alguien o en algo, nunca es un tipo de conocimiento científico, ni siquiera en el principio. Es un tipo de conocimiento no científico que pone un fundamento que define una base inicial, el contexto dentro del cual vivimos, nos movemos y tenemos nuestra existencia ante el rostro de Dios (*coram deo*).

Por supuesto la ciencia puede estudiar estos asuntos, pero tiene que darse cuenta que lo más que puede lograr es una perspectiva limitada de estas cosas. La ciencia también puede reflejar sobre el lugar y la tarea de un creyente de corazón y de las creencias que resultan. Pero no ocupas a un experto para que te diga a lo que se refiere el "corazón": tu ser más íntimo, tus entrañas, el centro más profundo de tu existencia, la fuente de tus pensamientos, sentidos y acciones. Y, aun como los marxistas y capitalistas están muy al tanto, lo que vive en tu corazón va a hacer la diferencia en lo dices y haces, y en lo que no dices o no haces. Las creencias básicas no son solamente las confesadas, sino también operativas, e influencian todo lo que haces.

El conocimiento de las realidades fundamentales, comúnmente recibido por medio de la crianza de los padres y el aprendizaje en la escuela, delinean el horizonte de la vida de una persona. Como mencionamos antes, las realidades básicas de creación, pecado, ira y gracia, y re-creación, una vez entendidas y comprendidas por el creyente en la Biblia, en cuanto a los asuntos principales de la vida, exhiben un carácter totalmente inclusivo. Los conceptos de estas realidades también hacen lo mismo. Estos conceptos no científicos y circunscriptos ayudan a definir el marco dentro del cual los cristianos viven y se mueven y comprenden su vida. De lo que estamos hablando aquí en otras palabras es, "cosmovisión".

Por supuesto, la cosmovisión es más que una colección de conceptos que descansan sobre un horizonte gradualmente ampliado por los contactos repetidos con otras personas que expanden la capacidad del sentido de percepción. La cosmovisión es la visión que recibes desde tu hogar o del discurso público que has asimilado, a veces a duras penas, o algo con que has crecido a tal grado que casi lo tomas como dado y por sentado. No es una concepción científica ni teorética, sino una visión, un sentir de Dios, del mundo, de la vida, de ser humano, de tu prójimo, de ti mismo, que llega a ser como una segunda naturaleza, tan obvio como la nariz en tu cara y tan a la mano como una reacción instintiva. Y, por supuesto, te marca para la vida (o la muerte).

La visión (qué es la cosmovisión), además de las creencias y conceptos circunscritos que incluye, no son científicos en su esencia. Tampoco son pre-científicos, ambos en el sentido que han existido *antes* de la investigación teórica (no disipando durante esta investigación), pero también en el sentido de determinar los contornos básicos del fundamento presupuesto del cual el científico procede y a dónde regresa. Lo que uno encuentre por medio de la investigación científica se acomoda tarde o temprano.

Entonces, una concepción cristiana (filosófica) no sólo contiene pensamientos acerca de la naturaleza y la tarea de creer, sino también tiene que estar de acuerdo completamente, en cuanto a lo que sabemos, con la luz de la Escritura. En otras palabras, una concepción cristiana (filosófica) debe ser escritural, o si se prefiere; alineada con la Escritura.

3. Pensando dentro de los límites de la religión

La creencia escritural se adhiere a la Santa Escritura, que habla en palabras que las personas pueden entender. Esas palabras tienen un significado en el cual denotan algo y dirigen la atención del lector u oyente a aquello que se esté denotando. Pero la Escritura es diferente, sus palabras apuntan hacia el Creador y a las cosas creadas. Entonces, es la Escritura la que provee una respuesta a las siguientes tres preguntas: "¿Quién es el Creador?" "¿Qué es la criatura en relación a Él?" y "¿En dónde yace la línea divisoria entre ellos dos?".

En cuanto a la pregunta, "¿Quién es el Creador?" la Escritura contesta sin ambigüedades qué es "Dios." A la vez, la Escritura nunca considera a Dios como una idea regulativa o como un curso de la naturaleza, sino siempre como el Dios vivo con todo su Concilio que ha predestinado su actividad creadora y su voluntad totalmente dominante; en pocas palabras; él es Soberano, en el sentido absoluto del término.

La respuesta a la segunda pregunta, "¿Qué es la criatura en relación a él?" se determina por lo que acabamos de decir. Lo que está creado, es completamente dependiente del Creador; es decir, completamente sujeto a su ley soberana, a su revelación a través de su palabra y a su dirección.

La tercera pregunta que nosotros hacemos como creyentes en la Biblia, es preguntar a la Escritura. "¿En dónde termina la creación y en dónde empieza el Creador? ¿Cómo podemos distinguir la criatura del Creador?". O como pusimos arriba: "¿En dónde yace la línea divisoria entre lo creado y el Creador?". La respuesta de esta demarcación es "la ley de Dios". La ley de Dios, la totalidad de los hechos ordenados por Dios en cuanto al cosmos, continuamente está presentada y mantenida por Dios para todo lo creado en el cielo y en la tierra. Como el Soberano él hizo las leyes para el cosmos y las mantiene. Todo lo creado está sujeto a sus leyes. Consecuentemente, es imposible mencionar algo divino que esté sujeto a la ley o algo creado que no esté sujeto a la ley. Todo lo que está del lado de Dios es Dios, y todo lo que está al otro lado es criatura.

Por medio de poner las cosas así podemos hablar acerca de la relación entre el Creador y la criatura sin pretender, poder comparar y contrastar las similitudes y diferencias entre Dios y el cosmos. Por ejemplo, algunos tratan de entender la relación básica de Dios y el cosmos sencillamente en términos de sus similitudes. Esto pasa cuando se ven a Dios y al cosmos como manifestaciones o fases del "ser" o del "proceso". Cuando es así, tanto Dios como el cosmos están subordinados a algo que está arriba de los dos, y el Creador y la criatura terminan como coordinados en una realidad más fundamental. Otros tratan de comprender la relación básica de Dios y el cosmos sólo por medio de sus diferencias. Este error ocurre cuando la gente pone a Dios y el cosmos en oposición como lo divino y lo no divino y terminan, como Karl Barth, nombrando a Dios "el completamente Otro".

También denota que este límite; la ley, sí delimita aquel que es creado por Dios, pero no delimita a Dios de lo que está creado. Al decir que algo limita a Dios sería incompatible con el reconocimiento de la infinitud de nuestro Dios, quien está siempre y en todas partes actuando en y sobre el cosmos—y por supuesto, no sólo desde adentro.

Similarmente, este "límite" no debe ser considerado en términos espaciales, porque la espacialidad pertenece a lo que está creado. Un límite espacial es siempre un límite dentro del orden creado y nunca uno entre el Creador y la creación.

La ley no aplica a Dios. Aunque él está confinado por virtud de su constante amor y fidelidad a mantener su ley dada a la criatura, Dios no está sujeto a la ley. Encontramos la combinación de estos pensamientos en Calvino: *"Deus legibus solutus est"* (Dios no está sujeto a las leyes) y *"Deus non ex lex est"* (Dios no es arbitrario o fuera de la ley).

El modo de ser de la ley es aquel de "mantenerse". Por lo tanto, la ley siempre está arriba o "trasciende" a aquel que la mantiene. Ésta es la alternativa bíblica al objetivismo (en dónde se encuentra el criterio en el objeto) y el subjetivismo (en dónde el estándar se encuentra en el sujeto). Entonces, cuando hablamos de los pensamientos de Dios, tenemos que asimilar que sus pensamientos no están sujetos a la ley y, por lo tanto, no son en la misma clase que los pensamientos de la criatura. La ley es el límite entre la creación y Dios. Por tanto, no tiene caso filosofar acerca de los pensamientos de Dios o acerca de cómo sabe Dios lo que sabe. Nuestro propio pensamiento tiene límites dentro de la ley-orden del cosmos y sólo puede funcionar significativamente dentro de ese contexto.

La ley de Dios se aplica a todo y por lo tanto no permite excepciones. En primer lugar, incluye el mandato del amor y también la ley estructural para el cosmos. Esta ley estructural, la voluntad de Dios para las estructuras creacionales, incluye lo que generalmente llamamos las leyes *de* la naturaleza, pero en realidad son leyes dadas por Dios *para* la naturaleza, además de las normas dadas por Dios. Con las leyes de la naturaleza, que son imposibles de desobedecer, vemos la voluntad de Dios en acción. En el caso de las normas, tales como ¡haz justicia¡, ¡ama la amabilidad¡, ¡se humilde¡, cuando se obedecen estas leyes, aunque muchas veces no se obedecen, vemos la voluntad de Dios en acción, es decir, por medio de la agencia de los seres humanos. El hecho que estas normas pueden ser transgredidas no significa, en ninguna manera, que estén abolidas.

Reconociendo que la ley es el límite entre Dios y el cosmos es un requerimiento del temor del Señor. Esto es significativo para mucho más que el pensamiento y la ciencia, pero por supuesto, no puede estar fuera de nuestros pensamientos si vamos a evitar el error y lograr un conocimiento genuino.

Por lo tanto, las respuestas a estas tres preguntas son muy importantes, también para la filosofía en particular y para el teorizar en general. Ambos, en este sentido de actividad y en el sentido de resultados, el filosofar y los conceptos filosóficos, el teorizar y las teorías que siguen, pertenecen al reino de la creación. No están elevados más arriba de la ley de Dios, pero sí, sujetos a ella, a la palabra-revelación y a la dirección del Dios soberano.

"Arché" es una palabra griega que significa "origen", se usa para el principio dominante de todo. Los cristianos saben que el *arché* de todo, incluyendo nuestros pensamientos y filosofar, es Dios y que el límite que nuestro pensamiento no puede sobrepasar la ley de Dios (más específicamente, la ley de Dios es para el pensamiento y para el conocer teórico). La inhabilidad de trascender la ley de Dios permanece, aunque no sea reconocida. Los filósofos que afirman que la humanidad o el pensamiento científico es autónomo (es decir, una ley para sí solo), quienes rechazan la palabra-revelación, y no mencionan la dirección de Dios, en ninguna manera logran lo que quieren. Como es evidente en la actual situación de la filosofía, lo que logra una autonomía pretendida es nada más que la anarquía en su forma de pensar, igual que en su terminología.

4. Nuestro campo de investigación

Las respuestas arriba también implican una concepción distinta de la tarea de filosofar en particular y de teorizar en general. En primer término, ellos limitan esta tarea. La filosofía nunca puede negar hacerse a un lado de lo que existe, ni siquiera al grado más pequeño: hacer eso sería negar a Dios o su trabajo, o fallar en el intento de hacer justicia a su naturaleza. Por eso también la filosofía no puede tomar el lugar de creer la palabra-revelación de Dios: todo nuestro conocimiento de Dios descansa directa o indirectamente sobre la creencia de la palabra-revelación, y aquel filosofo que rechaza la palabra de Dios, afirma saber acerca de Él y resulta; después de ver más de cerca, en pura especulación.

Pero aún si la tarea de la filosofía y el teorizar es limitada, aquellos que mantienen en mente el límite entre Dios y el cosmos, no les va a faltar trabajo. Los que creen que Dios creó el cosmos empiezan cada vez desde una presuposición que la riqueza de la creación es mucho más grande de lo que jamás se hubiera pensado antes. Por esa razón un pensador cristiano nunca puede decir, "¡Ah ya, ya entendí, ya determiné como es el sistema!". Al contrario, su concepción teórica, aunque la haya adquirido sistemáticamente, siempre es provisional, siempre tentativa. Él permanece lleno de expectación y es sensitivo a nuevas sorpresas. Sin duda estas sorpresas complementarán la concepción principal que está de acuerdo con su creencia, no obstante, a menudo estas "sorpresas" aumentarán y alterarán descubrimientos anteriores.

La filosofía, el conocimiento no científico y el conocimiento peculiar a las ciencias especiales, son similares en que todas son instancias del conocer humano. La filosofía es diferente a los otros dos en que es un tipo de conocer científico no especial (o general). La filosofía permanece relacionada al conocimiento diario y al conocimiento científico en que presupone, depende de y se construye sobre ambos. El conocimiento general y el conocimiento especial no deben ser reducidos ni amalgamados al conocimiento filosófico ni rechazados por medio de él. Aunque siempre están abiertos a la investigación y a la revisión, el conocimiento no científico y científico componen la base o fundamento del conocer filosófico al cual tienen que estar de acuerdo en términos generales.

Se puede decir que el campo de investigación de la filosofía sistemática es el dominio total del cosmos. Más específicamente, investiga la diversidad, las dimensiones y las interrelaciones del cosmos. Este estudio incluye la estructura general de las criaturas y su génesis óntica. La filosofía refleja el significado de aquel que es creado en sus dimensiones sincrónicas y diacrónicas, es decir, en su estructura e historia.

Los filósofos, como todos los científicos, dependen de una comunidad de personas con una mente común, en cuanto a sus creencias básicas. Además de articular las respuestas intuitivas de este grupo a las preguntas últimas del "por qué", los filósofos buscan la manera de sistematizar o conceptualizar la totalidad de lo que esa comunidad ha podido conocer y saber. Ellos reflejan la combinación de resultados del pensamiento científico y no científico.

En ese sentido la tarea de la filosofía es también integrativa y contextual—en un nivel conceptual. En cuanto a otras ciencias, por ejemplo, no es como si la filosofía tuviera que componer o ensamblar lo que la ciencia hubiera desarmado o despedazado. Pero la filosofía toma los resultados de la ciencia, no las realidades acerca de este conocimiento, y los ubica ordenadamente dentro del conocimiento ya aceptado. Por ejemplo, los filósofos recuerdan a los especialistas (cuando es necesario) que su campo sea limitado y que está conectado con muchos otros. Podríamos decir que la filosofía trata de mantener las cosas en perspectiva.

5. El punto de la orientación

Pero ¿cómo pueden mantener las cosas en perspectiva las personas, cuando ellos mismos son el campo bajo investigación? Ni aun los filósofos pueden trascender (estar fuera de, o más lejos de) el cosmos para poder ver la totalidad. Tal vez un helicóptero pudiera ayudar para ver las cosas más ampliamente arriba de un bosque, pero ¿cómo puede una criatura ver la totalidad del cosmos? O, ¿cómo puede una persona (con emociones) juzgar bien lo que son las emociones humanas? ¿Qué en este mundo puede proveernos de un ancla fija, un punto de orientación confiable? ¿Cómo podemos decir que el pensamiento escritural, por lo menos en principio, abarca la totalidad del cosmos?

Sobre lo que entienden (no científicamente) de la Escritura, los cristianos pueden afirmar, sin titubear, que pueden ver la totalidad del cosmos. Sólo de la palabra de Dios podemos saber acerca de la certidumbre tras-cósmica del pacto entre Dios y los seres humanos, entre Dios y la creación, iniciado y mantenido por el Creador y Sustentador de la vida que siempre es fiel. Lo que vemos es el cosmos en relación a Dios y bajo su ley, y, por lo tanto, sujeto a él. (Ni siquiera los cristianos pueden ver el cosmos desde la perspectiva de Dios). Es la realidad del pacto y de la verdadera religión revelada en la palabra—estando en una relación correcta con Dios por medio de Jesucristo—que hace posible que los cristianos puedan ver aquello que es cósmico tal como es. Sin la Escritura lo único que alguien puede tener es una perspectiva intra-cósmica.

Debido a que todo el cosmos está sujeto a la ley de Dios, y por lo tanto a Dios, tomaremos el SER-SUJETO como nuestro punto de orientación. Ser-sujeto a Dios es una realidad que no puede ser negada por parte de nada en el cosmos. Es y será la verdad en todo lo que investiguemos. Todas las demás dimensiones y diferencias están orientadas hacia este "ser-sujeto".

Nuestro punto de orientación también es decisivo para la ruta que seguiremos. Comenzando con la subjetividad en este sentido de la palabra, buscamos por más cosas específicas dentro de aquel que está sujeto a Dios y a su ley, y discernimos un campo grande y diverso. Como hemos notado anteriormente, el cosmos conoce dos tipos de criaturas sumamente diferentes. Entonces, en primer lugar, hay una especificación doble: la que está sujeta a Dios, sea en una manera celestial o terrenal. Ambos reinos son de las criaturas y contienen lo que no podemos investigar por completo inicialmente. La diversidad y las dimensiones de la tierra, por lo menos, son lo que todos conocemos mejor.

Ningún relato teórico de la realidad puede ser exhaustivo. Mi intención en lo que sigue sólo es para señalar las diferencias y distinciones más importantes que los pensadores reformacionales han discernido dentro del cosmos, para que otros puedan verlas también.

C. La diversidad y la conexión entre aquello que está sujeto a Dios en una manera celestial

El cielo y la tierra pertenecen a lo que ha sido creado. Son similares en que ambos están sujetos a Dios. En otras palabras, lo que no se puede negar del cielo y de la tierra es su estatus como "existencias (seres)-sujetas". No obstante, con las palabras "cielo" y "tierra" estamos diciendo algo más que solamente son parte de la creación. Cada uno se refiere a una diversidad diferente dentro de lo que está sujeto a Dios; "cielo" y "tierra" articulan más específicamente el "ser-sujeto".

Al compararlos, observamos que el cielo y la tierra son similares en que ambos son productos del esfuerzo creativo de Dios. "En el principio Dios creó los cielos y la tierra". Igualmente, ambos están sujetos a la voluntad de Dios y, por ende, a él mismo.

Además de similitudes hay, sin embargo, diferencias entre el cielo y la tierra.

1. Diferencias en el cielo, que existen en virtud de la creación

Aquí "cielo" se refiere al mundo de los ángeles. Los ángeles son criaturas celestes. El cielo, en este sentido, debe ser distinguido de los cielos llenos de estrellas y el firmamento que pertenece a la tierra (Gén. 1.7, 14 ss). No sabemos nada acerca de la naturaleza y el ministerio de ángeles con la excepción de lo que sabemos por medio de la palabra-revelación, así es pues, una cuestión de creencia.

Ahora, mientras es cierto que la palabra-revelación de Dios acerca del cielo es bastante fragmentado, no obstante, muestra esta parte del cosmos que es completamente diferente de lo que los filósofos; al grado que estén interesados en estos asuntos, hayan pensado, o lo que expresen las tarjetas de condolencias o las películas de Hollywood.

Resumidamente aquí es lo que nos da la Escritura en cuanto al cielo:

a) El cielo y sus moradores, incluyendo los serafines y querubines, pertenecen a lo que fue creado (Gén. 1.1)

b) Por medio de la creación, el cielo está correlacionado con la tierra.

c) En el cielo existen espíritus, ángeles y mensajeros que son diferentes por medio de la creación, en su individualidad, sus tareas y rango. Hay muchos de ellos y ellos juegan papeles importantes: son mensajeros de Dios, adoran a Dios, ejercen el cuidado providencial de Dios, animan a las personas a una obediencia cristiana y representan y llevan a cabo la justicia de Dios. En un pasaje (y no estoy hablando de Lucas 2) nos dicen que ellos cantan también.

Sin embargo, lo que nos dice la Escritura, en cuanto a estos asuntos, es muy poco. A menudo la Escritura no dice nada sobre cuestiones que quisiéramos que fueran contestadas. A veces todo lo que nos dice es lo que no es cierto de los ángeles.

Las criaturas celestes y terrenales son muy distintas, por ejemplo, la Escritura no sólo no habla de ángeles del sexo femenino, sino explícitamente niega la existencia de matrimonio entre ángeles (Mt. 22.30).

No obstante, lo que la Escritura nos dice acerca de ángeles es importante porque así poseemos información acerca de criaturas que tienen en común con nosotros esta *criaturalidad* aunque sí son diferentes que las criaturas terrenales.

Consecuentemente, reconociendo la existencia de ángeles debe prohibirnos equivaler seres-terrenales con seres-creados; porque la creación terrenal es sólo una parte de todo lo que es creado.

2. La antítesis y el mundo de ángeles

La diferencia en el mundo de los ángeles, entre ángeles buenos y malos es un tipo de diferencia distinta que las diversidades que acabamos de mencionar.

En la Escritura (Judas 6 y 2 Pedro 2.4) nos dice que la antítesis surgió por medio del hecho de que uno de los ángeles más importantes no permanecía en la verdad—en la consistencia, cuidado y fidelidad a Dios. En esta caída irreparable muchos otros ángeles seguían a Satanás, y ellos quedaron radicalmente opuestos a los ángeles buenos y fieles. Los cristianos no creen en el diablo; eso implicaría una confianza en Satán. Pero sí creen en la existencia del diablo y que Cristo vino a destruir a este príncipe de la oscuridad.

Correlacionado con la resultante diferencia entre los ángeles buenos y malos, salió la diferencia entre el cielo y el infierno. Esta diferencia no existe por medio de la creación; más bien, existe por medio del juicio de Dios por causa del pecado de los ángeles. Es importante hacer una clara distinción entre estas dos cosas para no terminar con un dualismo antitético, o una perspectiva que ve las cosas en un continuum del demoniaco como lo más bajo, y lo más alto en el cielo, y la situación en la tierra como un tipo de combinación de los dos extremos.

D. La diversidad y la conexión entre lo que está sujeto a Dios en una manera terrenal

1. Dos rutas: De lo concreto al abstracto y al revés

La palabra "tierra" aquí se refiere al mundo en que los humanos viven, pero también alcanza hasta los límites del universo. Se refiere sólo implícitamente a la riqueza de la diversidad creada por Dios en la tierra. La Escritura se refiere a la relación de "tierra" a esta diversidad en varias maneras: a veces como una relación entre lo que inicialmente estaba abarcando con lo que inicialmente estaba abarcado: "Y la tierra estaba desordenada y vacía, y las tinieblas estaban sobre la faz del abismo, y el Espíritu de Dios se movía sobre la faz de las aguas" (Génesis 1.2); o como el desenvolvimiento de esta diversidad de la tierra como la obra del Espíritu de Dios, quien dirige todo esto, está conectado recíprocamente a este desarrollo: "¡Cuán innumerables son tus obras, oh Jehová! Hiciste todas ellas con sabiduría; la tierra está llena de tus beneficios" (Salmos 104.24).

La diversidad que se manifiesta en este proceso de desenvolvimiento es demasiado grande para resumir bien sin más análisis. Así, moviendo e esta riqueza de diversidad dentro de la creación terrenal hacia una variedad de diferencias analíticamente irreducibles, podemos discernir un número de estas diferencias y hacer varias distinciones correspondientes. Dios hizo la diversidad y los pactos con la tierra (Génesis 9.13); analíticamente somos responsables para distinguir correctamente mientras trabajemos la tierra y la cuidemos (Génesis 2.15).

En primer lugar, buscando las diferencias básicas en la tierra, los cristianos no deben olvidar tratar la relación única entre la tierra y Dios que nombramos el *pacto*—una relación en la cual se requiere que la humanidad sea el mayordomo en la tierra como el portador de la imagen del Dios Creador quien gobierna en el cielo. Con esta distinción, la diferencia entre la humanidad y aquel que está sujeto a su cuidado se entiende. Sin embargo, aparte de este punto en común, existe una gran diversidad de reinos (tales como animales, plantas y cosas no vivas) y géneros dentro de estos reinos.

Dentro de estos géneros encontramos cosas individualmente diferentes. Por ejemplo, algunos animales son cordados (con espina dorsal), algunos son mamíferos (amamantan), no todos de ellos son carnívoros (comen carne), sólo algunos son cánidos (como lobos o zorros), y de ellos sólo algunos son caninos (como perros), y algunos de ellos son collies, uno de los cuales mis hijos nombran "Max" y uno de mis vecinos nombra "Stanley". Ese perro no es este perro, ni esta piedra es esa piedra. Llamaremos esta diferencia básica de individualidad irreducible—acuérdate que aun los gemelos "idénticos" son diferentes—la *diferencia esa-esta* o también la diferencia individual. Pero las cosas no existen por separado o sin relación las unas con las otras. Están conectadas o relacionadas en diferentes maneras: económicamente, socialmente, orgánicamente o lo que sea. Las cosas individualmente diferentes a menudo muestran una clara similitud en su composición y diversidad en su manera de ser o modos de existir. Este libro tiene una portada, ocupa espacio y está impreso en papel, pero también está tu diccionario y Biblia. La diversidad entre estos modos de ser es diferente en "género" de la diferencia esa-esta. Ocupando espacio y estando lleno de palabras no es lo mismo, pero ocupando espacio no es "esta" y estando lleno de palabras no es "esa". Diremos que este segundo tipo de diferencia es la *diferencia modal*. Luego está la diferencia entre el bien y el mal—la obediencia y la desobediencia—un tercer tipo de diferencia que no puede ser reducida a ninguna de las diferencias anteriores.

La secuencia de la humanidad, reinos, géneros, cosas, modos de ser, y el bien y el mal pueden entenderse por medio de un análisis: cuando analizamos lo concreto, más y más a fondo se llega a las diversidades en que ya no pueden ser divididos más. Podríamos llamar esta investigación—desde la plenitud de la realidad diaria concreta a las diferencias abstractas e irreducibles—la "primera ruta".

Pero también es posible seguir la ruta al revés—la "segunda ruta" podemos decir—de estas diferencias abstractas y movernos hacia la coherencia concreta y la complejidad entretejida de todos los días. En este caso empezamos en dónde el análisis termina, con las diversidades analíticamente irreducibles, y procedemos rumbo a un involucramiento aún más grande. Sin embargo, se debe notar que las diversidades analíticamente irreducibles, nuestros tres tipos de diferencias, no son tan elementales en su naturaleza, como algunos hechos atómicos con los cuales alguien pudiera querer tratar de reconstruir la realidad. Analizar no es lo mismo que encontrar las partes componentes. Más bien, analizar es distinguir lo que es diferente en su contexto.

Al considerarlo, podríamos limitarnos a analizar la realidad diaria más y más, porque la primera ruta de veras tiene una ventaja importante sobre la segunda. Esa ventaja es sencillamente el hecho de que la totalidad, lo ancho y lo profundo, llega a la primera plana por medio de una investigación metódica de sus diversos componentes. Recordamos que todo, cada muestra de una variedad de dimensiones modales, pertenece a un género, y cada género pertenece a un reino, y todos los reinos se incluyen por medio de la humanidad y la religión, en el pacto de Dios con la tierra. Es todo. ¡Todo está incluido! Y todo está sujeto a Dios y a su ley.

Porque no podemos comprender sin esta vista del entero, no podemos atender la segunda ruta sin tomar en cuenta la primera ruta. Porque alguien sólo puede tener una vista clara de los puntos determinantes o específicos de "aquel que está sujeto a Dios en una manera terrenal" cuando su conexión con el entero está en mente: después de todo la tierra no es solamente una colección de reinos; un reino no es solamente una variedad de géneros; un género no es sólo un agregado de cosas; y la cosa no es la suma de un número de propiedades o características analíticamente irreducibles.

Sin embargo, hay grandes ventajas cuando la segunda ruta sigue la primera. En primer lugar, se elimina el peligro de nunca pasar más allá de las generalidades vagas y el hablar holístico, por ejemplo, acerca del "cuadro grande" sin ver la abundancia que contiene. Y en segundo lugar, puedes ver claramente que el "entero" que se veía primero no puede ser construido ni reconstruido de las "partes" obtenidas por medio de la resolución. Lo que hace falta es precisamente el contexto y la conexión que se mantenía en mente mientras uno seguía la primera ruta.

La amplitud de este estudio no nos permite dar el mismo espacio a ambas rutas en esta investigación bipartita. Entonces, después de un breve repaso de la primera ruta vamos a dar atención a la segunda.

La diversidad esta-esa y la diversidad modal (que trataremos primero), ambas existen por medio de la creación: son partes integrantes de lo que Dios quería para sus criaturas y hasta la fecha continúa manteniendo. La diferencia bien-mal, como era el caso en el mundo de los ángeles, no existe por cuestión de la creación. En el principio cuando Dios creó la tierra, la desobediencia no era un factor; el mal sólo podría llegar después en el desarrollo. Después de ver la diversidad estructural de la individualidad y la modalidad, entraremos con esta tercera dimensión de las criaturas terrenales, porque la diferencia bien-mal se trata de nuestra respuesta a lo que Dios quiere para sus criaturas, si es dirigida hacia él o hacia nosotros mismos. Después de discutir estos fundamentos podemos proceder más a fondo en la dirección de la complejidad concreta y de la diversidad de la vida diaria.

Para hacer eso tenemos que hablar de varias cosas de una vez que son de una importancia primaria. A la vez, tenemos que recordar que ninguna de las cosas importantes que vamos a platicar después está excluida de la actividad de saber y conocer que está pasando en este momento. Por ejemplo, siguiendo la ruta que hemos escogido, la religión será analizada al último, pero eso no quiere decir que estamos eliminando la religión de nuestra actividad investigativa en este momento. Al contrario, es la religión que define nuestro ser, y también distingue el conocer cristiano de los pensadores no cristianos. Tanto depende de la palabra-revelación de Dios, aceptada por fe como un testigo fiel: nuestra concepción en cuanto al origen y la amplitud de la creación; nuestras expectaciones, siempre afinadas a nuevas sorpresas, con que llevamos a cabo nuestras investigaciones; y la definición de los campos que podemos explorar y de nuestro punto de orientación que domina la ruta por completo. También debemos a la palabra de Dios la perspectiva de que lo que aquí examinamos primero no es la plenitud de la vida diaria concreta. Pasa lo mismo con respeto a todo lo demás que no se trata en un principio: se espera porque sencillamente es imposible tratar todo a la vez.

2. La estructura de las cosas y las personas

Por decir algo, vamos a estudiar lo que implica ser soltero. Tratar de explicar todo acerca de la soltería durante toda la vida es una cosa, pero otra cosa es atorarte con las sencillas generalidades tales como "todos los solteros son hombres no casados". De hecho, una vez que sabemos que "soltero" quiere decir "hombre no casado" es una "tautología" repetir lo obvio y no decir nada nuevo. Si nuestro conocimiento y comprensión de la soltería van a crecer, probablemente vamos a tener que saber más, más cosas específicas para descubrir otras similitudes o diferencias entre solteros. Por ejemplo, podemos investigar si los solteros viven una vida activa u oculta, o estudiar sus años de la tercera edad y compararlos a los hombres casados. Sabiendo lo que señala que los solteros son diferentes de los casados es sólo el principio.

Algo parecido es verdad en cuanto a la tierra. Los cristianos saben que no existe más que Creador y criatura, que todas las criaturas están sujetas a Dios y a su ley, y que sus criaturas son celestiales o terrenales. Es obvio (para los cristianos) que casi todo en nuestro alrededor, sea lo de fuera, grande o pequeño, reconocido o no, está sujeto a Dios en una manera terrenal. Los átomos, los solteros, los criminales y los dromedarios son criaturas terrenales y sean obedientes o no, están sujetos al Creador en una manera terrenal. Y la lista podría seguir indefinidamente hasta las xenofobias, los yaks y el zoroastrismo. No importa que tan verdadero, que tan bíblico, que tan confiable pueda ser que el conocimiento que podemos investigar sea sujeto a Dios en una manera terrenal, debemos poder decir más que eso para articular varias maneras y modos en que esas criaturas puedan aprovechar el hecho que son sujetos a Dios. En esta sección y la siguiente intentaremos hacer precisamente eso: dado el hecho que lo que tenemos que investigar está sujeto a Dios en una manera terrenal. ¿Cuáles son los puntos específicos? ¿Podemos desenvolverlo? ¿Cómo es verdad? Al decir eso ¿nos ayuda a crecer en el conocimiento y comprensión de la tierra—nuestra casa—y el llamado y tarea que Dios nos ha dado aquí? Primero veremos a la diversidad, las dimensiones y la interrelación de las cosas individuales y luego avanzaremos a integrar la realidad, la que viene después del inicio original, con todo lo que proviene de algo aparte.

Los dos determinantes más sencillos y sus relaciones básicas

Dos de los determinantes más simples de "lo que está sujeto a Dios en una manera terrenal" se encuentran en y entre las cosas, es decir, las diferencias modales y la diferencia esta-esa. El orden en que trataremos a estos dos tipos de diversidad es inmaterial debido a que nunca *ocurren* por separado. Uno le nombraremos "funciones" y el otro "funtores" en una manera que es paralelo a "acciones" y "actores". Como las acciones requieren actores, y no hay actores a menos que haya acciones, entonces las "funciones" requieren "funtores", y no hay funtores a menos que haya funciones. Aunque uno no puede ocurrir sin el otro, pueden ser separados con el fin de analizarlos. Esto es lo que vamos a hacer primero. Luego trataremos su interacción juntos.

El primer determinante (modal) y su diversidad

Cuando una persona utiliza la palabra "social" se está refiriendo a algo terrenal (creado). Siendo social no se excluye de ser creado terrenalmente, sino sólo lo presupone. Siendo social es una manera (o modo) de ser una criatura terrenal. Siendo social es parte de lo que son algunas de las criaturas terrenales. Es un asunto de ser-creado-terrenalmente en una manera específica o determinante. Si todas las criaturas terrenales fueran sociales sería imposible hablar de diversidad en la determinación de ser-terrenalmente-sujeto. Entonces, "ser social" significaría lo mismo que "ser creado", cosa que no existe.

No toda la creación terrenal es social en su carácter. Otros modos del ser-terrenal ocurren aparte de este. Lo que significa que esto puede ser ilustrado por medio de examinar cualquier evento ordinario. Vamos a utilizar el siguiente reporte periodístico. Es una ilustración del libro de L. Kalsbeek, *Los contornos de una filosofía cristiana*.

> Anoche un pirómano prendió fuego a dos granjas de la zona. Sólo un poco del ganado en los graneros fue rescatado. Los bomberos fueron limitados por la distancia a la toma de agua y por el hecho de que el agua en el arenal entre las dos granjas estaba congelada. Las familias sin hogar fueron recibidas por sus vecinos. El daño a ambas granjas estuvo cubierto por el seguro. (1, 2)

Cuando vemos este asunto un poco más de cerca varias facetas del evento emergen. Algunas son obvias, otras ocupan un ojo experimentado. El comandante de los bomberos, al llegar, avisa a los espectadores que los oficiales sospechan un incendio provocado; su indignación sugiere el aspecto de confianza (ética) del evento: "¡No puedes confiar en nadie en estos días!". Las expresiones de amabilidad de los vecinos al proveer refugio, ropa y consuelo para las víctimas también muestran la dimensión de confianza. También está presente el lado *jurídico*. La ley del estado establece que se debe procesar a los pirómanos. También otras leyes hablan de normas estrictas acerca del pago del seguro contra incendios y los esfuerzos de agencias de apoyo.

A pesar de la miseria humana, hay cierta dimensión *estética* en cuanto a las tremendas flamas de fuego contrastadas con el cielo oscuro. Los bomberos y vecinos luchando contra el incendio sugieren el lado *social* del evento. Tal vez las pérdidas pueden ser recompensadas por el seguro o absorbidas por el granjero y su familia, de cualquier forma, el aspecto *económico* es aparente cuando el sol sale sobre los restos carbonizados de su casa familiar. La conversación de los espectadores y los gestos de los bomberos en las escaleras sugieren un aspecto *semántico (comunicativo o lingual)*. El granjero mismo está más consciente de este aspecto cuando intenta arreglar el asunto con la aseguradora y tiene que entender la jerga de los abogados en su póliza. También, el periodista tiene notas abreviadas, sus entrevistas grabadas y su copia final para el periódico, todos involucran símbolos significativos para describir los eventos reales humanos.

Cuando nos damos cuenta de que no hay agua potable en la granja, que la casa fue construida hacía más de cien años con pocos materiales anti-flamantes y que los bomberos tienen que depender de la última tecnología en pipas de agua, empezamos a ver el aspecto *formativo (histórico)* de la situación. El problema de que el incendio puede pasar a otros edificios muestra el aspecto *espacial* de la situación. Como dice el reportaje, dos granjas estaban involucradas en el incendio; este evento involucra a una cantidad de personas, tanto los que vivían en la casa como los bomberos. La mañana después cuentan la cantidad de animales muertos y los cálculos de los daños enfatizan el aspecto *numérico o aritmético.*

El hielo impide el trabajo de los que manejaban las mangueras de agua, el humo esfumándose y el sonido del agua tocando las llamas señalan el aspecto *físico o energético.* La hiedra que cubre los muros de la casa caracteriza el aspecto *biótico u orgánico,* hasta que se murió por el calor del incendio. Sin embargo, su muerte no tiene duelo o emoción, mientras la muerte del ganado es con mucho dolor y pánico ante lo que amenaza sus vidas, indicando el aspecto *psíquico o sensitivo* en su experiencia. Porque no pueden hacer distinciones analíticas, no se les ocurre a los animales atrapados desatar las sogas que les amarran. El granjero y los bomberos que están tratando de salvar las casas y sus contenidos pueden hacer su trabajo sólo porque poseen esa capacidad. Sus esfuerzos, cuidadosamente planeados y el hecho de que las autoridades pueden juntarse la próxima mañana a reconstruir el evento entero nos muestra que el incendio también tiene un aspecto *analítico.*

Pero también está presente la dimensión de fe. Llamaremos esto el aspecto *pístico* (de la palabra griega de fe). Uno de los granjeros que había sufrido este golpe es cristiano. Precisamente porque es granjero, dependiente de las incertidumbres del clima, los mercados cambiantes, etcétera, él ha aprendido a experimentar las palabras de confort de Cristo "ni uno de [estos pajarillos] cae a la tierra sin saberlo su Padre". Tal vez otra persona miraría este evento como el resultado de la suerte o la mala suerte. Además, cada persona en el escenario, sea víctima, vecino o bombero, descubre algún tipo de significado—o falta de ello—en el evento.

Los varios aspectos de este evento fueron mencionados muy arbitrariamente. Pero pueden ser enlistados en un orden específico que explicaremos en las siguientes páginas. Así distinguimos los siguientes aspectos modales irreducibles (desde arriba hacia abajo, o, como veremos abajo, en su orden de menos complejidad). (A menos que se diga lo contrario, las citas provienen del libro de Henk Hart, *Understanding Our World* — Entendiendo nuestro mundo).

PÍSTICO: La dimensión pística de la creación terrenal, y de las criaturas humanas en particular, tiene que ver con una creencia cierta y una vida de fe. La clave aquí es "nuestra aceptación de, o nuestro rendimiento a una relación de confianza de algo, su verdad, su confiabilidad, su certidumbre" (182). La creencia con certeza (fe) relaciona la realidad a su último fundamento, pero no es lo mismo que la religión que es "la base última para todas nuestras acciones mientras determina nuestras prioridades y formula nuestras lealtades fundamentales" (183). Además, la creencia (fe) no es idéntica con la fe en Cristo. Todas las personas creen. Todas están guiadas y comprometidas a sus creencias últimas acerca de las cosas. Pero no todos creen en Jesucristo. (La fe en el progreso, en Karl Marx, en la ciencia, en el crecimiento económico, en los derechos del individuo, en la autonomía de la razón humana, en... cualquier cosa que las personas se han rendido religiosamente y han sujetado sus vidas, lo que fuera: todas estas creencias o no creencias, solas y juntas, también han contribuido a la formación de la historia).

ÉTICO: El aspecto ético de la creación terrenal tiene que ver con los vínculos de fidelidad y lealtad en la amistad, en el matrimonio, en la familia, aún en la agricultura. "Mantener la confianza, es mantener una relación de honestidad que cumple con las promesas" (191).

JURÍDICO: El aspecto jurídico se caracteriza por medio del llamado a la justicia y cubre el dominio del código legal, de la justicia pública y de la retribución.

ECONÓMICO: Lo económico es el domino de la frugalidad con recursos en la administración de bienes escasos: hay una riqueza de posibilidades de las cuales sólo podemos darnos cuenta de unas cuantas. En el mundo de hoy "el uso máximo de los recursos, los talentos y el fruto de nuestro trabajo (materias primas, servicios y productos) requieren de una red de interrelaciones que proveen el intercambio, distribución y uso máximo de estos frutos, talentos y recursos de tal manera que el exceso, desperdicio y fatiga se eviten". Pero desde el principio todos "los seres humanos tienen una tarea económica porque todos tienen que administrar responsablemente sus propios asuntos" (192).

SOCIAL: "*Interacción* es la palabra que caracteriza mejor este modo de funcionamiento, aunque esta palabra ha sido reducida en significado por muchas personas." "Social" hace referencia a la comunidad y a la acción colectiva de los humanos. "Una relación social es un tipo específico o modo de una interrelación funcional. Intenta mostrar el desarrollo de relaciones conscientemente practicado entre personas en que el fomento de tal relación es un fin en sí" (193). La hospitalidad y la cortesía también son ejemplos de este fenómeno social. "La estratificación social, el centro social de la comunidad, el club, una recepción para que la gente se conozca, el picnic de la iglesia, el convivio, muchos fenómenos más señalan una especificidad irreducible de este modo de funcionamiento" (194).

ANALÍTICO: La dimensión analítica tiene que ver con "la naturaleza modal irreducible de las funciones que se encuentran típicamente en analizar, conceptualizar, argumentar, razonar e inferir" (194). La clave aquí es la capacidad humana de distinguir las diferencias en su contexto y la distinción de otras cosas. Aunque puede ser que la "universidad es la comunidad organizada de personas profesionalmente ocupadas con el análisis en una manera principalmente ocupacional", cada ser humano sano está ocupado analíticamente todos los días.

SEMÁNTICA (LINGUAL-COMUNICATIVO): Con la "semántica" entendemos todo lo que tiene que ver con el lenguaje, no sólo lo hablado sino también lo no hablado. El lenguaje transmite información y es el mensajero del significado conceptual. "Casi todas las palabras son vehículos conceptuales o nombres para conceptos. Son relacionadas gramáticamente en maneras en que encontramos la estructura de la realidad que se relaciona con los conceptos mismos" (195).

ESTÉTICO: El modo estético es el campo de humor, diversión, imaginación y matiz. El aspecto estético de las cosas no es siempre la belleza, pero algunas cosas están cargadas de implicaciones hacia lo bello. Dice Seerveld en alguna parte, "La vida estética es integral para el ser humano como construir castillos de arena en la playa y de dar nombres a tus hijos".

FORMATIVO (HISTÓRICO): Lo "formativo" tiene que ver con hacer, crear, formar, construir y producir las cosas; es "el área funcional de herramientas, instrumentos, capacidades, métodos y técnicas" (195). Reconocemos este tipo de actividad "en nuestras relaciones controladas metódicamente con nuestro ambiente, es decir, las relaciones instrumentales y con propósito entre las criaturas conscientes, el diseño de acción, el momento de decisión y la relación entre medios y fin" (176). El hacer está presente en casi toda la actividad humana y en animales pues algunos sí hacen sus nidos, pero las plantas, en este sentido, no hacen azúcar.

PSÍQUICO (SENSITIVO): Por medio del "psíquico" comprendemos el modo de conducta en los animales y humanos, es decir, principalmente un tipo sensitivo (sentimientos, emociones), incluyendo las motivaciones, instintos, estímulo-respuesta y percepción.

ORGÁNICO (BIÓTICO): Por medio del aspecto orgánico o biótico entendemos principalmente las funciones dinámicas tales como el crecimiento, la reproducción, el metabolismo, la restauración, el nacimiento, la génesis y la maduración; todo requiere la "integración interdependiente de todas las funciones de la entidad, tal como llegan a ser partes de un entero coherente y singular que funciona para generar el crecimiento, es decir, que continuamente genera y regenera todas sus partes para su propio desarrollo continuo y su propia existencia.

ENERGÉTICO (FÍSICO): Este aspecto de la creación terrenal es conocido por nosotros por medio del fenómeno de masa, fuerza, materia, estructuras atómicas y moleculares, niveles de energía, etcétera.

CINEMÁTICA: Este aspecto tiene que ver con el movimiento. Es una dimensión a la cual podemos entender mejor en términos de lo que nombramos "inercia": la tendencia de la materia de permanecer en un estado de descanso o si está en movimiento la tendencia de seguir el movimiento en la misma dirección a menos que esté afectado por alguna fuerza externa.

ESPACIAL: En cuanto a la dimensión espacial de la creación terrenal sería bueno anotar lo siguiente: a) lo espacial no es una forma de intuición (Kant), sino una propiedad de todas las cosas—una extensión continua. b) lo espacial no tiene, como pudiéramos suponer basada en la tradición, una estructura euclidiana (3D). El espacio euclidiano es una manera de concebir la dimensión espacial de las criaturas terrenales—una manera que se aproxima bastante al modo en que sentimos el aspecto espacial de las cosas alrededor de nosotros.

NUMÉRICO (ARITMÉTICO): El aspecto numérico es el dominio de magnitud y cantidad discreta. En otras palabras, el dominio de más o menos. Hay obviamente una diversidad amplia en esta dimensión modal, tal vez aún más de lo que hemos visto hasta ahora.

Por razones de brevedad llamamos la diversidad mencionada arriba la "dimensión modal"; es una diversidad que incluye muchas "diferencias modales", las cuales cuando están ordenadas sistemáticamente pueden ser nombradas la "escala modal". Como veremos abajo, los problemas aparecen cuando una o más de estas diferencias irreducibles se absoluticen o sean erradicadas.

Se reconoce que estos asuntos son algo abstractos. Entonces sería bueno poner otro ejemplo para que el lector no pierda el interés por cuestiones de que la discusión arriba no tiene mucho que ver con la realidad de la creación terrenal. Otra vez, dependiendo del análisis de Kalsbeek (3, 4), veamos a un tulipán ordinario floreciendo en tu jardín. Pones un tulipán en tu mano e inmediatamente descubres su aspecto numérico sin tener que contar; pero si vas a querer examinar más de cerca la flor, descubrirás un número de hojas y un tallo, los pétalos, o el estambre dentro de ellos.

Si plantaste tus bulbos de tulipán demasiado pegados en el otoño anterior, ahora te das cuenta que requieren una cantidad de espacio para poder crecer bien. Por supuesto, cuando los plantaste notabas su carácter espacial.

El hecho que los bulbos se quedaron en el lugar donde los pusiste antes de plantarlos tiene que ver con el aspecto cinemático de tus tulipanes.

Tus conocimientos básicos de la botánica te muestran que la planta absorbe nutrientes y respira. Estos procesos son fenómenos arraigados en el intercambio y flujo de energía.

La muerte lenta de la flor en el jardín o su muerte repentina en tu casa muestra el fenómeno orgánico de la vida biótica.

Puedes ver la flor y tocarla. (Sin embargo, nota que mientras tú puedes ver a la flor, la flor no te puede ver a ti ni a cualquier otra cosa; mientras la puedes tocar no te puede sentir). Esto es posible sólo por su aspecto psíquico o sensitivo.

Si tienes interés puedes investigar un poco para descubrir el aspecto formativo (histórico) de tu tulipán en cuanto a su tiempo de cultivación de esta híbrida y de su ancestro, el tulipán silvestre.

Algunos afirman que la belleza es para interpretar cada quien, pero aun si encuentras a algunos tulipanes feos, ¿qué te impresiona? Si son las líneas suaves o su color feúcho, es su aspecto estético de esas flores.

Además, debido a su aspecto semántico puedes hablar acerca de tus tulipanes—tienen nombres—si eres holandés o no.

Otra vez, el tulipán puede ser analizado; existe para nosotros en una forma analizable en el modo analítico.

Y suponiendo que eres como la mayoría de la gente, has plantado tus tulipanes en un lugar accesible a las otras personas para que los puedan observar. Esto tiene que ver con el aspecto social—aunque los tulipanes nunca habían pensado en esto, de socializar entre ellos mismos.

Aunque las personas que cultivan los bulbos tienen el ojo puesto en su venta y están más conscientes acerca del aspecto económico que tú, recordarás ese aspecto pronto cuando vayas a comprar más bulbos la próxima vez.

El aspecto jurídico de tus tulipanes aparece cuando efectivamente los tulipanes son tuyos. Tú puedes determinar su destino y puedes llamar a la policía si hay personas que roban o dañan a tus tulipanes.

Siendo tuyos, ellos "exigen" (aunque no todas las veces reciben) un cuidado amoroso que un jardinero cuidadoso les va a dar sin quejarse (anteriormente se refería a esto como parte de la "agricultura" o cuidado de las plantas). Esta es una dimensión de lo ético.

Aunque tengas tierra en tus uñas y unos músculos de la espalda doliéndote como prueba del gran cuidado humano que has puesto para el crecimiento y bienestar de los tulipanes en tu jardín, no obstante, los ves en fe como la creación de Dios (mientras tu vecino los considera como un producto refinado de un proceso evolucionario).

A medida que avanzamos, la importancia de la diversidad modal crecerá. Pero ahora podemos afirmar que debido a que no tiene sentido hablar del "ser-sujeto" sin aceptar una ley que se mantiene para aquel que es el sujeto, podemos decir también que hay un determinante (o una especificación más) de la ley de Dios que corresponde a cada determinante de ser-sujeto-terrenal. Por lo tanto, si tiene sentido hablar de "ser-sujeto de Dios en una manera social", entonces tiene tanto sentido hablar de la ley dada por Dios que se aplica a la dimensión social de la creación. Lo mismo se aplica a todos los modos del ser terrenal.

En otras palabras, podemos decir que una diversidad en la determinación de la ley es paralela a la diversidad en la determinación del "ser-sujeto-terrenal". Consecuentemente, una ley numérica se aplica por lo que es numérico, una ley espacial por lo que es espacial, una ley social (realmente una norma) se aplica por lo que es social y sucesivamente. Cada una de estas leyes se aplicaba desde la fundación del mundo, porque fueron dictadas por el Creador. Estas leyes para las criaturas terrenales juntas contribuyen a la estructura de la creación terrenal. Pero hay más.

El segundo (este-ese) determinante y su diversidad

Al decir "este número" es decir más que simplemente decir "número". Y en este caso también la diferencia en las palabras corresponde a la diferencia que denotan. Vamos a ver más de cerca esta diferencia.

Podemos tomar las palabras "este número" a que se refiere, por ejemplo, al número *tres*. El número tres es un número. Y siendo un número es algo sujeto a la ley numérica. Pero no sólo encontramos esta propiedad en el caso de todo que tiene un número. El punto aquí es que el determinante denotado por la palabra "esto" no está en conflicto con la similitud entre el número tres y todos los demás números. Ni tampoco descarta la similitud con esta modalidad: la presupone. *Esto* simplemente es otro determinante diferente.

Este determinante—la *diferencia esto-eso (este-ese)*— es un segundo determinante analíticamente irreducible. Es un tipo diferente de diferencia. En otras palabras, la diferencia esto-eso es diferente de, y no puede ser reducida a la diferencia modal.

Para confirmarlo, podríamos hacer la pregunta si *este*-determinante posiblemente no puede ser una diferencia modal más, que se podría añadir a la diversidad modal como hemos explicado anteriormente. Por ejemplo, podemos preguntar, "¿Es la diferencia entre *número* y *esto* similar a la diferencia modal entre, los aspectos numérico y espacial?". Hacer la pregunta es para contestarla "No", porque es obvio que aquello que cause que el número sea "el número tres" es algo diferente que otra dimensión modal.

Pero qué tal esta pregunta: ¿es el determinante "esto" posiblemente una especificación más del modo numérico? Otra vez, no es el caso. Para sostener esta negación es suficiente poner el término "este número" y el término "número racional" yuxtapuestos. Un número racional es un número que puede ser expresado como un número entero (p.ej. 2, 3, 4, etc.) o como un cociente de los números enteros (p.ej. ¼). Los números irracionales no pueden ser expresados así (p.ej.). En el caso del "número racional", especificamos aún más los números como numéricos; sin embargo, aunque hay muchos números racionales, sólo hay un número tres. Consecuentemente, el determinante ser-esto no tiene que especificar más la numerabilidad de tres, sino que es una determinación que retiene su significado aun cuando todas las demás especificaciones de su numerabilidad habían sido añadidas.

Sin decir, la diferencia esto-eso—también nombraremos la diferencia de individualidad—es difícil circunscribir o definir concretamente. Pero por supuesto, este es el punto: la diferencia esto-eso es diferente de cualquier otra diferencia y por lo tanto difícilmente puede ser definido en términos de algo aparte.

Si ningún otro número existiera aparte del tres, entonces sería imposible hablar de diversidad en la determinación-esta de números. Pero obviamente hay muchos más números que tres. Entonces, mientras podemos distinguir sólo quince diferencias modales irreducibles en la creación terrenal, la diversidad en la determinación-esta es infinitamente más grande. Por supuesto hay muchos diferentes *estos* y *esos* que números.

La diferencia esto-eso no sólo ocurre en el caso de la ley-esfera numérica—ocurre en todas las ley-esferas: una piedra no es otra, y la distinción puede ser hecha entre esta manzana caída y esa manzana caída, entre esta y esa actividad analítica, entre este y ese matrimonio.

Un punto final antes de proseguir. Dado "este número (tres)" y "ese número (cuatro)", o "este tulipán" o "ese tulipán" podemos ver que en la diferencia esto-eso es posible que *esto* y *eso* sean realmente parecidos en que la misma ley aplica a los dos. Siguiendo así, podemos decir que todos los estos y los esos a los cuales la misma ley se aplica, constituyen un *dominio* o una esfera de esta ley; son su *esfera-ley*. Debido a que hay muchas leyes, en el sentido de las ordenanzas divinas, no obstante, hay muchas esferas-ley.

Irreductibilidad mutua y la ocurrencia combinada

Ya hemos visto que la diferencia esto-eso (la individualidad de las cosas) es diferente y distinta de la diferencia modal (el cómo de las cosas). En esa conexión, decimos que estas dos diferencias son mutuamente irreducibles. No puedes reducir una a la otra ni viceversa.

Utilizando líneas verticales y horizontales podemos hacer un diagrama de estas dos mutuamente irreducibles diferencias en la siguiente manera. Si visualizamos la diferencia entre un esto y un eso como líneas verticales, entonces la diferencia entre un aspecto modal y otro puede ser mostrada más adecuadamente con líneas horizontales.

a) El diagrama para la diferencia de esto y eso: || ||

b) El diagrama para la diferencia modal: ⎯⎯⎯⎯

Son diferentes el ser individual y el ser modal. Por eso tuvieron que ser tratados y nombrados por separado. Pero su diferencia de ser no involucra su separación de ser. De hecho, ninguno de estos determinantes ocurre solo. Por ejemplo, un número específico es, a la vez, numérico (modalmente diferente de espacio, por decir algo) y también es número (algo que es individualmente, diferente de cualquier otro número).

Por lo tanto, el diagrama por esta ocurrencia en combinación es el siguiente : ———||———

Pero podemos decir más. Cada piedra está sujeta a la ley de Dios por el modo numérico, espacial, cinemático y energético. En el caso de una planta, además de los cuatro modos sujetos que acababan de mencionar, podemos distinguir un modo orgánico. En el caso de un animal, además de los cinco que hemos mencionado para la planta, agregamos el modo psíquico, y en los vertebrados superiores encontramos algo de las funciones formativas. Además de estos siete, el ser humano posee todos los demás que hemos delineado.

Y aun, todo lo que hemos dicho hasta ahora es incompleto. Porque en todos estos casos, los aspectos modales que no están mencionados con la piedra, la planta y el animal aun así están presentes, pero en un sentido diferente. Espero regresar a este punto más adelante (acuérdate que podrías sentir a tu tulipán—tenía la propiedad de ser sentido—aunque no podía sentirte a ti). Como fuera, los ejemplos mencionados arriba son evidencias suficientes del hecho que en cualquier individuo existen diferentes modos de ser. El diagrama para esta combinación más complicada se muestra así:

Tomando en cuenta lo que acabamos de decir, tal individuo *esto*, sea lo que fuere en sus diversas maneras de ser un sujeto terrenal, es "una pieza" y puede ser llamado propiamente una unidad-sujeto individual o un *funtor*. Los átomos, los organismos, los animales y los humanos todos son ejemplos de funtores, entidades que son unidades relativamente completas e independientes.

Estos funtores o "cosas" son mucho más complejos e involucrados de lo que hemos discernido hasta ahora. Incluido en este *"mucho más"* es el *tiempo*, por lo menos en cuanto sea modal y, por lo tanto, puede ser explicado ahora.

No he hablado del tiempo hasta ahora porque apenas en este momento es posible sugerir que el tiempo no es una diferencia modal ni individual. No obstante, encontramos el tiempo en todos los modos de la esencia de cada funtor. El tiempo llega a expresarse en cada modo en una manera diferente: cada quien es familiar con el tiempo cinemático del reloj, pero el tiempo también se encuentra en lo energético como vida-media, en lo orgánico como el desarrollo, en lo psíquico como tensión, en lo formativo como un periodo, en lo estético como la duración estética, en lo semántico como adverbios de tiempo y tiempos de los verbos, en lo analítico en primer lugar como premisas y luego como conclusiones, en lo social en cuanto a dar la prioridad (por ejemplo, "las mujeres primero"), en lo económico en el dar y recibir de intereses, en lo jurídico como la duración de lo válido (piensa en la fuerza reactiva de una ley positiva), en lo ético en escoger el tiempo "correcto" (como para decirle te amo), en lo pístico en la alternación de tiempos ordinarios y litúrgicamente festivos.

Ahora que hemos tomado en cuenta el tiempo, es evidente que hemos concebido las diferentes modalidades del funtor individual como si fueran sin tiempo. Ahora podemos dejar a un lado esta abstracción. Las modalidades de un funtor individual nunca existen fuera del tiempo. Ahora es posible introducir un término más corto por este ser-sujeto del funtor individual a leyes de una modalidad distinta. El término es "el *funcionamiento* del functor". Consecuentemente, podemos decir concisamente: el funtor tiene más de una función.

Las funciones de cualquier funtor son diferentes que otro funtor, por supuesto, modalmente. Mientras procedemos también vamos a querer distinguir entre estos modos de ser que un funtor necesariamente tiene que exhibir y, por lo tanto, siempre lo hace—a estos nombraremos *funciones de sujeto*—y los modos de ser que son posibilidades creacionales que tienen que desenvolverse por medio de funtores más complicados—nombraremos *funciones de objeto*. Si tomamos a los tulipanes otra vez como ejemplo, entonces sus modos de ser, numérico, espacial, cinemático, energético y orgánico son funciones de sujeto. Nunca encontrarás a un tulipán que no funciona en esta manera. Estos mismos tulipanes pueden ser tocados y sentidos, cultivados, analizados, o comprados y vendidos o aún adorados, etcétera, son ejemplos de su funcionamiento como objetos. Tocándolos los sientes, pero ellos no sienten; son cultivados y vendidos, pero ellos no pueden hacer eso. Ni tienen que ser tocados, cultivados o vendidos para ser lo que son. Y aun así todas estas posibilidades han sido puestas dentro de la criatura. Los seres humanos pueden ver los colores de un tulipán y hacer híbridos sólo porque Dios ha puesto estas funciones de objeto psíquicas y formativas dentro de la creación. Ya están allí esperando ser descubiertas.

Conexiones entre entidades individualmente diferentes

Las cosas individualmente diferentes siempre están conectadas de alguna manera a las otras cosas individualmente diferentes. Similarmente, un diente de león y el viento, una mascota y mi vecino, nunca se conocen aisladamente como una entidad singular y separada. Podemos iniciar con un caso sencillo, por ejemplo; en donde dos entidades individualmente diferentes son similares en sus funciones modales, y por lo tanto, sujetos a las mismas leyes. Aunque, la similitud no es lo mismo que la conexión. Puede ser que yo nací el mismo día que el Príncipe Carlos, pero este hecho no hace que haya una conexión entre él y yo. No obstante, tales conexiones sí existen.

Unos ejemplos de conexiones inter-individuales no son difíciles de encontrar. En la esfera-ley numérica, los números tres y cuatro tienen una relación el uno al otro. Espacialmente dos círculos pueden intersectar. En la esfera-ley cinemática, una fuerza puede ser cambiada a otra. Dos organismos disimilares pueden vivir juntos por medio de una unión simbiótica. El estado emocional de mi perro puede alterar mis nervios. Las piezas de lego no se construyen solas; normalmente están unidas conforme a un plan imaginado, algo que un niño puede hacer sin saber ni siquiera la palabra "Lego". En el dominio analítico, dos proposiciones pueden estar en relación de una premisa hasta la conclusión. Todos estos ilustran las "conexiones".

Hasta ahora sólo hemos hablado de "conexión" en términos generales. Ahora ocupamos un término que denota específicamente la conexión entre esto y eso que difieren individualmente. En otras palabras, también hay conexiones entre los aspectos sociales y económicos de una sociedad o de las dimensiones bioquímicas de la salud de una persona. Éstas serían conexiones inter-modales, que trataremos en un momento. Para la conexión entre esto y eso que difieren individualmente, utilizaremos el término "interrelación".

Podemos decir que los diferentes números tienen una cierta relación los unos con los otros. Pero no podemos decir que los números sí intersectan o no, que son de la misma fuerza o no, que un número es la causa y otro el efecto, o que los números viven simbióticamente. Porque los números son diferentes que las líneas u otras formas de energía; son diferentes que las bolas de billar o los organismos. La interrelación entre dos o más números, entonces, llega a ser diferente en forma de la conexión entre aquel que se difiere individualmente en las esferas-ley no aritméticas. La interrelación entre gusanos y raíces, entre vinagre y su lengua, entre una melodía y los brincos que haces es sencillamente diferente en forma de la conexión numérica de dos o más números. En otras palabras, la modalidad de una interrelación es la misma que la esfera-ley en la cual la interrelación ocurre. Tales términos como "intersectar" o "siendo de fuerzas iguales", por lo tanto, son más específicos y concretos que la palabra genérica "interrelación".

Una cosa es mucho más que su relación con otras cosas. En otras palabras, un funtor no se absorbe totalmente en sus interrelaciones. A la vez, el funtor sin interrelaciones no existe. Debido a que el énfasis cae en esta manera sobre las interrelaciones en donde una cosa está puesta, tendremos que investigar más la noción de la "interrelación".

Mencionamos otro punto. Hasta ahora sólo hemos hablado sobre "la" interrelación entre dos cosas, diremos entre relatum X, y relatum Y. No obstante, esa es una abstracción; deja fuera algo. Realmente hay *dos* interrelaciones entre el relata X y Y, es decir, la interrelación de X a Y, y la interrelación de Y a X. Por ejemplo, la relación entre la circunferencia de un círculo a su radio es $=2\pi$ la relación entre el radio y la circunferencia $=1/2\pi$; igualmente, la ruta de Chicago a París es diferente que la ruta de París a Chicago (¡en serio!). Igual, la interrelación (A) entre una madre y su hija es distinta que (B) la interrelación entre la hija y la madre.

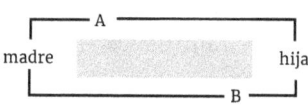

Ya es evidente de estos pocos ejemplos que ambas interrelaciones no son iguales sino diferentes según la dirección de la relación. ¿Qué determina la dirección del contexto? Se determina la dirección por medio de la respuesta a la pregunta "¿Cuál de los dos relatas es el punto de inicio de la relación? ¿Cuál de las relatas tiene la prioridad?". Es lo mismo para una interrelación entre un momento previo y después, entre ayer y hoy; o entre comprador y vendedor, el que está hablando o escuchando, el director de la penitenciaria y el preso, el profesor y el estudiante.

Con la dirección presente en todas las interrelaciones hay que cuidarse de dos cosas. Ambas tienen que ver con la *irreversibilidad*. En primer lugar, cuando las relata son iguales, una dirección no puede ser reemplazada por la otra dirección. En la ilustración arriba, la interrelación "maternal" A, no puede ser reemplazada por la interrelación B, de hija; la madre no puede ser la hija de su hija. Segundo, cuando la dirección permanece igual, los relata no son intercambiables. Si la madre y la hija "cambiaran sus lugares", entonces tendríamos la situación desordenada de los padres sujetándose a la autoridad de sus hijos.

Por lo tanto, las conexiones entre las cosas no son tan sencillas. Sin embargo, siempre hay dos lados o dos interrelaciones a cualquier relación. Y estas relaciones son de otro tipo. Siempre hay dos historias que pueden ser narradas en un quebrantamiento de una relación ética que nombramos divorcio. Tiene que ver un dar y un recibir en las comunicaciones, como hay en nuestras relaciones sociales. Cuando los compradores ven los precios muy altos, o los vendedores ven mucha competencia, las conexiones económicas se estancan. Un padre de familia necesita a su hijo (sin hijo no eres padre de familia) y el hijo necesita al padre de familia; no necesariamente en los mismos términos, no obstante, ambos tienen necesidades el uno para el otro. Son cuestiones éticas, no orgánicas, ni semánticas, ni sociales o jurídicas.

La conexión entre funciones de sujeto

El hecho que dos entidades forman parte de una esfera-ley no es suficiente para establecer la existencia de una conexión entre ellos. Similarmente, en el caso de modos de ser, perdimos la base que ocupamos para utilizar el término "conexión" si simplemente referimos al hecho de que algunas funciones de sujeto a menudo ocurren simultáneamente. Si hablamos de fuerzas socio-económicas, factores biofísicos y desequilibrios psicosomáticos pueden tener algo en común, pero ¿están estos pares unidos al azar o realmente conectados? Una cosa es observar que una planta está sujeta a las leyes de los modos numérico, espacial, cinemático, energético y orgánico, pero es otra cosa si yo puedo contestar las preguntas, "¿Está *conectada* la esfera orgánica de la planta con su aspecto energético, o está *conectada* la esfera espacial de la planta con sus propiedades numéricas? Y si es así, ¿Cuáles evidencias hay de una conexión entre estas funciones de sujeto?".

Cuando intentamos contestar estas cuestiones parece que hay algo presupuestado, es decir, un orden natural de funciones de sujeto. Iniciaremos por examinar si existe un orden entre los modos numérico y espacial, y si es así, qué orden es. Un poliedro, una figura sólida con varias superficies planas, 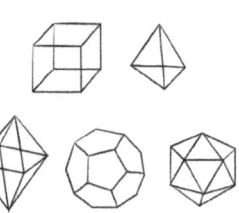 por ejemplo, está sujeto tanto a las leyes numéricas como a las espaciales. Requiere espacio y también sus lados pueden ser contados. Pero a la vez hay más de una relación entre ambas esferas. De hecho, las propiedades espaciales presuponen las propiedades numéricas, pero no viceversa. Porque es posible expresar la magnitud de una línea con el apoyo de los números, pero no es posible distinguir la relación de los números sólo por medio de usar la relación entre el radio y la circunferencia. Por lo tanto, cuando calculas lo largo de una línea, las interrelaciones entre los números apoyan, pero las interrelaciones entre líneas son de poco provecho cuando uno está trabajando con números. Por eso los estudiantes primero dominan la aritmética y luego siguen con la geometría.

El aspecto espacial presupone que el aspecto numérico indica un orden (irreversible) entre estos dos modos de ser menos complejos. Hay números en todas partes donde hay líneas. Pero el espacio no tiene que ser un factor cuando estamos hablando exclusivamente de números. Por lo tanto, se presuponen los números en el caso de líneas, pero no se presuponen las líneas en el caso de los números. En orden de las funciones de sujeto—estos modos de ser que un funtor tiene que mostrar para ser lo que es—decimos que lo numérico precede lo espacial.

Similarmente, cada movimiento presupone lo espacial; la energía nunca está presente sin el movimiento; y cada actividad orgánica presupone la conversión de la energía. Siguiendo la escala modal: un estado psíquico presupone la vida orgánica. La actividad formativa sólo se encuentra entre criaturas sensibles; el diseño requiere conciencia. Y es sólo cuando hayas dominado las habilidades y técnicas de patinar bien es que puedes sacar los patines sólo con el fin estético. El lenguaje, si llega a ser expresado o no, presupone lo formativo, la actividad simbólica; por ejemplo, presupone que nosotros con otros formemos símbolos para referirnos a otras cosas. Sin las palabras y proposiciones que podemos expresar y lo que podemos entender, no sería posible el pensamiento humano. La interacción social presupone el lenguaje, el discurso y las inferencias. Conversamente, una línea siendo tangente a otra línea no presupone la conversión de energía. No puedo explicar una línea en términos de movimiento como no puedo explicar la relación entre números en términos de líneas.

Por cuestiones de brevedad sólo he indicado que cada función presupone a aquella que está inmediatamente antes en la escala. En realidad, una función más alta y más compleja descansa en todas las otras funciones menores.

La salud orgánica da estabilidad a la vida psíquica en momentos de estrés, y una buena integración psíquica, por supuesto, fortalecerá el desarrollo analítico. Así también, una medida de competencia técnica es un prerrequisito para todas las formas de arte, lenguaje, ciencia y liderazgo social. Que los modos más complejos presuponen los modos menos complejos es evidente, por ejemplo, cuando hay algo mal en las funciones menores. Entonces, las funciones mayores tampoco funcionan bien. Un apéndice inflamado fácilmente puede afectar los modos más complejos de mi estado humano, y ciertos tipos de daño cerebral pueden afectar las emociones, limitar ciertas capacidades, suprimir la creatividad y cerrar parcialmente los procesos de pensamiento. Si la vida psíquica está afectada pronto se revelará en el mal funcionamiento de la interacción social. También, la enfermedad mental causa un problema en comprender al mundo, en la inestabilidad económica o en la injusticia; y por sí misma o junta con otros modos que funcionan mal, tendrá su impacto sobre la vida familiar (ética) y confesional (pístico—fe).

Por lo tanto, parece ser un orden natural de funciones de sujeto en el cual las más complejas siempre presuponen a las menos complejas, pero en las menos complejas el modo de ser no presupone la ocurrencia de las funciones mayores. Más específicamente, las funciones de sujeto ocurren como fueron dadas anteriormente (ver la sección arriba *El primer determinante (modal) y su diversidad*). Además, en base de este "ser-supuesto", también es claro por qué repetidamente enlistaremos el modo numérico del ser terrenal al "final". Es el menos complejo.

Por supuesto, aquí estamos hablando acerca de las conexiones entre funciones de sujeto y éstas siempre son funciones de funciones. La diferencia básica entre tipos de funtores puede ser representada por los diferentes tamaños de las líneas verticales en el diagrama de abajo.

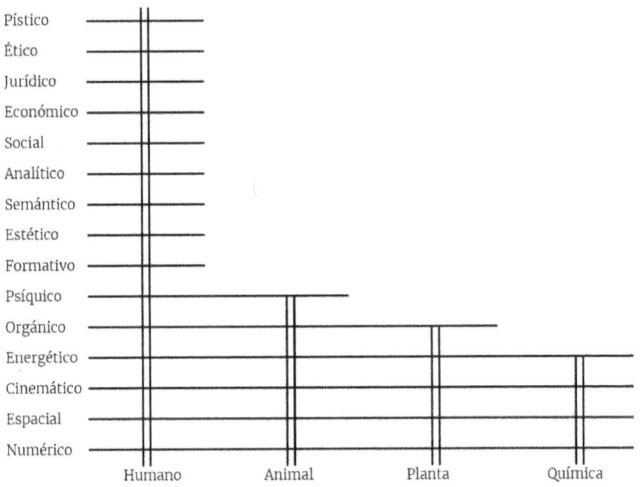

No todos *estos individuales* son funtores. Estamos utilizando el término "funtor" para denotar a un individuo *esto* que posee cuatro o más funciones de sujeto. Por lo tanto, los números, círculos, causas y cargas eléctricas no son funtores; tampoco son mis dedos u orejas. Los funtores son unidades relativamente completas e independientes que tienen por lo menos cuatro funciones de sujeto. Sin embargo, estas funciones de sujeto no son como las capas de un pastel de cumpleaños o una tabla de triplay. Ya hemos subrayado el punto en que los "mayores" presuponen a los "menores", pero podemos decir mucho más acerca de sus conexiones. Cuando vemos más de cerca podemos ver que están intrincadamente entretejidas.

Ahora tengo que reconocer que el contenido de mi caja de anzuelos es tanto intrincada como entretejida. Tratas de sacar un anzuelo y sacas la mitad del menjurje. Pero esto no quiere decir intricadamente entretejido. Una analogía mejor sería una pieza de fábrica hecha en casa: su calidad de trama y urdimbre, su extensión, sus fuerzas, energía, crecimiento, sensibilidad, formación, estilo, significado, concepto, uso y más, totalmente entrelazan sus hilos.

La mayoría de las personas sanas experimenta esta red coherente del funcionamiento humano, por lo menos de vez en cuando. Sabemos que el *poder* no es sólo una acción del puño, sino que reverbera dentro de los deseos, el habla y la lealtad de una persona. Los sentimientos no son pensamientos, pero a menudo, no siempre, hay un contenido emocional dentro del pensamiento, y hay una presión creacional para que las emociones sean bien pensadas. Hay similitudes de vitalidad que se encuentran más allá de nuestros músculos, por ejemplo, en nuestra conversación, nuestras ocupaciones rutinarias o en la vida familiar. Articular la naturaleza y la complejidad de la trama entretejida de las creaciones terrenales que funcionan todos los días no es fácil y requiere análisis con bastante paciencia. Mientras no estamos inclinados a sustituir nuestras teorías acerca de este tejido por el tejido mismo, no obstante, un entendimiento más profundo de estas conexiones entre las funciones sí tiene la posibilidad de equiparnos mejor para restaurar una coherencia en la vida cuando haya sido quebrantada.

Se encuentra más evidencia de la conexión entretejida entre las funciones de sujeto del funtor en la *analogía* de una función dentro de otras funciones. Las analogías se mueven en una de dos maneras. Una función de sujeto puede tener una similitud marcada (=analogía) hasta una función de sujeto menos complejo, si es que la tiene, pero también a un modo más complejo, si está presente. Las analogías dentro de una función de sujeto que "se refieren" a funciones menores las vamos a nombrar *retrocipaciones*.

Ejemplos de esta conexión—que no ocurre en la esfera numérica porque es el modo menos complejo de todos—pueden encontrarse en todas partes del cosmos. Por ejemplo, las "dimensiones" a las que nos referimos como "3D" son definitivamente de lo espacial en carácter. No obstante, aquí el espacio se refiere hacia atrás, debido a la multiplicidad de dimensiones al número. Realmente, todas las funciones arriba de la numérica retroceden a la numérica. Cada modo no aritmético posee una multiplicidad que es inherente al modo no aritmético—una multiplicidad de dimensiones, de fuerzas, de elementos, de órganos, de sensaciones. Y estas multiplicidades son, respectivamente, espacial, cinemática, energético, orgánico y psíquico en carácter, pero aún se refieren hacia el aspecto numérico. Lo mismo es cierto por todas las funciones de sujeto arriba de la espacial: ellos retroceden hacia la espacial. El funcionamiento supra-espacial, si es cinemático, energético, social o jurídico, transversa un curso en base de lo que sea posible para describir esta ocurrencia, en cuanto a esta analogía, en una curva—"ver" por ejemplo, la tonalidad de una trompeta en "si bemol". Además, todas las funciones arriba de la cinemática se refieren hacia la cinemática. Todos poseen un carácter dinámico, por ejemplo: el electromagnetismo en lo energético, crecimiento en lo orgánico, emoción en lo psíquico, el ritmo de la música y la poesía. Más ejemplos de retrocipación son: el desarrollo encontrado en las funciones más complejas que la orgánica; el "sentir" de las cosas en los modos supra-psíquicos; el papel del marco de los medios y fines en lo supra-formativo; la imaginación y estilo en funciones más complejas que la estética[3]; el lenguaje de las ciencias o la interacción social de comercio en la supra-semántica; el elemento no científico conceptual de 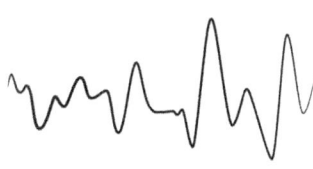 pensar y saber en cada modo arriba de lo analítico; el comercio en la supra-social; el principio conservación en la supra-económica; la armonización de intereses en la supra-jurídica; y la confianza en las creencias en la pística. En cada caso, los modos de ser más altos y complejos exhiben momentos que son análogos a las características de los modos menos complejos y aún pertenecen obviamente a funciones más complejas.

Más alta que sea la función de sujeto en la escala de funciones, más retrocipaciones posee. Mientras la espacial sólo tiene una retrocipación, encontramos, por lo menos, catorce retrocipaciones en la pística. Es de notar que de las retrocipaciones en el aspecto pístico, dos han sido

---

[3] N del T: El Dr. Kok apoya una lista de esferas que ubica la "estética" apenas arriba de la formativa (histórica). Esta ubicación está apoyada por el renombrado filósofo reformacional, Calvin Seerveld, tomando lo "estético" como el punto de diversión. En cambio Herman Dooyeweerd y D. H. Th. Vollenhoven sitúan lo estético debajo de lo jurídico, hablando del "momento estético" y el campo de la armonía, como algo bastante diferente que la "diversión." El Dr. JP Roberts, en su libro, Meaning and Being (Significado y existencia) ha intentado mejorar y acomodar esta diferencia por medio de elaborar otra posible esfera, la "recreativa." Ese estudio es interesante en varios niveles porque como ubica esta nueva esfera inmediatamente arriba de lo psíquico, provee otro nivel animal. O sea, debido a que los mamíferos también "juegan," cosa que especies "menores" no hacen, crea una categoría más que divide el reino animal con sus correspondientes anticipaciones y retrocipaciones. También permite el acomodo del aspecto netamente humano (estético), de la apreciación y creación de la belleza, como una de las más altas esferas.

prominentes en la historia: la retrocipación a lo analítico (creencia) y a lo ético (compromiso) han recibido una atención especial. Sin embargo, éstas dos no son las únicas retrocipaciones. Otros ejemplos son: justificación (jurídico), sacrificio (económico), compañerismo (social), regeneración (orgánico) e integración (energético). Estas y otras retrocipaciones y características están presentes en todos tipos de vidas de fe—sean cristiana o no.

Debido a que las retrocipaciones de una función siempre son inherentes en ella, podemos incluir indirectamente todas las funciones del funtor simplemente al referirse a la función de sujeto más alta del funtor. Por lo tanto, un río es un funtor energético. Una planta es un funtor orgánico. Igualmente, los animales son funtores psíquicos, aunque algunos de los vertebrados más altos son funtores formativos. Y, mientras, dada la totalidad de las funciones humanas, el ser humano puede ser llamado un funtor pístico. Esta función de sujeto es más alta; la que caracteriza el funtor, también puede ser llamada su *función guía.*

Siguiendo entonces, la conexión entre las funciones de sujeto se ve no sólo en sus funciones que se refieren hacia atrás a los aspectos menos complejos. Las funciones de sujeto menos complejos también se refieren adelante—es decir "alcanzan" más adelante—a las funciones de sujeto más complejas del funtor. Nombramos estas analogías dentro de la función de sujeto *anticipaciones.*

Por ejemplo, todos, al pasar por una lista de números enteros por primera vez, mencionarán sólo números racionales y contarán: uno, dos, tres, cuatro, etcétera. Pero por sólo mencionar los "números racionales" están fallando en cuanto a la conexión de estos números a las funciones más complejas. Sin embargo, si toman en serio la retrocipación de lo espacial a lo numérico, descubrirán, por medio de esta desviación, que la numeración "uno, dos, tres..." está muy lejos de ser completa. Por ejemplo, la longitud de todas las líneas puede ser dividida en muchas maneras en diferentes partes, incluyendo la longitud de la hipotenusa de un triángulo rectángulo isósceles. Si la longitud de cada uno de los dos lados iguales de un triángulo es 1 (uno), entonces la longitud de la hipotenusa es $\sqrt{2}$. Este $\sqrt{2}$ también es un número; aunque es un número "irracional", cabe dentro de una serie de números positivos sin ninguna dificultad. Es lo mismo también para $\sqrt{3}$, como con todos los demás números irracionales. Lo numérico, como el dominio de la cantidad discreta, se refiere delante, por medio de los números irracionales, a la continuidad del espacio. Si tomamos esto en consideración, entonces ya no contamos 1, 2, 3, 4, sino 1(=$\sqrt{1}$), $\sqrt{2}$, $\sqrt{3}$, 2(=$\sqrt{4}$), $\sqrt{5}$, $\sqrt{6}$, $\sqrt{7}$, $\sqrt{8}$, 3(=$\sqrt{9}$). Es esta referencia adelantada de una función hacia las funciones de sujeto más complejas que pueden ser designadas con el término "anticipación".

Por supuesto, la anticipación ocurre sólo en donde hay presentes más funciones complejas de sujeto. Entonces el funcionamiento de sujeto orgánico de una planta no incluye anticipaciones porque lo orgánico es la función de sujeto más alta de una planta. Es lo que nombramos su función guía. Así también, el funcionamiento de lo pístico de los seres humanos no anticipa a ninguna otra función.

Dentro de este marco descubrimos una diversidad repleta de anticipaciones. Por ejemplo, lo numérico anticipa la continuidad espacial en los números irracionales y las funciones de sujeto cinemáticas y energéticas en números diferenciales e integrales. Así, lo espacial anticipa lo cinemático: Arquímedes (287-212 a.C.) ya estaba hablando de la "línea" gravitacional y un "centro de gravedad" en figuras matemáticas.

Una perspectiva cristiana reformada

En el caso de los organismos como plantas, animales y humanos, la función energética anticipa las funciones de sujeto más altas. Propiamente el agua, la savia y la sangre son fluidos físicos calificados energéticamente. El agua en un arroyo es simplemente eso y no anticipa nada en particular. La savia en las plantas también es física, pero más complicada que el agua en que su composición anticipa la función orgánica del sujeto de la planta. Con los animales estamos viendo el líquido que llamamos sangre: esa también es algo físicamente no vivo, más complicada que la savia, también porque anticipa el funcionamiento orgánico y psíquico del animal; como es su circulación más rápida en circunstancias de ansiedad. La sangre humana no tiene más vida que la savia o la sangre animal, pero sí anticipa aún más complicadas las funciones del sujeto: hay más presión sanguínea cuando nuestra conciencia nos molesta, o al ruborizarnos (los vasos sanguíneos se hinchan cerca de la superficie de la piel) cuando algo nos causa pena.

Encontramos lo mismo en el caso del aspecto orgánico. Los humanos y los animales más desarrollados poseen un cerebro que es claramente orgánico en carácter. Los cerebros no ocurren en las plantas. No obstante, hay una diferencia entre los cerebros animales y humanos. En los animales el cerebro anticipa sólo las funciones psíquico-formativas (por ejemplo, sentir el dolor e instintos de conducta). En los seres humanos también anticipa las funciones de sujeto más complejas que la formativa—piensa en el significado del cerebro para pensar, hablar o invertir. Esta diferencia, por supuesto, implica que debemos evitar equivaliendo el funcionamiento del cerebro animal y humano. El funcionamiento orgánico de los seres humanos y animales es similar en su modalidad, pero diferente porque la unidad entretejida por las anticipaciones (y retrocipaciones) de cada uno. Algo parecido es cierto de su funcionamiento psíquico. El sufrimiento humano (una función psíquica) es diferente del sufrimiento de animales—por ejemplo, no sólo porque el sentir de la justicia (que no tienen los animales) ha sido ofendido, sino parcialmente debido a que el dolor primario, en el caso de encefalitis (la inflamación del cerebro) es diferente porque esa inflamación también no es igual en los seres humanos y los animales.

También hay anticipaciones que pueden ser observadas en modos más complejos, aunque sólo se ven en los seres humanos. Enlistar muchos ejemplos de cada dominio de anticipación sería engorroso, entonces sólo mencionaremos algunos. Los sentimientos y las emociones son psíquicos en carácter; también es sentir colores o cadencia (estético), percibir la identidad de las cosas (analítico) en su continuidad, un sentir de justicia (jurídico), o el sentirnos inseguros cuando no podemos rendirnos por medio de la fe (pístico). Éstas son funciones psíquicas que anticipan los modos indicados. Lo semántico anticipa lo económico en la norma que requiere pocas pero suficientes palabras, como el funcionamiento analítico anticipa, a través de la economía de pensamiento, la función económica (evitando argumentos superfluos). Así, el proceso analítico de verificación anticipa, aunque nunca lo logra, la certitud pística. El funcionamiento jurídico anticipa lo ético por medio de la consideración de las circunstancias extenuantes en la evolución de un veredicto, y anticipa la certitud cuando actuamos de buena fe.

La función de sujeto más alta de un funtor sólo posee retrocipaciones y la más baja sólo posee anticipaciones. Todas las demás funciones de sujeto de un funtor tienen ambas. Una atención paciente a estos detalles contribuirá a una perspectiva más profunda de la unidad de los funtores.

El carácter o modalidad de la función de sujeto permanece igual sea en la retrocipación o en la anticipación. La longitud sigue siendo espacial, es decir, sólo está sujeta a la ley de lo espacial; un ademán permanece orgánico, es decir, sólo está sujeto a la ley de lo orgánico. El gozo de la fe no es pístico, sino psíquico (emociones y sentimientos); y una asociación o sindicato que tiene como meta el bienestar económico de sus miembros (p.ej., sindicatos de trabajadores y asociaciones y profesionales) no es en sí un comercio: su presidente no tiene la misma relación a los otros miembros como un empleador con sus empleados. En otras palabras, las analogías—el momento análogo, las anticipaciones y retrocipaciones, dentro de la función de sujeto—son inherentes a esa función de sujeto.

Funciones de sujeto y funciones de objeto

Las plantas no sienten, pero pueden ser sentidas al tocarlas. Hemos definido a aquellos modos del ser de un funtor que son posibilidades creacionales que tienen que abrirse por medio de otras funciones más complicadas como *funciones de objeto*. Ahora podemos platicar acerca de funciones de objeto en una manera más sistemática.

Las estatuas, una sequoia o unas ovejas pueden ser sentidas al tocarlas, o pueden ser cambiadas por otros bienes, o analizadas, aguardadas como propiedad o adoradas. En esos casos son funciones de objeto. Similarmente, ni monedas, ni billetes, ni certificados de bonos tienen funciones de sujeto de lo económico. Sólo tienen cuatro funciones de sujeto: numérica, espacial, cinemática y energética. Sólo los seres humanos tienen una función de sujeto en lo económico; sólo las personas están sujetas directamente a las normas de Dios en una actividad económica. Los certificados de bonos o dinero no tienen esa función; son sujetos a esas normas sólo indirectamente como objetos, por medio de la actividad humana. La función de sujeto más alta (=función guía) de una moneda de metal o billete es la energética, pero como medio de intercambio también tienen una función de objeto económica. Entonces, en la esfera ley de la economía, encontramos tanto sujetos (funciones—personas—funcionando activamente en lo económico) y objetos (funtores sin la función de sujeto económico, tales como estatuas, sequoias, ovejas o dinero, que, por medio del involucramiento humano llegan de cualquier manera a funcionar económicamente). También podemos hablar aquí acerca de la relación sujeto-objeto entre personas vendiendo y comprando, y ovejas o estatuas vendidas y compradas.

No todas las relaciones sujeto-objeto son entre humanos y cosas no humanas. Por ejemplo, un nido de pájaros de ramitas muertas, hilo y lodo; porque no está vivo, sólo tiene cuatro funciones de sujeto. El o los pájaros que hicieron el nido tenían dos o tres funciones de sujeto más: la orgánica, la psíquica y la formativa. Una vez hecho, hay una relación real entre el pájaro y su instintivamente (función de objeto psíquica) formada (función de objeto formativa) guardería (función de objeto orgánica). Estas tres son las funciones de objeto del nido. Sin embargo, al analizarlo también estamos abriendo la función de objeto analítica.

También con una planta, que no posee funciones de sujeto en las esferas supra-orgánicas, sí posee funciones de objeto potenciales en todas las otras esferas. Como vimos hace un rato, una flor, como nuestro tulipán, no tiene sentimientos, aun así, puede ser tocado y sentido, visto y saboreado. No está formativamente ocupada, pero en un invernadero parece tener cierta formalidad. También es estéticamente placentera o no; puede tener un nombre semánticamente significativo; y, aunque no piensa, puede ser analizada. Tiene una utilidad social, por ejemplo, adornando el centro de un campus universitario. Aunque en sí, no está económicamente activa, pues los lirios del valle ni trabajan ni hilan, todavía tiene un valor económico; jurídicamente puede ser una posesión o exhibición en un caso criminal. Puede ser el símbolo ético de un compromiso de matrimonio o una amistad ("¡Dilo con flores!") y puede ser el objeto pístico de creencia o incredulidad.

Mencionaremos un ejemplo más. Este análisis muestra algo sobre los elementos de los sacramentos de bautismo y de la Santa Comunión. En cuanto a sus funciones guías, no son más que agua, pan y vino. En otras palabras, estas cosas son funtores energéticos y orgánicos, y no el cuerpo del Señor como creía Lutero. No obstante, se presentan como objetos písticos para ser la señal y el sello de la fidelidad del pacto.

En resumen, cada funtor posee una posible función de objeto en todas las esferas más complejas que la función guía. Por lo tanto, si procedemos de los funtores en vez de las funciones de sujeto, entonces es correcto decir que todos los funtores, incluyendo a todos los que no poseen todas las funciones de sujeto que ocurren en el cosmos, sí tienen funciones en todas las esferas. Conversamente, cada funtor ocurre funcionando sea como sujeto u objeto en cualquier esfera ley. A veces se nombra eso "la universalidad de la esfera ley".

Es importante notar que esta realidad de la universalidad de las esferas, combinada con la de las retrocipaciones y anticipaciones, no sólo hace posible los "ismos", sino los hace probables. Los varios "ismos" en el transcurso de la historia humana ocurren por la absolutización de uno o más de los aspectos, cada uno de los cuales toca partes de toda la realidad creada. Por supuesto, los "ismos" son convincentes sólo al grado que tienen una cierta confiabilidad. Los proponentes de los "ismos" habían visto algo; pero el problema es que toman algo que es verdad en parte—algo que es relativamente verdad—y lo convierten en algo absoluto. Luego, todo lo que ven es ese aspecto, o proceso, o patrón, forcejea a todas las demás dimensiones de la realidad a un lado. Pero al hacer eso reducen y desnivelan la diversidad dada en la creación. Dijo Marx que todo está ligado a los socio-económico; los vitalistas dicen que todo y todos están relacionados íntimamente a lo orgánico; los fideistas fácilmente reducen todo a lo pístico. Dada la universalidad de las esferas ley, sin embargo, podemos ver que en principio todo lo terrenal se relaciona en alguna manera a las dimensiones socio-económicas, orgánicas y písticas. Sólo por medio de recordar y creer que todas estas diversidades creacionales están sujetas a Dios y a su ley, podemos esperar mantener las cosas en una perspectiva correcta.

Pero ahora, regresaremos a las funciones de sujeto y de objeto. Daremos otro vistazo a la relación de estas dos.

En cuanto a la relación entre las funciones de sujeto y las funciones de objeto podemos decir positivamente que esos funtores con sólo cuatro, cinco, seis o siete funciones de sujeto que deben su presencia como objetos en las esferas ley más altas al hecho de que los funtores de otras funciones de sujeto más altas *retrocipan* a estas mismas funciones de sujeto más bajas. Negativamente, podemos decir que no es posible derivar funciones de sujeto de funciones de objeto o viceversa. Por ejemplo, no hay nada inherente al carácter físico-químico del oro para que podamos concluir su significancia como el objeto de la esfera económica. Tampoco, un organismo vivo puede ser construido de los elementos físico-químicos de que está hecho. Nunca van a crear la vida en una placa de Petri. Los intentos de hacer eso siempre fracasan porque no reconocen la diferencia entre las funciones de sujeto y las funciones de objeto. Los átomos de carbón, hidrógeno y oxígeno todos tienen cuatro funciones de sujeto. Funcionan como objetos en el modo de ser orgánico. También aquí, tenemos que reconocer la riqueza del cosmos y tenemos que aceptar que cada una de estas funciones existe una al lado de otra.

En la cultivación de plantas y en la crianza de animales que realizan los humanos, el sujeto y el objeto pertenecen a diferentes funtores. Pero no necesariamente tiene que ser así. Hay también relaciones sujeto-objeto en las cuales el sujeto y el objeto pertenecen al mismo funtor, como en el caso cuando sacas un espino de tu dedo pulgar.

Podemos tratar de ver las funciones de objeto en un diagrama esquemático. Utilizando el diagrama de funtores que usamos anteriormente, podemos usar líneas quebradas para indicar las funciones de objeto. Las líneas verticales agrupan las funciones de sujeto y/o las funciones de objeto con sus funciones de sujeto menos complejas en diferentes tipos de funtores. Así, las clases de objetos se indican por la intersección de puntos de las líneas horizontales y verticales.

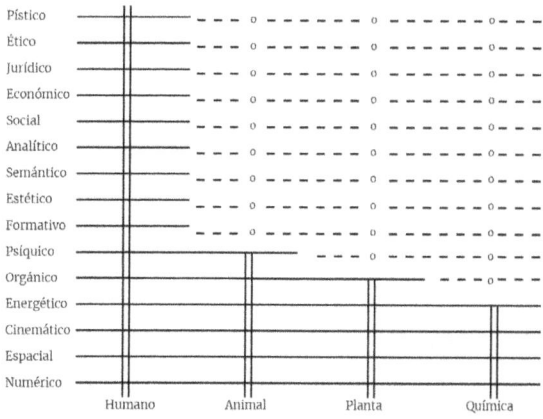

Los objetos pueden ser clasificados modalmente, como las retrocipaciones pueden ser dentro de la función de sujeto. Es decir, pueden ser agrupados como objetos orgánicos, objetos sensoriales, objetos formativos, objetos imaginables. Sin embargo, el número de clases dentro de los diferentes grupos no es igual. La esfera ley orgánica tiene sólo una clase de objetos, es decir, funtores calificados energéticamente que ahora están funcionando como objetos para entidades con una función de sujeto orgánica. La esfera ley psíquica posee dos, y la estética y esferas ley subsecuentes poseen tres clases de objetos.

La ocurrencia combinada de ambas conexiones

Como la diversidad modal no puede ser reducida a la diversidad individual, así la conexión entre las funciones modalmente diferentes no puede ser reducida a la conexión entre diferentes "estos" individuales. En otras palabras, las retrocipaciones, las anticipaciones y las funciones de objeto abiertas no pueden ser reducidas a las interrelaciones. Lo opuesto también es cierto. Una interrelación entre funtores es una conexión entre dos o más en la misma esfera ley, mientras las conexiones verticales son conexiones entre funciones en diferentes esferas ley. En otras palabras: la interrelación no puede ser reducida a la conexión vertical. Sin embargo, aquí como en otras partes, la irreductibilidad no quiere decir que no están conectadas. Al contrario, las conexiones verticales ocurren sólo en combinación con las horizontales.

La diferencia divisiva: el bien y el mal

Además de los dos determinantes más sencillos que hemos estado comentando, es decir, la individualidad y la modalidad, hay un tercer determinante básico que está sujeto a Dios en una manera terrenal. Es la diferencia entre el *bien* y el *mal*.

Como en el caso de lo que está sujeto a Dios en una manera celestial, otra vez la diferencia del bien/mal no es un determinante original. Es decir, su presencia en la tierra no es por medio de la creación. Dios no es el autor de la maldad. No obstante, desde la Caída, esta diferencia fundamental juega un papel extremadamente importante en la tierra, especialmente en la existencia humana.

Ya hemos visto arriba que es imposible reducir una diferencia modal a una diferencia individual o viceversa. Lo mismo es cierto con la diferencia del bien y el mal.

La diferencia bien/mal es primeramente una diferencia dual. Cuando hablamos de lo más básico, las cosas y relaciones están presentes y funcionando sea obediente o desobedientemente. En otras palabras, a la luz de la Escritura, no hay ningún punto intermedio cuando se trata del bien y el mal. Es como estar embarazada. Lo estás o no lo estás, no tiene que ver con casi o tal vez. Así es con el bien y el mal.

El carácter de la diversidad bien/mal no sólo es dual; también es antitética. El mal (lo incorrecto) se pone en contraposición con el bien (correcto) como la desobediencia se pone en contraposición con la obediencia. Hay una oposición completa y radical entre el bien y el mal—una antítesis.

Tentativamente distinguimos no sólo dos, sino quince diferencias modales. Igualmente, ningún aspecto es mejor que otro, sino que cada uno está relacionado a los demás en calidad de anticipaciones y retrocipaciones. En otras palabras, la diferencia modal no es ni dual ni antitética. No puede ser reducida a la diferencia entre el bien y el mal. Así, la diferencia del bien/mal (correcto/incorrecto) no puede ser reducida a la diferencia modal. Las diferencias entre creer/no creer (ambas písticas), entre fiel/infiel (ambas éticas), entre justicia/injusticia (ambas jurídicas) no son diferencias modales.

Lo mismo puede ser demostrado con respecto a la irreductibilidad de la diferencia "esto/eso" y la diferencia bien/mal. Como señaló Agustín, no puedes decir que la iglesia (esto) es buena y el estado (eso) es malo.

Pero aquí también la irreductibilidad no excluye una ocurrencia combinada. Porque la obediencia, como la desobediencia, no es una cosa ni una función. En el caso de los seres humanos es, a fin de cuentas, una dirección hacia Dios o alejándose de él en sus corazones y en su funcionamiento.

Esta irreductibilidad, entonces, requiere que una "tercera dimensión" sea distinguida en nuestro diagrama. Podemos utilizar la diferencia entre la izquierda y la derecha para mostrar la diferencia básica antitética entre la desobediencia y la obediencia. Si nos limitamos a dibujar esta diferencia en el caso de una función, podemos representar las dos direcciones del tercer determinante con flechas apuntando en diferentes direcciones. <⎯‖⎯>

De hecho, no obstante, la diferencia bien/mal está presente en todos los niveles funcionales de experiencia y más prominente en los aspectos modales que están sujetos no a las "leyes de la naturaleza" que da Dios, sino a las normas de Dios. En los aspectos formativo, imaginativo, lingual, analítico, social, económico, jurídico, ético y pístico de la vida humana y la sociedad, la lucha antitética entre el bien y el mal, entre la obediencia y la desobediencia, entre el Reino de Dios y los poderes de las tinieblas son más evidentes.

En la tierra encontramos esta oposición bien-mal entre las personas, con las personas en su uso y abuso de las cosas, pero aún más importante, adentro de las personas. Porque el bien y el mal, a pesar de la clara oposición entre los dos, ambos están incluidos bajo la dirección de la vida humana y porque la diferencia en dirección realmente no se origina en las funciones que están determinadas por medio de esta diferencia en una dirección antitética, tenemos que buscar alguna indicación de lo que dirige estas funciones para bien o para mal, para mejorar las cosas o empeorarlas. Lo que sea, tiene que estar delante—o si prefieres, atrás—de todas las funciones humanas.

Aquí también la Escritura nos da dirección. Piensa en Proverbios 4.23: "Sobre toda cosa guardada, guarda tu corazón; Porque de él mana la vida". (VP: "Cuida tu mente más que nada en el mundo, porque ella es fuente de vida.") Nota que "mana la vida" no se refiere a las funciones en sí, porque entonces cada "cosa" tendría un corazón. Los asuntos de la vida y de la muerte son dos: obediencia y desobediencia, las dos direcciones religiosas en las cuales las funciones trabajan en los seres humanos.

Aunque la estructura del ser humano, si dejáramos fuera el corazón por un momento, corresponde a otras cosas terrenales, como vimos antes, en que también es funcional, ahora entendemos cómo puede ser que los humanos son *más* que otras cosas, son diferentes de otros tipos de funtores. Lo que hace que la estructura humana sea diferente de las otras cosas es el corazón, en el sentido de que es *pre-funcional*. Como sabemos de la Escritura, el corazón es la fuente de la religión.

Cualquier funtor es más que sus funciones. Aun así, con los seres humanos algo más está pasando, una dimensión profunda que no se encuentra con ninguna otra criatura terrenal. Por supuesto, la criatura humana es una pieza cuya existencia se manifiesta en muchas maneras: el ser humano tiene cierto tamaño, cierta forma, se mueve, tiene peso, respira, siente, moldea, puede jugar imaginativamente, habla, piensa, socializa, aguarda posesiones, y las gasta o las intercambia, pelea, ama, ora. Todas estas cosas constituyen la corporalidad de la persona. El discurso humano, las insinuaciones y la crítica penetrante son actos corporales (y pueden matar también como una piedra o una bala). Son las manifestaciones del mismo individuo—quien es la persona en su "corazón". Aquí las personas difieren de los pingüinos, los álamos y el plástico. La existencia humana está obligada enfocarse hacia adentro en una manera intrínsecamente referencial en todo lo que hace y quiere hacer, hacia un Absoluto, sea verdadero o algo pretendido. Lo que define al ser humano como ser humano no es algún hombrecito interno o almita o cosita adentro de nosotros, sino esta obligación estructurada del ser entero arraigado como es en el corazón humano.

Estas cosas también arrojan luz de la Escritura sobre la relación entre el cuerpo y el alma. La diferencia entre estos dos, por lo menos al grado en que puede ser discutido aquí, yace en el hecho que el alma es pre-funcional, mientras que el cuerpo es funcional. Entonces sigue lo que hemos mencionado anteriormente que el alma y el cuerpo no están relacionados el uno al otro como un grupo de funciones mayores a un grupo de funciones menores, sino como aquel que determina la dirección y aquel en el que la misma persona determina su propia dirección. Entonces, la conexión entre ellos se encuentra *dentro* de la persona—es una conexión intra-individual. Aun así, no es una conexión intra-individual entre las funciones o entre las "partes" de la persona: porque mientras las conexiones discutidas previamente yacen en el área de las funciones, esta conexión es una en la cual la totalidad de las funciones (II Cor. 5.1-8) no es más que un *relata* (relaciones).

Aunque los cristianos tienen buenas intenciones, por razones que originan en Platón, en los órficos, o en Descartes, muchas veces están confundidos en cuestiones del cuerpo y el alma. Por ejemplo, muchos están convencidos que *tienen* un alma, y aun un alma inmortal. Pero Dios, en Génesis 2, no le *dio* a Adán un alma; por medio del poder del Espíritu de Dios, Adán llegó a ser un alma, un ser vivo. Los dualismos en la antropología no son aceptables. Hart hace un punto similar en cuanto a la espiritualidad humana:

> Una persona no es cuerpo y espíritu. El cuerpo humano es un cuerpo espiritual y el espíritu humano es un espíritu corporal. La persona entera es cuerpo; la persona entera es espíritu. El espíritu no es una entidad separada que mora dentro del cuerpo. El cuerpo humano no es simplemente un cuerpo físico u organismo. Se refiere a la persona como espíritu simplemente como una indicación de la

centralidad específica y peculiar de toda la acción humana. No tiene su centro por medio de cualquiera de las funciones humanas. Más bien, en la humanidad, la integralidad concentrada de toda la diversidad funcional se encuentra en la apertura de la persona hacia el origen y el destino del universo. Y la persona es capaz de ser una entidad integral y centrada en la concentración consciente de este origen y destino. (279)

Los seres humanos son de una sola pieza, llamados a dar gloria a su Hacedor en cada faceta y parte de sus vidas. El ser humano en su totalidad está dirigido por los hábitos vivos del corazón. Y así los seres humanos *son* almas, terrenales, criaturas humanas y terrenales de Dios. Su casa no está en el cielo, ni fuimos creados para ser criaturas celestes.

Dados estos pensamientos antropológicos, no hay necesidad de negar la separación del alma y cuerpo en la muerte—es decir, el milagro de la vida después de la muerte. En la muerte, debido al pecado, la persona entera está partida en dos, parecida a la infame guillotina: la cabeza rodea y el tronco cae. El alma y el cuerpo, como la cabeza rodando y el tronco cayendo, simplemente nunca habían existido separadamente antes que eso. Ni quería eso Dios que fueran separados. Ahora, confesar la resurrección del cuerpo es saber que en Cristo Jesús seremos *enteros* otra vez.

Dios no pone almas en los cuerpos. Como vimos en nuestro resumen de la historia, la cuestión, "¿Desde cuándo está puesta el alma en el cuerpo?" es un pseudo-problema. La Biblia nos dice que Dios creó a Adán del polvo de la tierra y sopló el aliento de la vida en él, y él devino un *nephesh* vivo, un ser vivo. Y aun, todavía de acuerdo con la Escritura, se puede decir que la dirección de su corazón, lo interno, el alma, el ser interior, es principalmente el núcleo central de la persona. De allí se producen las fuentes de la vida, para bien o mal, para amor u odio, para obedecer o desobedecer. Lo que vive en el corazón dirige el ser en sus funciones integradas y modalmente irreductibles. El núcleo espiritual—nuestro vivir obediente o desobedientemente—permea la totalidad de lo que somos, desde la manera en que gastamos nuestro dinero a lo que hacemos en la cama, al tipo de mandado que compramos, a si reciclamos, a quien y por qué y a qué adoramos en nuestra vida. Todo esto y más se mueven y tienen su raíz en lo que vive en nuestros corazones. Otra vez, aquí la antítesis del bien y mal está en plena lucha.

Antes de proceder, debemos dirigirnos a una presunción mal dirigida que se encuentra entre varios cristianos que tiene que ver con una "psicología de facultad". Por ejemplo, en la tradición de Agustín hay una tendencia, bien establecida, de ver a la memoria, a la mente y a la voluntad como tres "facultades" del alma (del griego: *psyche*), separadas pero relacionadas, que reflejan la Trinidad en los seres humanos. Otros distinguen otras "facultades". Pero yo estaría de acuerdo con Calvin Seerveld (1981) en que este tipo de plática debe ser evitado. Él dice que:

> "... la energía de un ser humano, sus procesos metabólicos, sus deseos, su habilidad para controlar las cosas, sus intentos por imaginar cosas, comunicarse verbalmente, pensar, y otras funciones distintas no se pueden entender como "facultades", una especie de poderes autónomos que ella o él ha acorralado y trata de mantener subyugados en orden. No: todos los modos discernibles en que los seres humanos pueden actuar son el mismo orden de la realidad definidor, cósmico y operante, que entonces, cada uno de ellos disfruta como entidad individualmente estructurada. Estos modos de ser-ahí en el mundo de Dios que una mujer o un hombre proyectan, son facetas de las ordenanzas para toda clase de cosas,

su realidad existencial. Y la plenamente corpórea hojalata humana respira, siente, abre una puerta, piensa y hace todo lo demás no como si estos fueran compartimentos separados ontológicamente en los que uno participa; sino que todos los muchos e irreductibles modos en los que una mujer o un hombre funcionan, son momentos inter penetrantes, interrelacionados de su existencia concreta".⁴ (77)

El mandato de Dios a sus hijos, "Amen al Señor su Dios con todo su corazón [y con toda tu mente] y con toda su alma y con todas sus fuerzas [o fortaleza, recursos y riqueza]" (Dt. 6.5), no dice que tenemos facultades separadas, sino que debemos amar y humildemente servirle con valentía y con la plenitud de nuestro ser.

Los otros funtores se definen por su función guía, y sí utilizamos el término "funtor pístico" una vez para circunscribir a los seres humanos. Sin embargo, acabamos de ver que ninguna función (o "facultad") puede definir completamente quien es el ser humano en su totalidad y que el bien y el mal últimamente dependen de la dirección, sea obediente o desobediente, del corazón humano. No obstante, la función pística no es simplemente una entre muchas otras funciones de sujeto del ser humano. Por un lado, el funcionamiento pístico de los humanos muy claramente guía toda la experiencia y ayuda a mantenerla abierta. Por otro lado, como lo dice Hart, el funcionamiento pístico:

"...estructuralmente califica, es decir, funcionalmente determina y define la naturaleza de solamente un número de actos y relaciones específicamente humanos. Estos son actos de fe y fenómenos tales

---

4 La traducción de esta cita viene de la traducción de Adolfo García de la Sienra del artículo de Seerveld, titulado "Antropología Filosófica: Hacia una teoría cristiana del hombre," Ediciones Reformadas, Instituto Reformado de Investigaciones Teológicas, Cd. de México, 1992, p. 10.

como la oración y la adoración. Además, las relaciones específicamente calificadas como fe se encuentran en relaciones institucionales tales como con una iglesia. En cualquier otro funcionamiento, las funciones de fe sólo guían a la vida humana y mantienen la experiencia abierta. Debido a que no hay otra función más alta a la cual esta apertura puede ser dirigida, está dirigida hacia el origen y a la unidad de toda la realidad. Esta fuente, si recordamos, es también el origen de unidad para toda la existencia humana". (276-277).

El funcionamiento pístico permanece único en que todas las funciones humanas anticipan esta función más compleja del sujeto. A la vez esta función provee o prohíbe la apertura de la experiencia humana a lo que yace más allá de los límites de nuestra existencia subjetiva. La vida de una persona no está funcionalmente cerrada. La *pistis* humana siempre involucra la aceptación comprometida de lo último, o aceptar a un imitador, en un acto de sumisión a la verdadera revelación, o a lo que las personas equivocadamente toman como una revelación confiable. Así, todo el ser humano está abierto (lo que las personas en fe presuponen) al principio ordenador y origen de la realidad.

Toda la vida terrenal tenía la intención de ser llamativa, brillante, diversa y simulando una sola fábrica entretejida. Si todas las personas compartían la misma seguridad que tenemos en Jesucristo por el poder de su Espíritu Santo, no habría desviaciones, antítesis, divisiones religiosas— sólo la diversidad funcional.

3. La estructura del Reino y de la humanidad

En la sección anterior tratamos con la estructura de las cosas y de las personas. Al hacerlo, la existencia concreta y la complejidad entretejida de lo que es sujeto en una manera terrenal fue vista en una variedad de maneras. Sin embargo, nuestras diferentes reflexiones todavía están muy lejos de la actual existencia en forma concreta. Cualquier funtor, sea una cosa o una persona, es, después de todo, una criatura individual, pero algo que siempre está en conexión genética con las otras cosas de su tipo. Esta idea no es nada nuevo. Todo el mundo sabe que cada funtor dentro del reino animal está dentro de un sub-grupo que depende de una común estructuración internamente morfológica o genética. Se puede decir algo similar acerca de los átomos y los minerales o acerca de las peonías y las personas. Todos ellos también toman su parte en religión. Consecuentemente, si queremos ver aquél que es sujeto en una manera terrenal a Dios y a su ley; estas dos características, por lo menos, deben ser explicadas.

La estructura de los reinos

Lo que está sujeto en una manera terrenal, sea humana o no, no está aislado sino está incluido genéticamente en uno u otro reino. Consecuentemente, debemos discutir la variedad de estos reinos o comunidades funtores, y luego su conexión mutua.

La variedad de los reinos

Los sujetos terrenales, las criaturas o las entidades (pues todos son sinónimos), exhiben una variedad de conexiones genéticos o reinos: por lo menos, el reino de las cosas físicas, el reino de plantas, el reino de animales y el reino de los seres humanos. Los biólogos tal vez quieren ser más precisos cuando se trata de hongos y algas, pero estos cuatro son suficientes para nuestros propósitos. Como señala Hart, "[Si] una entidad existe verdaderamente en nuestro mundo de espacio-tiempo, entonces debe ser una cosa física, un organismo, un animal o una persona. Lo que no es uno de estos cuatro tendría que ser puesto en la categoría de las funciones de estos cuatro, o en relación a ellos" (269).

Al grado que estas conexiones genéticas son "reinos", hay una similitud. Al grado que una variedad existe, también hay una diversidad. Basados en discusiones anteriores, podemos afirmar, en cuanto a la similitud de las cosas que pertenecen a un reino, que todas tienen funciones guías en la misma modalidad. Así también, habrá similitudes en el número de funciones de sujeto y funciones de objeto y una similitud en la estructura de cada una de estas funciones en conexión con el número y la naturaleza de las anticipaciones y retrocipaciones. También, hay una similitud en la determinación modal de las relaciones intra-individuales e inter-individuales. En cuanto a la diversidad, podemos afirmar que las cosas que pertenecen a diferentes reinos se difieren en la modalidad de la función guía.

Pero anotamos otro punto de similitud y diferencia entre los reinos. Hasta ahora hemos dicho muy poco acerca de *génesis*, es decir, acerca del proceso de devenir, acerca del movimiento de temprano a tardío, antes a después. Cuando tomamos en cuenta la conexión genética encontramos en primer lugar que todas las cosas, con la excepción de las que Dios creó en un principio, venían y vienen de cosas anteriores. La regla *nihil ex nihilo* —nada viene de la nada— es aplicable para las cosas posteriores sin excepción. En segundo lugar, la génesis de estas cosas, tomada en el sentido en que algo llega a existir, ocurre *dentro* del reino del cual el funtor en cuestión pertenece. Las cosas de un reino no son relacionadas genéticamente con las cosas de otro reino.

Lo que es tan único acerca de las conexiones genéticas es la evolución de cosas más jóvenes o una cosa mayor que existía previamente. Por lo tanto, esta evolución, es completamente diferente que la evolución de los que enseñan la teoría funcionalista, es decir, el evolucionismo. Según ellos, las funciones de sujeto más complejas vienen de o evolucionan de funciones de sujeto menos complejas. Por ejemplo, si eso fuera el caso que los factores físico-químicos contribuirían a la generación de la vida orgánica, en dónde no había nada antes, entonces no hablaríamos más de la irreductibilidad modal.

Todas las conexiones genéticas siguen un plan bastante sencillo. Una cosa que la conexión genética siempre incluye es la transición de una o más cosas de una relación intra-individual a una inter-individual: uno (o más) llega a ser dos (o más). Por ejemplo, un átomo llega a ser un ion y un electrodo; un hongo se reproduce asexualmente por medio de esporos y llega a ser muchos; una ameba se multiplica por fisión formando dos amebas; una mujer embarazada da a luz a uno o más hijos. Un árbol de manzanas puede producir decenas de manzanas genéticamente idénticas, cada una de las cuales es individualmente única. Las moléculas de agua se dividen en átomos de hidrógeno y oxígeno. Pero nunca puede mantener la misma identidad una parte separada del entero.

Cuando dos o más entidades están involucradas en la génesis de una entidad más joven, entonces una transición adicional ocurre antes de la que acabamos de mencionar. En ese caso las partes constitutivas que fueron relacionadas originalmente en una forma inter-individual (y después llegarían a ser la entidad más joven) juntas entran en una relación intra-individual: dos (o más) llegan a ser uno (o más). Por ejemplo, dos átomos o moléculas (o más) llegan a ser una (o más) moléculas; o dos llegan a ser uno en una reproducción bisexual (óvulo y esperma), por ejemplo, en el caso de amapolas, pandas y personas. Una manzana es el resultado de una reproducción sexual, de dos cosas juntándose para llegar a ser una sola entidad indistinguible. Un niño también es el fruto de un hombre y una mujer; se constituye de dos componentes que llegan a ser uno indisolublemente. Es incomprensible que algo o alguien puedan separar estos dos componentes, y mucho menos que una vez dividido, uno o ambos serían idénticamente la misma persona que el hijo.

Es interesante notar que, en el caso de las combinaciones químicas, el cambio es aparente en todas las funciones de sujeto. No sólo en los cambios de la función energética (un átomo de oxígeno actúa diferentemente de una molécula de oxígeno), sino también en los cambios de las funciones espacial (cambio en la constelación) y aritmética (unidad). También se puede anotar que estas transiciones no involucran ni implican un incremento en el número de funciones de sujeto. Y, en cuanto a la reproducción humana, tiene que ver con el ser humano como una persona completa, incluyendo el alma y el sentido del corazón. Cada persona después de Adán y Eva ha llegado por medio de dos personas, con la excepción de Jesucristo.

La conexión entre diferentes reinos

Aunque no hay una conexión genética entre los reinos, no existen completamente separados el uno del otro. Esto es obvio de las muchas relaciones entre las cosas que pertenecen a diferentes reinos. Estas relaciones son de dos tipos básicos. Por un lado, hay una afinidad entre sujetos que pertenecen a diferentes reinos. En el otro caso, la relación sujeto-objeto predomina.

En cuanto a la *afinidad* entre los sujetos de diferentes reinos, sólo podemos decir que hay muchos tipos de conexiones inter-individuales (conexiones entre reinos). La cooperación involuntaria es un tipo: el sol generando calor en la tierra, las raíces de las plantas previniendo la erosión, las abejas en la polinización de flores mientras hacen el proceso de producir miel. Podemos decir que todo esto "trabaja junto", al grado que esta cooperación es, de alguna manera, como la actividad humana. Pero hay que tener cuidado de no humanizar la actividad de cosas no humanas que están involucradas en esta cooperación *inter-reinal.*

Las conexiones inter-reinales de afinidad también son evidentes cuando la relación entre las funciones de sujeto de funtores de diferentes reinos se emparejan con la correlación activo-pasiva, como cuando el crecimiento de las plantas y animales está promovido intencionalmente por los seres humanos. Un caballo campeón en una feria y su dueño tienen una relación especial. La afinidad es aún más fuerte cuando la inter-relación cambia de inter-individual a intra-individual. Por ejemplo, las sales inorgánicas son un requisito básico para las plantas y animales, y para los seres humanos también. Estos dos se combinan en otras maneras cuando investigamos los vínculos ambientales de la biosfera de la cual todos somos parte.

Las conexiones inter-reinales también son evidentes en las *relaciones sujeto-objeto*. Aquí la actividad de un miembro de un reino más alto se dirige a o desenvuelve una o más cosas de otro reino en su funcionamiento de objeto. Esta relación sujeto-objeto existe entre todos los reinos. Una planta utiliza a una piedra para sostenerse o protegerse. Los animales utilizan a las plantas para comida o para hacer su nido, pero también fertilizan flores, riegan semillas y hacen abono. Esta conexión juega un papel aún más importante en la relación de las personas a las cosas en el reino no humano. Hart subraya qué tan crucial es la dependencia del ser humano en otras criaturas y sugiere que los sujetos haciendo cosas de objetos es lo más natural.

> "Ocupamos el aire para respirar, agua para tomar, semillas y carne para comer, la tierra para pisar y los ríos para nadar. Sin árboles para quemar o hacer refugios, animales para montar o llevar nuestras cargas y los recursos naturales para hacer nuestros utensilios e instrumentos, la existencia humana no sólo sería seriamente empobrecida sino sería imposible vivir. No sólo tenemos funciones en niveles compartidos con otros, sino que dependemos de otros reinos para nuestra propia existencia. Por medio de existir en una continuidad comunal, el ambiente se desarrolla objetivamente en campos de cultivo, materias primas, animales domesticados, presas, canales, bosques plantados, y ahora hay intentos de utilizar la energía del sol. Todas estas realidades objetivas culturales tienen un gran impacto en el ambiente "natural". Sin embargo, en cuanto que la humanidad es una con el resto de la naturaleza, estos impactos son humanos, aunque sí son naturales". (275-276)

En la esfera ley orgánica, las personas, los animales y las plantas funcionan como sujetos, mientras las cosas físicas funcionan como objetos. En la esfera ley psíquica las personas y los animales funcionan como sujetos, mientras las plantas y cosas físicas funcionan como objetos. En cuanto al funcionar como sujetos encontramos un paralelo en el modo orgánico de ser entre las personas y las plantas y los animales; en el psíquico, y a veces en el formativo, entre las personas y los animales. En los modos más complejos de ser este paralelo no tiene validez. Allí los humanos funcionan solos como sujetos normales, y los funtores de otros reinos están presentes sólo como objetos.

El conocer humano depende de mucho más que la relación sujeto-objeto. Por ejemplo, piensa de tu comprensión de ti mismo y de otros. No obstante, la relación sujeto-objeto juega un papel crucial: si las cosas físicas, plantas y animales no funcionaran como objetos en la esfera ley analítica, aun el conocimiento no científico acerca de estos reinos sería imposible.

Igualmente, en la esfera ley jurídica la relación sujeto-objeto no es la única. Nota que la cooperación es principalmente una relación sujeto-objeto. Pero aquí también la relación sujeto-objeto es muy importante. Obviamente la esfera ley formativa tiene un carácter diferente que la analítica. No es después de conocer, sino más bien una manera de controlar o dominar al objeto de parte del sujeto. Hablando de tiempos pasados, nuestro interés es reconstruirlos. Cuando en este modo de funcionar vimos hacia el futuro, nuestro interés toca el campo de la construcción y últimamente a la tecnología.

LA ESTRUCTURA DE LA HUMANIDAD

Íntegramente entretejido con el hecho de ser humano es el hecho de ser una criatura-compañero, juntamente ligado con otros seres en la sociedad y en las comunidades. Tomada en una forma más amplia, la raza humana también está conectada con otros reinos. Las personas no están obligadas a quedarse en un ambiente en particular, pero sí vivimos en algún ambiente. Los humanos se adaptan al ambiente en donde viven. Parcialmente en base de estas conexiones, las personas construyen relaciones e instituciones sociales. A veces compiten ellos por nuestro tiempo y atención, pero todo esto está incluido en la tarea que la humanidad está llamada a cumplir: "Cultiva el jardín y cuídalo". Esta tarea Dios da a la humanidad. Por lo tanto, aún más importante que estas conexiones es la relación que tiene la raza humana en un sentido religioso, es decir, en su relación con Dios. Consecuentemente, ahora tenemos que tratar de explicar estas conexiones y la religión.

Las conexiones sociales

Las conexiones sociales ocurren sólo en la vida humana: clubes, corporaciones, mesas directivas de escuelas, asociaciones, cooperativos, negocios, sindicatos, estados, familias, matrimonios, educación, denominaciones eclesiales. Todas estas conexiones muestran las siguientes características. Son conexiones *formadas* en virtud de su base formativa. Su carácter semántico sale en el hecho que la *consulta*, la convicción y el convencimiento están presentes en todas partes como factores constitutivos. Estas conexiones sociales se derivan de la característica común de la presencia de *la correlación autoridad-respeto* de la función social. Además, la función guía de tal conexión determina su destino, su propósito, su enfoque principal. Finalmente, los que están en la autoridad tienen que *positivar* la norma y mantener las leyes positivas subsecuentes que son vigentes para una conexión particular (por supuesto, haciéndolo en el contacto con aquellos a quienes deben respetar).

En cada relación social, la autoridad y aquellos que llevan la autoridad (también decimos, "los que están en la autoridad") deben ser claramente distinguidos. No confundan a sus padres con el oficio de ser padres de familia.

La manera en que el presidente actual cumple su responsabilidad no necesariamente puede ser equivalida con el oficio que tiene. También, la autoridad y el respeto que tienen esas personas tiene más que ver que su popularidad. Sin duda, los que llevan la autoridad en las asociaciones formadas libremente son personas seleccionadas y reconocidas por otras personas. Pero la presencia de la correlación autoridad-respeto descansa no en la costumbre o capricho, sino en la estructura del cosmos y así regresa hasta la ordenanza de la creación. Vale la pena recordar que, aunque el oficio existe y hay alguien funcionando en él "por la gracia de Dios" en ninguna manera implica que los portadores del oficio tienen alguna cosa divina o infalible en sí mismos.

Parte de la tarea de aquellos que están llamados a dar liderazgo y llevar autoridad es para mantener las leyes positivadas. La ley positivada, en este contexto, se refiere a traducciones específicas, aplicaciones definidas para un pueblo en particular o a un tiempo o lugar, a las cuales las leyes generales (normas) de Dios requieren de nosotros. Sabemos que Miqueas 6.8 nos instruye actuar justamente, amar la misericordia, y andar humildemente ante tu Dios; la "ley positivada" en la iglesia, con la familia, en el gobierno y en el negocio trata de contestar la pregunta específicamente, lo que Miqueas 6.8 nos está diciendo hoy día. El mantenimiento de estas reglas y regulaciones para la iglesia, la familia, el gobierno, el comercio y las asociaciones incluyen dos facetas. Primero, si las leyes positivadas ya no encuadran en la constelación cambiada o si muestran lagunas o errores, entonces, deben ser enmendadas o cambiadas. El mantenimiento de reglas y regulaciones que ya no tienen sentido llevan a la injusticia. Segundo, los portadores de oficio tienen que mantener la conexión en contra de los que, aunque pertenecen a tal conexión, tratan de recusarse de las obligaciones que la cooperación con tal conexión requiere. Por ejemplo, el gobierno que requiere el servicio militar para todos los ciudadanos no puede limitarse a simplemente hacer una lista de las personas que rehúsan servir. Cualquiera que rehúsa servir tiene que sufrir las consecuencias. Es lo mismo para los concilios que convocan a los miembros a una reunión, para los padres que establecen un horario para sus hijos, o los clubes que piden cuotas.

La relación interhumana (sujeto-sujeto) es predominante en las conexiones en donde el convivir y la cooperación ordenada son requerimientos básicos. A la vez, la relación sujeto-objeto también está presente. Como hemos comentado anteriormente, el número de clases de funciones de objeto es aún mayor en estas esferas que en las esferas orgánica y psíquica. La relación sujeto-objeto en un contexto social también es diferente en su naturaleza. El lado de sujeto de esta relación tiene prioridad y exhibe un carácter dominante. Un ejemplo puede clarificar esta relación.

El comercio es un tipo de conexión social. Una relación sujeto-sujeto entre el empleador y el empleado, entre el patrón de un negocio y el cliente, entre el panadero y el productor de trigo, todas estas relaciones son primarias en esta área. Pero no sólo las personas tienen algún papel que jugar en este escenario: las cosas físicas, las plantas y los animales todos poseen una función de objeto en el modo económico por medio de su estructura creada. Por lo tanto, todos son productos económicos potenciales, independientes de toda la actividad humana. Si no fuera así, no podía hablar de precios. Aun así, el precio de estos productos es algo aparte de los productos mismos. El "precio" se determina por la necesidad de los sujetos humanos, quienes pueden intencionalmente subirlo o bajarlo. Para abrir este aspecto de la creación es parte de nuestro llamado como seres humanos. El punto que tenemos que recordar es, por supuesto, que hemos sido mandados a hacer todo eso obedientemente, con un sentido sano de responsabilidad económica.

Hay una variedad de conexiones sociales. Su diversidad puede ser atribuida a las diferencias en su función guía. Para los clubes y asociaciones la función guía es la social; para el comercio y las fábricas, la económica; para el estado, la jurídica; para el matrimonio, la amistad y la familia, la ética; y para la iglesia institucional, la función pística.

Las conexiones sociales, como las que acabamos de mencionar, no son funtores propiamente definidos. Un matrimonio no tiene una función de sujeto físico ni la tiene un comercio, una masa o el peso. Los sindicatos estatales o laborales no son unidades de acción independientes, sino modalmente son formas calificadas como asociaciones de las relaciones interhumanas. Cada conexión incluye todas las funciones humanas entre lo formativo y su función guía. Por ejemplo, esto significa que la iglesia institucional tiene su lado ético ("hermanas y hermanos" en Cristo), un lado jurídico (la disciplina de la iglesia), un lado económico (el presupuesto anual), además del lado social (el compañerismo), el analítico (creencia), el semántico (símbolos), el estético (liturgia) y la dimensión formativa. Además, la familia tiene sus propias reglas, formalidades y lado económico—también con el estado, etcétera. No obstante, las dimensiones modales similares en diferentes conexiones sociales se difieren el uno al otro debido al hecho que todas estas funciones también están definidas diferentemente dada la variedad en la función guía. Por ejemplo, por eso son diferentes los unos de los otros en las cuestiones financieras y la disciplina en la iglesia, la familia y el estado.

Similarmente, la tarea de cada portador de oficio en cada conexión social es única. Eso es lo que Abraham Kuyper estaba diciendo cuando hablaba de la *soberanía de las esferas*. Cada conexión social (=esfera) tiene una tarea dada por Dios y competencia que se definen por la naturaleza intrínseca de la esfera. Por un lado, los que están en autoridad en cada conexión de vida tienen que positivar las normas actuales de esa conexión (y no otras) en consulta con aquellos que se deben respetar. Las normas generales dictadas por Dios desde la fundación del mundo tienen que ser aplicadas aquí y ahora, y eso es la responsabilidad, dada por Dios, a los que están en la autoridad. Por otro lado, su punto fue que una esfera no debe tratar de dominar a otra. El comercio grande, el estado o aún la iglesia institucional no pueden usurpar las responsabilidades y poder tomar decisiones de otra esfera. Cada una es directamente responsable a Dios. La perspectiva de Kuyper no ha perdido nada de su poder. Es más fácil decir que su significado e influencia han aumentado. Muchos lo consideran como la característica principal del calvinismo.

Sin embargo, para evitar un mal entendido, se debe distinguir más explícitamente para Kuyper entre la soberanía y una autonomía relativa, la primera tiene que ver con las diferencias modales, la segunda con diferencias individuales. Insistía Kuyper que toda la vida está bajo la soberanía de Dios, pero que también, dentro de la sociedad, la familia y la fábrica son soberanas por medio de sus propias conexiones de vida; la primera está calificada éticamente, y la segunda está calificada económicamente. Dentro del círculo de ambos tipos de conexiones, no obstante, existe una gran diversidad. Hay muchas familias, fábricas y negocios. Naturalmente, no tiene sentido—de hecho, es confuso—llamar también la libertad de las diferentes familias, con respecto a las reglas internas de cada una, la "soberanía". Sea como fuere, hay una diferencia aquí, y una distinción en terminología que sólo puede aclarar las cosas. Estas diferencias también se encuentran en otras partes. Los países tienen la misma soberanía, es decir, la soberanía jurídica, que no debe ser violada por los grandes comercios o las iglesias. Sin embargo, con respecto de uno al otro, los países no son soberanos, sino relativamente autónomos, tal como son las provincias o estados dentro del territorio del mismo país.

Y mientras estamos haciendo distinciones, se debe distinguir claramente la autonomía relativa con otras dos cosas. Primero, la autonomía relativa difiere de la autonomía, como la hemos encontrado presentada en la historia de la filosofía, o sea en el sentido de una declaración de la auto-suficiencia del ser humano con respecto a Dios. En este sentido la autonomía se compara con la heteronomía, es decir, en contra de la afirmación que Dios, no nosotros, pone las leyes. Segundo, la autonomía relativa es diferente que la autocracia—el intento de parte del estado o una familia de ser completamente auto-suficiente. La autonomía relativa reconoce a otras conexiones sociales legítimas, cada una de las cuales debe recibir su debido respeto.

¿Qué tal la relación de las conexiones sociales con la *religión*? ¿Realmente hay una relación allí? La familia, la iglesia, el estado, el comercio y otras conexiones sociales todas están relacionadas al corazón humano. Su carácter es funcional, a tal grado que sus contornos pueden cambiar a través del tiempo. Pero la realización de sus estructuras, que no cambian, están arraigadas a la obediencia o desobediencia en la respuesta humana a la tarea dada por Dios y que está confiada a la humanidad a través de las edades. Aquí, al llevar a cabo esta tarea, la dirección del corazón humano es decisiva. La pregunta siempre es, "¿en cuál dirección está dirigida tal o cual conexión social?".

Aquí también es la ley de Dios que es el criterio para bien o mal, lo correcto o lo incorrecto. ¿Qué requiere él de nosotros en nuestro trato con los demás seres humanos? Como resumió Cristo (Mt. 22.39), en cuanto a la Torá (Lv. 19.18), debemos "amar a nuestros prójimos como a nosotros mismos". Pero ¿quién es nuestro prójimo? A la luz de la Escritura podemos decir que nuestro prójimo es cada persona al grado que estemos viviendo en proximidad con ellos durante el curso divinamente dirigido de nuestras vidas.

Amar a nuestro prójimo como a nosotros mismos significa "en la misma manera". Esto implica seguramente que debemos amarnos a nosotros mismos—por supuesto en la manera en que amamos a nuestro prójimo. Pero entonces—para evitar que estemos persiguiendo nuestra propia "cola"—"como" requiere un criterio que va más allá del amor propio como el amor hacia otro (el prójimo). Ese criterio también se encuentra en la palabra de Dios a sus mayordomos: debemos amarnos a nosotros mismos y a nuestros prójimos como imágenes de Dios al grado que nosotros y ellos, como hijos y siervos, seamos como el Padre que está en el cielo.

La estructura de este amor es antitética. Es decir, el mandato que me requiere que ame a mi prójimo y a mí mismo al grado que mostremos las características de nuestro Padre también requiere que odie a mi prójimo y a mí mismo al grado que mostremos lo opuesto. El carácter de este amor es pre-funcional, y define la mera existencia de la persona. No estamos hablando aquí de un romance a medias, sino de lo que nos mueve en todo lo que hacemos o rechazamos hacer. No coincide con nuestra existencia funcional porque este amor (u odio) define esa existencia. Hart describe cómo este amor u odio hacia Dios o hacia un ídolo permea la totalidad del ser humano.

> "Ser un marxista" es probable que sea característico mucho más en la vida que "ser un economista." Tiene implicaciones para un estilo de vida, de estrategias educativas, de decisiones políticas, de actitudes hacia la religión organizada y una hueste de otras áreas estratégicas de acción. "Ser un marxista" no parece estar confinado a una sola área de la vida, sino "ser un economista" o "ser un entusiasta del jardín" claramente es. Por lo tanto, una persona puede ser un economista *además de ser* bueno en otras cosas. Por otro lado, una persona es marxista *en todo* lo que dice y hace. En este sentido (en el mismo nivel) no es *otra* cosa más que ser marxista". (93)

No debe equivaler este amor con una relación funcional específica, como en una relación ética, y seguramente no con una relación sexual, aunque el amor permea también ambas relaciones. El amor aquí es un asunto y actitud de corazón, con respeto hacia nuestro prójimo, ante la faz de Dios.

Ni el amar al prójimo, ni el menospreciar al prójimo, ni el mandamiento de amar a nuestro prójimo está aislado. Son dominados por el mandato de amar a Dios sobre todas las cosas. En esta manera la relación que uno tiene con su prójimo también depende de la religión.

Religión

Aunque constantemente tratamos la Palabra de Dios en las páginas anteriores, las acciones de Dios presuntas en esa

Palabra y nuestra respuesta a esa Palabra no han sido discutidas en detalle.

La razón de esta demora es principalmente porque no todo lo que puede ser observado en la creación puede ser tratado a la vez. Pero ¿por qué posponer la discusión de la religión hasta el final? No puede ser por su significado menor, sino porque domina la totalidad de la existencia humana, y así es apropiado primeramente analizar lo que está dominando.

Ahora debemos examinar más lo que es la religión. Porque sin importar que tan grande sea la diversidad que hemos encontrado en la estructura básica del sujeto terrenal, no hemos comprendido bien lo que es el sujeto terrenal en su plenitud mientras no se haya discutido la religión.

Antes de dirigirnos a esta parte de nuestra tarea, debemos enfatizar que es imposible, en una investigación como ésta, dar algo, ni siquiera lo que es una buena aproximación, de una discusión completa de la religión en sí. Nos limitaremos a un resumen de los puntos esenciales. Tenemos que limitarnos a las preguntas más importantes en esta área, o sea, ¿Qué es la religión? ¿Qué es lo que presupone? y ¿Cuál es su estructura?

¿Qué es la religión? La religión es la relación de la humanidad al primer y más grande mandamiento: "Amarás el Señor tu Dios con todo tu corazón, y con toda tu alma, y con toda tu mente, y con todas tus fuerzas". De este resumen de la ley que dio Cristo (Mt. 22.37)—siguiendo el Antiguo Testamento (Dt. 6.5)—es obvio que Dios aquí aparece como el Dios del pacto. Por lo tanto, *la religión es la relación de la humanidad con el Dios del pacto en obediencia y desobediencia a su ley fundamental de amor.*

El pacto de Dios con la creación presume, en primer lugar, la existencia de Dios y su habilidad creativa. La actividad del Logos y el Espíritu juegan un papel especial en su actividad creativa (Sal. 33.6). Por supuesto, este crear no presupone la existencia aparte de Dios, como alguna sustancia esperando que sea formada.

El pacto también presupone el resultado de esta actividad, la existencia del cielo y la tierra y específicamente (en cuanto a la tierra, por lo menos) la existencia del ser humano. Este ser, con todas sus funciones interrelacionadas, fue formado por Dios de la tierra. Llegó a ser un alma viviente por medio del soplo de Dios en su nariz, el aliento de la vida. Ya, con respecto a esta estructura de un funtor vivo y funciones modales, fue diferente que todas las demás criaturas. Además, fue creado desde el principio en la imagen de Dios. Su naturaleza era buena, y siendo creado, se dirigía y hablaba de lo bueno de Dios, así podía reflexionar sobre el pacto como el correlato concreto del Dios Trino, su gloria en la tierra (ver 2 Cor. 3.18). Fue creado y preparado para satisfacer los requerimientos de la Ley de Dios en la justicia original.

El pacto también presupone el establecimiento de su pacto entre Dios y los seres humanos de parte de Dios, incluyendo el nombramiento de un portador de imagen al oficio de mediador pre-funcional. Cumpliendo este oficio era el primer Adán, de que por medio de él vino la muerte, y ahora el segundo Adán, quien es la vida eterna, Jesucristo.

En cuanto a la estructura del pacto de Dios: como en cada pacto, así en el pacto religioso, después de su establecimiento, hay dos partidarios (partes): Dios y la raza humana en su religión. Consecuentemente el pacto fue instituido "unilateralmente"; su estructura es "bilateral" (de dos lados). Presente en el pacto del lado de Dios es el Logos-revelación. Siempre involucra, por un lado, la promesa de la bendición en el caso de fidelidad al pacto, y al otro lado, la amenaza de maldición en el caso de romper el pacto. Del lado de la raza humana en su religión, siempre hay un portador del oficio pre-funcional, un mediador quien tiene que actuar ante Dios en las cosas que tiene que ser realizadas por los que forman parte del pacto.

Estas son las características siempre presentes en el pacto. Aunque van más allá del alcance de este estudio de los patrones de pensamientos bíblicos, se pueden encontrar otras características en la historia de la religión que no son constantes. Estas características tienen que ver, al lado de la ley, con el contenido del Logos-revelación, y al lado de la religión, con la persona designada para el oficio, con su relación con la Palabra de Dios, y con la relación de aquellos que son parte del pacto con el portador del oficio.

E. La conexión entre el cielo y la tierra

Se puede hablar mucho más acerca de las estructuras básicas de la realidad creacional terrenal, pero no de la realidad celestial. En cuanto a la relación entre el cielo y la tierra, sólo sabemos por medio de la Escritura que los ángeles tienen inherencia en la tierra, para bien o para mal, pero que también, desde la tentación, Cristo ha logrado el dominio sobre ellos. Todo el poder en el cielo y en la tierra ha sido dado a Cristo así como toda criatura. No es sólo el segundo Adán, sino es la cabeza de todos los ángeles también. En Jesucristo todo subsiste.

"Él es la imagen del Dios invisible, el primogénito de toda creación. Porque en él fueron creadas todas las cosas, las que hay en los cielos y las que hay en la tierra, visibles e invisibles; sean principados, sean potestades; todo fue creado por medio de él y para él. Y él es antes de todas las cosas, y todas las cosas en él subsisten; y él es la cabeza del cuerpo que es la iglesia, él que es el principio, el primogénito de entre los muertos, para que en todo tenga la preeminencia; por cuanto agradó al Padre que en él habitase toda plenitud, y por medio de él reconciliar consigo todas las cosas, así las que están en los cielos, haciendo la paz mediante la sangre de su cruz". *Colosenses 1.15-20*

Conclusión

En Cristo los cristianos ven la realidad, por lo menos en principio, como realmente es. El horizonte de la creación y la amplitud del pecado y la redención se revelan en la Escritura. Porque el cristiano ve el cuadro entero primero, puede acercarse a situaciones, preguntas y confrontaciones diarias con confianza.

Dada la certeza que tenemos en Cristo y la promesa de su Espíritu, los cristianos tienen que aprender a proceder con un fervor hacia la sociedad, posicionándose positivamente y equipándose mejor por medio de discernir sabiamente y por medio de formar patrones bíblicos de pensamiento.

La acción que requiere la fe exige una dimensión de celo. No quiere decir que debemos acelerarnos de más o que no nos vamos a desanimar. Pero mientras el tiempo y la oportunidad se presenten, los cristianos no pueden esconderse de su ventaja. Más bien deben aprender a mostrar su fervor inhibido y activo. Vivir con slogans o frases trilladas para auto justificarnos no nos permite llegar al meollo del asunto. Dado el hecho de que los cristianos no son de ellos mismos sino que pertenecen cuerpo y alma a Jesucristo, el énfasis cae sobre la diferencia que esta pertenencia hace sobre la verdad y la realidad de la vida humana como criatura, caída y ahora redimida, en Cristo, en este momento, en este lugar.

S<small>OLI</small> D<small>EO GLORIA</small>

Obras citadas

Bru ee, Kenneth A. *Collaborative Learning: Higher Education, interdependence, and the authority of knowledge.* Baltimore, MD: Johns Hopkins University Press, 1993.

Bruyn, Theodore de. "Jerusalem versus Rome: The context of Augustine's assessment of the Roman Empire in the *City of God*," en *Christianity and the Classics: The acceptance of a heritage.* Lanham, MD: University Press of America, 1990.

Descartes, René. *The Philosophical Works of Descartes.* Trans. E. Haldane y G. Ross. Vol. 1. Cambridge: University Press, 1911.

Galilei, Galileo. *Discoveries and Opinions of Galileo.* Trans. Stillman Drake. New York: Doubleday, 1957.

Guinness, Os. *The American Hour: A time of reckoning and the once and future role of faith.* New York: The Free Press, 1993.

Hart, Hendrick. *Understanding Our World: An integral ontology.* Lanham, MD: University Press of America, 1984.

Hegel, G.W.F. *Science of Logic.* Trans. A.V. Miller. New York: Humanities Press, 1969. Publicado en español, *Ciencia de la lógica.* WordPress.com

Helleman, Wendy. "Basil's *Ad Adolescents*," en *Christianity and the Classics.* Lanham, MD: University Press of America, 1960: 31-51.

Kalsbeek, Leendert. *Contours of a Christian Philosophy: An Introduction of Herman Dooyeweerd's thought.* Amsterdam: Buijten y Schipperheijn, 1975. Publicado en español, *Los contornos de una filosofía cristiana*. Querétaro, Méx. 2018.

Kirk, G.S., J.E. Raven y M. Schofield. *The Presocratic Philosophers: A critical history with a selection of texts*. 2a edición. Cambridge: University Press, 1983.

Kuyper, Abraham. *Lectures on Calvinism* (1898), Grand Rapids, MI: Eerdmans, 1931.

Middleton, J.R., y Brian Walsh. *Truth is Stranger Than it Used to Be: Biblical faith in a postmodern age*. Downers Grove, IL: InterVarsity Press, 1995.

Moberg, David. "The Eyes of Faith." *Faculty Dialogue* Otoño 1991: 147-153.

Oates, Whitney J., ed. *The Stoic and Epicurean Philosophers: The complete extant writings of Epicurus, Epictetus, Lucretius, Marcus Aurelius*. New York: Random House, 1940.

Plantinga, Alvin. "Advice to Christian Philosophers." *Faith and Philosophy* I (1984): 253-271).

Rorty, Richard. *Philosophy and the Mirror of Nature*. Princeton, NJ: Princeton University Press, 1979. Publicado en español, *La filosofía y el espejo de la naturaleza*. Madrid: Ed. Cátedra.

Russell, Betrand. *A History of Western Philosophy*. New York: Simon and Schuster, 1945. Publicado en español, *Historia de la filosofía occidental*. Madrid: Espasa-Calpe.

Schuurman, Egbert. *Perspectives on Technology and Culture*. Trans. John H. Kok. Sioux Center, IA: Dordt College Press, 1995.

Seerveld, Calvin. "A Christian Tin-Can Theory of Man." *Journal of the American Scientific Affiliation*, junio (1981): 74-81. Publicado en español, "Antropología ilosó ica: Hacia Una Teoría Cristiana del Hombre." Cd. de México: 1992.

_____. *Rainbows for the Fallen World: Aesthetic life and artistic task*. Toronto: TuppencePress, 1980.

_____. "The Pedagogical Strength of a Christian Methodology in Philosophical Historiography," *Koers* 40, 4-6 (1975): 269-313.

Vollenhoven, Dirk H. T. "Short Survey of the History of Philosophy" [1956], trans. J. de Kievit, in *The Problem-Historical Method and the History of Philosophy*, ed. K.A. Bril (Amstelveen NLD: De Zaak Haes, 2005), 21-88.

_____. *Introduction to Philosophy*, J.H. Kok y A. Tol, eds. (Sioux Center IA: Dordt College Press, 2005)

Walsh, Brian J. y J.R. Middelton. *The Transforming Vision: Shaping a christian worldview*. Downers Grove, IL: InterVarsity Press, 1984. Publicado en español, *Cosmovisión cristiana*. Barcelona: CLIE, 2003.

Wells, David. *God in the Wasteland: The reality of truth in a world of fading dreams*. Grand Rapids, MI: Eerdmans, 1994.

Wolters, M. Albert. *Creation Regained: Biblical basics for a reformational worldview*. Grand Rapids, MI: Eerdmans, 1985. Publicado en español, *La Creación Recuperada*. Sioux Center, IA: Dordt College Press, 2005.

www.ingramcontent.com/pod-product-compliance
Lightning Source LLC
LaVergne TN
LVHW041247080426
835510LV00009B/622